La soledad

UNA VISITA INEVITABLE

Gabriel

Rolón

La soledad

DIANA

Obra editada en colaboración con Editorial Planeta – Argentina

Formación: Alejandra Romero
Ilustraciones de interiores: Diego Martínez García
Concepto editorial: Anónima Content Studio
Arte de portada: Estudio la fe ciega / Domingo Noé Martínez
Arte realizado a partir de imágenes: © Getty Images
Fotografía del autor: © Alejandro Palacios

Bajo el sello editorial DIANA M.R.
Avenida Presidente Masaryk núm. 111,
Piso 2, Polanco V Sección, Miguel Hidalgo
C.P. 11560, Ciudad de México
www.planetadelibros.com.mx

Primera edición impresa en Argentina: octubre de 2025
ISBN: 978-950-49-9144-1

Primera edición impresa en México: julio de 2026
ISBN: 978-607-39-4428-1

Impreso en los talleres de Corporación en Servicios
Integrales de Asesoría Profesional, S.A. de C.V.,
Calle E # 6, Parque Industrial
Puebla 2000, C.P. 72225, Puebla, Pue.
Impreso y hecho en México / *Printed in Mexico*

A Alma

ÍNDICE

ACLARACIÓN

En este libro las palabras «hablante» y *$ujeto* serán utilizadas como sinónimos de «ser humano».

«Ensombrecido» designa a la persona que atraviesa un duelo, y «analizante» al paciente del Psicoanálisis.

«Goce» refiere al «placer masoquista», al disfrute obtenido en el dolor.

«Otro», con mayúscula, alude a una entidad significativa (los padres, el amado, la cultura, el lenguaje, Dios) a diferencia de «otro», con minúscula, que indica al semejante.

PRÓLOGO

Solo...
Increíblemente solo.
ENRIQUE SANTOS DISCÉPOLO

28 de octubre de 1998
18:15 pm

Julián está en el diván.

Me llega su discurso agotado de una cotidianeidad a la que no le encuentra sentido. Se queja de la incomprensión de su pareja, la rebeldía de su hijo y la falta de reconocimiento en el trabajo. En un momento proyecta ese enojo sobre mí. Así es el vínculo analítico. Alienta a que el paciente le transfiera al terapeuta emociones que son generadas en otras circunstancias, con otras personas.

—No sé por qué te estoy contando esto. ¿Cómo vas a entenderme si a ti nunca te pasa nada?

No respondo.

Él no sabe que, hace seis horas, dejé el cuerpo de mi padre para que sea cremado.

En ese instante experimentaba la más inmensa soledad. Una soledad que no conocía. Cuando muere alguien indispensable no alcanza el amor de los que quedan.

Mi padre no tenía derecho a morirse. En todo caso, era muy pronto para que ejerciera ese derecho. Tenía que quedarse. No debía darse por vencido. Era mi sostén, mi orgullo. Y yo lo necesitaba fuerte. Tanto, que no fui capaz de ver su debilidad ni sus temores. Me olvidé de su infancia solitaria en el orfanato. De sus noches desoladas sin hablar. De sus llantos tapados por el humo de los cigarros. De sus infartos.

El 27 de octubre de 1998, a las 10 de la mañana, tuve sesión con mi analista. Lloré mucho. Con un hilo de voz le dije: «Mi padre se muere hoy. No puede hablar, no me escucha, no se ríe… no está más. Y no puedo creer que ya no esté».

Me desgarré al poner en palabras que ya no tenía papá.

No imaginaba la vida sin él.

Y recordé los versos de Eladia Blázquez: «Qué largo sin vos será el camino».

Yo tenía 37 años. ¿Cómo iba a hacer para vivir los años que quedaran sin él? No soportaba la soledad desprotegida de quien pierde su referente, la persona que puede ponernos una mano en el hombro, que nos frena, que nos estimula, que nos reprende, que nos abraza. Que nos ama a pesar de todo.

Aquel día, al salir de la sesión fui al hospital. Mi padre agonizaba.

El médico dijo que ya no quedaba más por hacer.

Estaba equivocado. Había mucho por delante: una batalla dolorosa antes de ponerme de pie luego de una pérdida tan grande. El duelo apenas se dejaba intuir.

Volví al cuarto. Mi padre dio sus ultimos suspiros, dejó de respirar, y se murió. Y me dejó solo. Como si yo no importara.

Cuando los muertos queridos nos abandonan parece que no le importamos a nadie.

Me quedé a su lado un buen rato.

Y aparecieron algunas imágenes.

Lo vi subiéndome a un caballo con una sonrisa. Lo vi sentado en la cerca mientras conversábamos. Lo vi llegar con la guitarra vieja envuelta en papel madera, apoyando como podía mis ganas de ser músico. Lo vi llorar cuando abracé mi primer balón de piel, y llevarme en hombros por el potrero luego de atajar un penal. Lo vi entrar a casa con una galleta de palmerita rociada de coco como hacía las tardes en que cobraba el sueldo. Y recorrer los seiscientos kilómetros que nos separaban cuando me arriesgué con mis ansias de cantor en un pueblo alejado de Buenos Aires. Escuché sus consejos y sus retos. Lo recordé abrazando mi soledad, empujándome para que no desistiera de mis deseos cuando me detuvo el miedo.

—No me molesta tener un hijo que fracasó mucho. Pero no me gustaría tener un hijo que renuncie a sus sueños por temor al fracaso.

Lo vi cuidar a mi madre y a mi hermana. También lo vi envejecer antes de tiempo y enfermarse.

En *La peste*, Albert Camus dijo que un enfermo necesita soledad.

> Imagínese entonces al que está en trance de morir como capturado en una trampa, rodeado por cientos de paredes crepitantes de calor, en el mismo momento en que toda una población, al teléfono o en los cafés, habla de letras de cambio, de conocimientos, de descuentos.

Así fue. La vida seguía andando mientras mi padre se iba muriendo.

Y ahora lo veía ahí. En el silencio eterno. En esa soledad sin lugar para el amor y las palabras.

Hasta que llegaron ellos. Esos extraños que hoy tenían derecho sobre su cuerpo. Me sacaron de la habitación y se lo llevaron. Apenas pude despedirlo con un beso.

Y regresé a mi casa con una sensación rara.

El mundo ya no era como antes. Era un mundo nuevo. Un mundo sin papá.

Y como si algo en mi mente hubiera entendido que necesitaba alivio, apareció la música y me trajo otros versos, ahora de Alfredo Lepera:

> Y mientras en la calle, en loca algarabía,
> el carnaval del mundo gozaba y se reía,
> burlándose el destino me robó su amor.

Aquel día aprendí que el destino siempre se burla.

Y me fui caminando por ese mundo nuevo.

Y me sentí solo.

Las personas con las que me cruzaba ignoraban mi tragedia. De algún modo, todos caminamos ignorantes del sufrimiento ajeno.

El velorio duró toda la noche. Intenté contener la angustia de mi familia. En el momento en que todos se fueron me permití el dolor. Un dolor intenso, necesario para la despedida. Lloré junto al cajón. Vi en la cara de mi padre muerto que ya no había registro de mí. Y supe que estaba frente a la más hiriente de las soledades. El momento en que el otro del amor ya no nos reconoce. Ya no nos ama.

Sentí que no quería estar cuando cerraran el ataúd, que no iba a tolerar el instante en que me quedara para siempre solo de él.

Le pregunté al hermano de mi padre si podía acompañarlo al cementerio. Dijo que sí. Y me fui. Y lo dejé solo. A ese hombre que había sufrido durante nueve años la soledad del orfanato, lo dejé solo una vez más. Y supe de inmediato que estaría solo para siempre.

Y entendí a Bécquer: «Dios mío, qué solos se quedan los muertos».

En algún momento todos pensamos acerca de la muerte, y tal vez la soledad sea la profecía que tanto angustia.

En el libro *Eva y Juan*, su autora, Cynthia Wila, escribió: «A los muertos ya nadie los abraza».

Mientras escribo recuerdo las palabras de Octavio Paz:

> Nacer y morir son experiencias de soledad. Nacemos solos y morimos solos. Nada tan grave como esa primera inmersión en la soledad que es el nacer, si no es esa otra caída en lo desconocido que es el morir. La vivencia de la muerte se transforma pronto en conciencia del morir. Los niños y los hombres primitivos no creen en la muerte; mejor dicho, no saben que la muerte existe, aunque ella trabaje secretamente en su interior. Su descubrimiento nunca es tardío para el hombre civilizado, pues todo nos avisa y previene que hemos de morir. Nuestras vidas son un diario aprendizaje de la muerte. Más que a vivir se nos enseña a morir. Y se nos enseña mal.

Habitamos un breve espacio de existencia entre dos enormes inexistencias. Nada éramos antes de nacer. Nada seremos después de morir. Algo en nosotros lo sabe. Con ese saber no sabido de lo inconsciente, la pulsión de muerte nos insta a volver a ese estado anterior a la vida. Atenta contra nuestros deseos, nuestros amores. Y en silencio nos empuja hacia una soledad sin fin.

Octavio Paz lo intuyó:

> ¿Morir será volver allá, a la vida de antes de la vida? ¿Será vivir de nuevo esa vida prenatal en que reposo y movimiento, día y noche, tiempo y eternidad, dejan de oponerse? ¿Morir será dejar de ser y, definitivamente, estar? ¿Quizá la muerte sea la vida verdadera? ¿Quizá nacer sea morir y morir, nacer? Nada sabemos. Mas, aunque nada sabemos, todo nuestro ser aspira a escapar de estos contrarios que nos desgarran.

El miedo a la muerte es, antes que nada, miedo a la soledad.

Miedo a ese tiempo inextinguible en que nadie podrá acompañarnos. Porque morir es un acto solitario.

Aquel día de octubre mi padre regresó a esa inexistencia en que ya nadie volvería a abrazarlo. Estaba solo para siempre.

Y yo también.

Para evitar el vacío me negué a suspender el consultorio. O simplemente, negué. Y a la hora exacta en que cremaban a mi padre, atendía al primero de mis pacientes.

Hoy soy un hombre solitario.

Me habitan todas las soledades. La soledad del analista, la del escritor, la del enamorado, la del hablante, la de quien sabe que va a morir. Estoy tan solo como cada uno de los humanos de este mundo. Tan solo como ustedes. En una soledad que aterra. Que a veces es refugio y a veces exilio.

La soledad es la única compañía que no nos abandona.

Y aquí estamos. Otra vez.

Un escritor y un lector solitarios que deciden encontrarse para compartir pensamientos que serán incómodos. Todas las cosas importantes lo son, porque siempre es incómoda la vida de quien decide no mentirse más.

ISLA I

La noche nos espía por la ventana. Hay viento y ruido de árboles de otoño. Ese otoño porteño que Astor Piazzolla volvió música.

Me gusta esta época del año. El frío, las sombras que se insinúan desde temprano y el silencio. Un silencio extraño en Buenos Aires.

Estamos callados, como si ninguno de los dos se animara a hablar primero. Tal vez, por miedo. O para no interrumpir el rumor nocturno. Por fin, junto coraje.

—¿Puedo contarle algo? —le digo.

—Por supuesto. Además, no tengo otra alternativa. Lo escucho.

—Así como creo haber vivido en el campo cuando era un niño, también creo haber visto un episodio de una serie llamada *Dimensión desconocida*. Y digo creo porque, del mismo modo que, según mi madre, modifiqué los sucesos de mi infancia, parece que también cambié la trama de ese capítulo.

—¿Cómo lo sabe?

—Me lo señaló un amigo, fanático de la serie. «No era así», protestó cuando se lo comenté —sonríe—. ¿Qué pasa?

—¿Recuerda el «Nocturno a mi barrio» del «Gordo Pichuco»?

Se aclara la voz y recita:

> Mi barrio era así... así... así...
> Es decir, ¿qué sé yo si era así?
> Pero yo me lo acuerdo así.

—Hermoso, ¿no le parece? Y cierto —agrega—. Nadie tiene derecho a pisotear nuestros recuerdos. Nos pertenecen tanto como los miedos o las fantasías que nos habitan. Por eso, escúcheme, permita que le dé un consejo: no haga caso a lo que dice su amigo. Él no entiende. Confunde el pasado con la historia y los hechos con la verdad. Mejor cuéntemelo a mí.

Pienso que tiene razón y comienzo el relato.

—Se trata de una mujer que viene manejando su auto y, al salir de la autopista, se topa con un señor que le pide aventón y la mira fijamente. Sin prestarle atención, ella sigue de largo unos cuantos kilómetros hasta que se detiene en una estación de servicio. Carga gasolina, compra algunas cosas, y cuando regresa a la ruta encuentra al mismo hombre parado en el camellón. Él la mira y vuelve a pedirle aventón. Un poco más inquieta, la protagonista continúa su camino. Muchos kilómetros después, para en un restaurante para cenar. Al terminar, sube al auto y ahí, a unos metros, lo percibe otra vez. Él parece estar esperándola. La mira con insistencia. Ella continúa su viaje, perturbada. De cualquier modo, a cualquier distancia, en cada desvío, siempre se encuentra con el hombre de la mirada inquisidora que le pide aventón. Ya ni siquiera debe detenerse. Cada tanto, lo ve al costado de la ruta. Muerta de miedo, acelera a fondo en un intento de perderlo. De pronto lo ve por el espejo retrovisor una vez más y frena. Da marcha atrás, abre la puerta y por fin le dice: suba. Y…

—¿Y qué?

—Y ahí termina el capítulo —guardamos silencio—. ¿Sabe? —continúo—, creo que, a veces, hay que hacer lo mismo con la soledad. Detenerse, dar marcha atrás, abrir la puerta y dejar que entre. Para entender qué espera de nosotros, qué nos ofrece, de qué o de quién quiere prevenirnos.

—Estoy de acuerdo. En algún momento, todos nos debemos un encuentro a solas con nosotros.

—Sí. Aunque mucha gente lo evita hasta el día de la muerte. Hemos sido marcados por la soledad y, sin embargo, hay quienes jamás se permiten ese encuentro íntimo.

—En cambio usted…

—¿Qué? —le pregunto.

—Abrió la puerta y la dejó entrar.

—Es cierto.

—¿Le dolió?

—Sí.

—¿De grande o de chico?

—Elija. La soledad siempre duele.

Sonríe.

—No sea injusto. A veces es necesario estar un rato a solas —me acerca una copa de vino—. ¿Le da miedo?

—Un poco.

—No debería. La soledad no es dañina. Es apenas inevitable, parte de nuestra condición. El humano es solitario. Nace solo, vive solo, disfruta solo y muere solo. Que, entre tanto, compartamos nuestra soledad con soledades ajenas no debe confundirnos.

—¿Habla del amor? Porque quizás sea el momento donde alguien se siente más acompañado.

—Cuando en realidad, no es más que la unión de dos soledades que deciden compartirse por un rato.

—Tal vez, porque así la soledad duele menos.

—Aunque no deje de estar presente —me observa en silencio—. Epicuro dijo que la muerte no era un tema digno de ser pensado porque mientras nosotros estamos, no tiene lugar. Y cuando llega, los que ya no estaremos seremos nosotros. Es decir, que nuestro destino es no encontrarnos jamás. Parafraseando a un amigo común, la muerte y nosotros jamás nos cubriremos las espaldas. Entonces, ¿para qué preocuparse?

—Puede ser, aunque con la soledad ocurre lo contrario. Es tan nuestra, tan inherente a lo humano que ni siquiera nos abandona, aunque estemos acompañados. Pero a veces parece dar un paso al costado, e irse por un rato cuando aparece el amor.

—O la amistad —levanta su copa—. De todos modos, no se deje engañar. Sigue cerca. Ni siquiera el mejor amor puede desplazarla. Tal vez solo la niegue un tiempo. Créame: la soledad es más fuerte que el amor.

Tomo un sorbo de vino antes de continuar.

—Don Juan, aquel indio tolteca que inició a Carlos en el arte de la brujería, solía decir que la muerte acecha a la izquierda, a unos cinco centímetros detrás de nosotros. A lo mejor, a la derecha, como para no toparse tan seguido con la muerte, acecha la soledad. ¿No le parece?

—Es posible —me dice.

—Por las dudas, brindemos, a ver si podemos alejarlas por un rato.

Se ríe.

—Salud.

INTRODUCCIÓN

«Carpe diem», decía Horacio;
ese día, si se vive de verdad, es la eternidad misma…
duramos un instante tras otro, y eso es lo que significa existir.

André Comte-Sponville

El *bridge* es un juego de cartas en el que se enfrentan dos parejas. Un juego que no depende solo del azar. Requiere de atención, inteligencia y, sobre todo, de una comunicación casi telepática entre los compañeros.

Al comenzar la partida, uno de los jugadores ocupa el lugar de «el muerto» y da vuelta a sus cartas para que el resto pueda verlas. A partir de ese momento, su compañero (el declarante) toma el control y comienza la verdadera magia del juego. «El muerto» no puede tomar decisiones, no puede jugar a su voluntad y, sin embargo, con su ausente presencia es clave en el desarrollo del juego. Tampoco puede hablar con su acompañante con quien, en un diálogo silencioso, sostiene una fuerte conexión.

El *bridge* es un desafío. Una puja lúcida donde prima la complicidad que cada pareja sea capaz de alcanzar. Una dinámica que se pone en movimiento gracias a ese jugador que permanece en una ausencia supuesta.

Haciendo una metáfora, Jacques Lacan dirá que, durante un tratamiento, el analista debe ocupar el lugar de «el muerto» para que el paciente juegue sus cartas y ponga en movimiento sus palabras.

El analista no dirige activamente la sesión, pero con su abstinencia sostiene un espacio donde el sujeto despliega su deseo. No impone sus intereses personales, y en esa manera particular de estar presente habilita que el discurso del analizante se organice y revele su lógica propia. Como «el muerto» en el *bridge*, sin jugar de modo activo, auspicia que el análisis avance. No maneja la sesión, pero desde una posición de reserva dirige la cura. Ofrece su silencio, su escucha y, a veces, su interpretación para que el paciente despliegue en el discurso asociaciones, contenidos inconscientes, esos dichos de otros que lo recorren y que muchas veces arman una escena a la que no sabe cómo responder. Escenas que lo instan a repetir elecciones dolorosas y conductas sintomáticas.

Decir que el analista ocupa el lugar de «el muerto» implica que, en sesión, el analista no es un *$ujeto*. Por el contrario, ocupa el lugar de un objeto (Lacan lo llamará objeto «a»), renuncia a su ser y, con ese sacrificio subjetivo, intenta que el paciente devele sus misterios.

De algún modo, Julián, mi paciente, estaba en lo cierto. En sesión no soy una persona a la que le pasan cosas. Mis deseos, mis dolores o mis miedos no cuentan. En el consultorio el analista es el que escucha, interpela o contiene. El referente. No es un semejante, un otro. Es el gran Otro.

En su poema «Ajedrez», Borges escribió: «Dios mueve al jugador y este la pieza. ¿Qué Dios, detrás de Dios, la trama empieza?».

¿Cuál es el Dios al que le llora Dios? ¿A quién le reza Dios cuando está angustiado?

A nadie.

Lacan dirá que no hay un gran Otro para el gran Otro. Ese es el lugar (incómodo) que ocupa el analista.

Hoy mi consultorio es distinto, aunque el diván es el mismo de entonces. También algunos de mis rituales. La costumbre de llegar una hora antes que mi primer paciente, la ceremonia del café negro y amargo, la mirada que recorre la biblioteca, la música. Enciendo las luces y acomodo la agenda y la jarra de agua. Al llegar al escritorio, me paro frente al reloj de arena. Y aparece el tiempo.

El enigma del tiempo es el enigma de la vida. Porque en él nos enamoramos, sufrimos desengaños y jugamos nuestros sueños.

Siempre creí que el tiempo era inmanejable. Que nadie podía detenerlo ni acelerarlo.

En *La felicidad* dediqué un capítulo a la relación de Albert Einstein con Sigmund Freud y me aboqué a la lectura de las cartas que se enviaron. Mi intención era retratar aquel momento en que el físico más importante del mundo convocó al creador del Psicoanálisis, para debatir sobre la deshumanización que veía en el mundo y que lo aconsejara acerca de la manera en que podía detenerse una guerra que amenazaba con matar a millones de personas.

La respuesta de Freud fue demoledora. Nada podían hacer porque en todo ser humano hay una pulsión destructiva irrefrenable: la pulsión de muerte.

Sin embargo, mi interés por Einstein generó el deseo de acercarme a la comprensión de sus teorías. Esos desarrollos que cambiarían para siempre el modo en que concebimos el universo.

***

Conozco mucho los pueblos de mi patria. Viví en algunos de ellos y hoy los visito en mis viajes de trabajo. En cada plaza está el municipio, algún hotel, un restaurante, y la iglesia. En lo alto hay un reloj y un campanario.

Los relojes ejercen una atracción difícil de resistir. Basta seguir a la gente que camina por las calles de Praga para desembocar en «la plaza del reloj». Como todo turista me he parado frente a ella y esperé que sonaran las campanas señalando la hora exacta. La misma para todos. Aun sabiendo que se trata de un engaño. Que, aunque el sentido común nos diga lo contrario, el tiempo no es absoluto. Que no hay dos personas para las que el tiempo pase de igual manera.

¿Cómo llegó la humanidad a descifrar algo que parece tan ilógico?

En el siglo XVII, Galileo Galilei desafió dos mil años de concepción aristotélica y sostuvo que el movimiento es relativo. ¿Qué significa esto? Que al plantear que algo se mueve, tenemos que referir en relación a qué realiza ese movimiento. Por ejemplo, cuando caminamos nos movemos a cuatro o cinco kilómetros por hora en relación al piso. Un avión, a su vez, se mueve a ochocientos o novecientos kilómetros por hora en relación al aire. La Luna gira en relación a la Tierra, y la Tierra en relación al Sol.

No tiene sentido decir que algo se mueve si no es en alusión a otra cosa. Este es el principio de la relatividad de Galileo.

De este principio se desprende que tampoco existe una velocidad absoluta. Por ejemplo, si vamos en un tren que avanza a setenta kilómetros por hora y pateamos una pelota, quienes estén en el tren la verán desplazarse a treinta o cuarenta kilómetros por hora, según la fuerza con que la hubiéramos golpeado. Por el contrario, para quien la mira desde el andén, la pelota se desplaza a cien o ciento diez kilómetros por hora. Porque ambas velocidades se suman. La del tren y la de la pelota.

También la distancia recorrida por la pelota será relativa. Para los pasajeros habrá avanzado quince o veinte metros. En contraste, para los que están fuera, tal vez haya avanzado cien metros o más. Porque al trayecto que hizo esa pelota se suma el que realizó el tren.

La física de Isaac Newton obedecía a esto. Entonces, el espacio es absoluto y el tiempo fluye igual para todos. Tal como lo percibimos en la vida diaria.

Pero en el siglo XIX se comprobó la existencia de una velocidad que no es relativa: la luz. Trescientos mil kilómetros por segundo. A esa velocidad se desplaza un láser tanto para quien lo dispara desde el tren como para quien lo observa desde el andén. Es decir, que la velocidad de la luz es absoluta.

Einstein advirtió que eso implicaba que nuestro concepto acerca del tiempo y el espacio era erróneo y, en 1905, formuló la teoría de la relatividad especial, donde intentó unificar el principio de relatividad de Galileo (el movimiento es relativo) con el hecho de que hay una velocidad que es absoluta (la velocidad de la luz). La genialidad de Einstein fue comprobar que, más allá de lo aparente, no estamos frente a una contradicción. Que existe una solución matemática que permite reconciliar este conflicto, siempre y cuando asumamos que el tiempo y el espacio se comportan de manera diferente a lo que pensamos.

Aquí empieza la dificultad. Porque la teoría de la relatividad especial nos obliga a desafiar al sentido común y a asumir que el fluir del tiempo es variable. Distinto para cada uno de nosotros. Que el paso del tiempo dependerá de la mayor o menor influencia de la gravedad y de la velocidad con que un objeto se mueva. A mayor altura, el tiempo pasa más rápido. A mayor velocidad, más lento.

Los relojes atómicos permiten medir esa diferencia infinitesimal, pero comprobable. Se ha hecho el experimento de sincronizar dos de esos relojes, uno en el piso y otro sobre una mesa, y después de un lapso se constató que ya no marcaban la misma hora. El que estaba sobre la mesa se había adelantado con respecto al otro.

Es decir, que una persona que vive en el piso décimo de un edificio envejece más rápido que otra que vive en planta baja, porque al estar más lejos de la influencia de la gravedad el tiempo pasa más rápido. A su vez, dado que a mayor velocidad el tiempo se lentifica, quien viaja en un avión envejece menos que sus amigos que quedaron en la Tierra. ¿Cuánto? Millonésimas de segundo en una vida.

¿Qué importancia tiene entonces un desfase tan pequeño?

Todos utilizamos el GPS. Un sistema que triangula satélites que orbitan a veinte mil kilómetros de altura, a una velocidad tal que dan dos vueltas diarias a la Tierra. La velocidad haría que el reloj del GPS fuera más lento. La altura, que fuera más rápido. Y es la altura la que prima. Por eso, los relojes de los satélites del GPS se adelantan aproximadamente treinta y ocho millonésimas de segundo por día. Menos de lo que tardamos en pestañear. Sin embargo, en ese lapso, la luz se desplaza once kilómetros. Y si no se corrigiera ese desfase el sistema no serviría de nada, porque nos dejaría a once kilómetros de la dirección que le solicitamos.

Diez años después, en 1915, luego de profundizar sus investigaciones, Albert Einstein presentó la teoría de la relatividad general, el concepto de la geometría curva del universo.

Detengámonos en la primera de sus formulaciones y hagamos un correlato con la experiencia analítica, donde también el tiempo es relativo. Distinto para cada sesión. Para cada paciente que es invitado a habitar su propio tiempo y la relatividad de sus vivencias, de sus decisiones. Porque cada encuentro es un viaje a esa soledad poblada de fantasmas, a veces reconocibles y otras ignorados. Pero tan propios.

Se trata de convocarlo a que ocupe su lugar en un presente eterno. Que acepte, como expresó el poeta Paul Éluard: «el duro deseo de durar».

En una entrevista con Patrick Vighetti, el filósofo André Comte-Sponville sostuvo que:

> No se trata de vivir, como el animal según Nietzsche, atados «a la estaca del instante». Ni tampoco de embrutecerse en el no futuro de los punks o de los idiotas. No se puede vivir en el instante, puesto que la vida es duración...
>
> No es el instante lo que hay que tomar, sino el eterno presente de lo que dura y pasa...

Uno de los quiebres más fuertes que generó Lacan, que entre otras cosas le costó la expulsión de la Asociación Psicoanalítica Internacional (IPA), fue romper con la sesión establecida de cincuenta minutos.

Los argumentos de Lacan eran firmes. ¿Por qué deberíamos establecer un tiempo invariable si, en análisis, se trata del tiempo del Inconsciente? ¿Si a veces en quince minutos recorrimos un trayecto enorme, y otras conviene trabajar una hora y media?

En el consultorio, el tiempo toma una dimensión ajena al mundo.

—¿Ya está, terminamos? —pregunta un paciente al que una hora le parecieron cinco minutos. A veces, en cambio, media hora se le vuelve eterna y no tiene de qué hablar.

Cuando dirijo un análisis, también mi espacio-tiempo es único.

Por eso necesito llegar antes, habitarlo, que sea una espera donde mis pensamientos se vayan aplacando para que pueda ocupar el «lugar del analista». Solo de esa manera habitaremos con el paciente ese espacio-tiempo singular al que llamamos sesión. Una experiencia que a veces comienza antes de que el *analizante* llegue al consultorio y continúa incluso después de que se haya ido.

La espera es parte de la experiencia analítica. Cuando suena el timbre, mientras bajo a abrir, ya estoy en el tiempo que me propone ese paciente. Un tiempo en ocasiones avasallado por la ansiedad, en otras por el aburrimiento, la angustia o la incertidumbre.

El ámbito analítico propone cada vez el desafío de no forzar y estar abierto a la posibilidad de que ocurra algo. En sesión batallo con esa ansiedad que surge cuando el paciente parece no decir nada importante, o repite algo de lo que habló tantas veces. Y en ese espacio-tiempo relativo estoy solo.

El paciente espera comprensión, respuestas, alivio. Por mi parte, me entrego a la posibilidad de que alguna grieta en su discurso deje filtrar una duda, un lapsus, un sueño que abra un territorio de confusión y soledad. La soledad del Inconsciente.

Si alguien nos observara desde fuera creería que se trata de una conversación. Pero el análisis no es un acto de comunicación. Es un acto de creación. Un vínculo que posibilita que, de repente, aparezca algo donde no había nada.

Cuando el profesional queda atrapado por el discurso del paciente que habla con demasiada nitidez, y solo rescata lo que dice pero no tiene en cuenta las palabras que utiliza, hay comunicación. Y es ahí donde el tratamiento falla.

El análisis avanza con el malentendido. Cuando surge la duda y la palabra traspasa su sentido aparente para decir algo que no puede decirse de otro modo. Entonces, en lugar de dos personas que se comunican, hay un *hablante* que sufre, que no entiende, y un analista que propicia la aparición de contenidos inconscientes. Esta «falla» (deseada) en la comunicación los deja solos.

El analista no es una persona que comprende al paciente. Es alguien que aloja su soledad. Que tiene la fortaleza de entrar en esos terrenos oscuros del analizante y lo acompaña hasta al borde de su abismo.

El gran desafío es pasar por encima de ese imaginario que supone dos personas que se están comunicando, para ser dos viajeros que se dejan absorber por el sinsentido aparente en busca de la verdad. Una verdad también relativa. Una verdad perdida para siempre, que se ignora, porque la verdad no es conocimiento.

Freud sostiene que todo *$ujeto* contiene un saber no sabido, intrasmisible. Basta pedirle una receta a «la abuela» para comprobar que no conoce lo que sabe. Nos dirá que echemos un ingrediente. «¿Cuánto?», le preguntamos. Su respuesta será esquiva: «Fíjate. Te vas a dar cuenta. Un poco». Lo cierto es que no puede transmitir ese saber que la recorre. Por eso, junto a las abuelas mueren los sabores de la infancia. Y nos quedamos solos. Con el deseo de recuperar lo imposible.

Freud lo sabía.

Al escuchar a sus primeras pacientes, «sus histéricas», sospechó que esos síntomas, esos dolores físicos y psíquicos, portaban un saber. Una porción de verdad.

No fue el primero. La filosofía y la lógica se han obsesionado por establecer la veracidad o falsedad de un enunciado. En un intento por atrapar la verdad, expusieron las falacias, esos modos que el lenguaje utiliza para disfrazar de veraz lo que es falso, y teorizaron las leyes que determinan la validez de los razonamientos. Ensayos valederos, aunque condenados al fracaso. En tanto que hablamos, «la verdad» está perdida. Ya hablaremos de esto más adelante.

Volvamos al consultorio.

Aunque se transite de a dos, es una experiencia solitaria tanto para el analista como para el paciente.

Cierta vez estaba a punto de iniciar una sesión con un paciente, Aldo, y recibí la llamada de una *analizante* de riesgo en crisis. Estaba desbordada. Le pedí a Aldo que pasara al consultorio y me esperara un instante. Me equivoqué. Tuve que hablar casi veinte minutos. Al terminar, vi que Aldo se había acostado en el diván. Me senté detrás de él y comencé a disculparme por la demora.

—No me digas nada —interrumpió—. Me vino bien, estoy conmocionado. Porque mientras te esperaba pude entender la intervención que me hiciste la sesión pasada.

Aquel tiempo solitario en el consultorio le había dado la posibilidad de comprender lo que veníamos trabajando. Eso que no había podido asimilar durante la semana se aclaró de pronto cuando se acostó en el diván. En ese momento de soledad a medias. Y fue posible porque el dispositivo analítico es un espacio-tiempo que funciona aun sin mi presencia física.

Puede parecerle extraño a quien nunca se haya analizado. Es comprensible. Después de todo, se trata de una experiencia en que la presencia-ausencia y el espacio-tiempo funcionan de manera única.

Por lo general, cuando un paciente falta a sesión, debe pagar los honorarios del profesional. Esto tiene un sentido que va más allá del compromiso económico. Implica que, de todas maneras, la sesión ocurrió. Porque durante ese tiempo, el analista estuvo transferencialmente con él. Se preguntó por qué no fue, por qué no avisó. Evaluó si la decisión pudo ser a causa de una resistencia o de un enojo. Es decir, ha sido un tiempo en que el profesional buscó la lógica de ese «acto de ausencia». A su vez, desde el olvido, la culpa, o el boicot, también el paciente ha estado ligado al análisis. Por eso no suelo llamarlo durante su horario. Únicamente después, cuando el tiempo de la sesión terminó, le escribo para averiguar qué ocurrió. Porque mientras transcurre ese tiempo, algo está pasando. Algo que deberemos trabajar.

Cuando generamos que el paciente hable libremente surge la posibilidad de que aparezca la palabra que nos importa. Esa que viene de la asociación libre. De un *$ujeto* que renuncia a controlar su discurso y habla sin evaluar si lo que dice está bien o mal, si es o no relevante. De esa renuncia, a veces, aparece la palabra plena. Plena de fantasías, miedos o traumas inconscientes que revelan esa verdad que el paciente desconoce.

He escuchado muchas veces la siguiente frase:

—Te voy a contar algo que nunca le dije a nadie.

Cuando eso ocurre, el dispositivo analítico está funcionando. Porque se habilitó un espacio donde el paciente puede hablar sin que nadie ejerza una mirada crítica. Entonces, siente más libertad que al estar solo. Porque cuando cree estar solo, están también sus mandatos, sus prejuicios, la presión de saber lo que se espera de él. Y el analista debe intentar barrer o poner entre paréntesis esas compañías indeseadas que molestan al paciente. Así podrá ayudarlo a mirar de frente a sus fantasmas. Porque esos fantasmas están adentro de nosotros y pueblan cada una de nuestras soledades.

Sin embargo, sería un error creer que el analista es un ausente. Alguien que no habla, no saluda, no ríe. Ese estereotipo hizo mucho daño al Psicoanálisis. Por el contrario, el analista pone el cuerpo para sentir el impacto del Inconsciente. A veces puede acercarse o tomar la palabra como agente del discurso. Y si el chiste del paciente es bueno, también puede reír.

La abstinencia analítica no busca que el paciente se angustie ante la ausencia emocional del terapeuta. Dejar al paciente solo con sus asociaciones no es dejarlo aislado. Quien no se conmueve frente al dolor o la alegría de un *$ujeto* no está capacitado para ejercer el Psicoanálisis.

La soledad del consultorio no es indiferencia. Es intimidad. No es distancia. Es cercanía. Comunión profunda que elude la palabra vacía en busca de una palabra diferente. Para que el paciente pueda mostrar sus miedos, su vergüenza y el desconocimiento que lo habita.

—Soy puta —me dijo Isabel después de un tiempo de trabajar juntos—. Vivo de eso. Me acuesto con gente que me da asco, por dinero. Dinero que uso para mantener a mi familia. ¿Y sabes qué es lo peor? Que mi papá lo sabe. Todos lo saben. Y da lo mismo que lo sepan. Porque yo no le importo a nadie.

—Eso no es cierto —señalé—. A mí sí me importas.

Isabel lloró. Me contó cómo su padre la había entregado siendo adolescente para sostener el estatus perdido hacía tiempo, cuando dilapidó su herencia. Y la prostituyó para conservar la imagen en el pueblo, por comodidad o porque tal vez, ella no le importaba.

Tiempo después, luego de una sesión muy dura, Isabel me pidió que la abrazara.

—Quiero saber qué se siente que alguien te abrace solo porque eres importante, y no porque te quiere coger.

Y la abracé.

Dijo Octavio Paz: «Allí, en la soledad abierta, nos espera también la trascendencia: las manos de otros solitarios».

Mi abrazo fue la mano de un solitario que se extendió para sostener su soledad abierta.

Cuando Isabel se fue, quedé conmovido. Llevaría tiempo para que su angustia encontrara un sentido a través de las palabras. Un tiempo que, aun con mi presencia, ella atravesaría en soledad, sola, pero no *sola*.

***

La soledad no es una emoción ni un sentimiento.

Es una experiencia a veces sufriente, otras agradable. Porque toma formas diferentes.

Soledad del duelo. Ensombrecidos que caminan entre el amor y lo perdido, entre lo deseado y lo que no fue, o fue en un tiempo que ya pasó. Un tiempo en el que parecía que no estábamos solos. Que nunca lo estaríamos. Un tiempo lleno de fantasías de completud.

Soledad de quien estudia y sueña su futuro. Soledad angustiosa de la incertidumbre. Soledad desgarrada del desocupado. Soledad plena del asceta que medita en busca de una calma imposible. Porque incluso en su aislamiento lo visitan los demonios. Soledades reclamantes de aquellos que no quieren quedarse solos y exigen y condenan a los demás. Soledad de los insomnes, que no duermen porque sus pensamientos no los abandonan. Soledad de los que triunfan. Soledad del vencido. Soledad del que se vacía de amor propio y busca compañía a cualquier precio. Soledad del incomprendido. Y de los que no comprenden. Soledad de las despedidas. Soledad del exilio. Soledad de los ancianos abandonados. O de quienes se abandonan sin ser viejos.

Por eso, en el amanecer de este libro, intuyo una soledad con minúscula, la soledad sin otros —padecida, disfrutable o elegida—, y otra con mayúscula: la Soledad existencial. Soledad del hablante, del humano que camina un planeta oscuro entre millones de planetas, en un universo infinito para el que su vida no tiene importancia.

Y aparece la emoción de Spinoza, la humildad de Cristo, el pesimismo trágico de Schopenhauer, y el desafío de encontrar un sentido a la existencia. Y en medio de todo eso, el amor. La vida palpitante. El deseo.

Y este libro.

Un intento de abordar el misterio, ponerle palabras al vacío y pensar. Al menos, pensar lo incomprensible. Aquello que no puede apurarse ni detenerse. Que no admite tregua ni negociación. La soledad es lo implacable. Una presencia que, aunque a veces no se percibe, está ahí, al acecho. A nuestra derecha, cerca de la muerte. No depende de la voluntad. Nos acompaña en cada pérdida, en cada instante en que nos enfrentamos a nosotros mismos. Podemos ignorarla, disfrazarla con alguna compañía o con distracciones, pero siempre habrá un momento en que nos alcance, y nos deje desnudos ante la existencia.

Tal vez lo más complejo de la soledad sean sus contradicciones. Por un lado, nos aterra, y también nos define, nos ahoga y nos hace libres, nos separa de los otros y, al mismo tiempo, nos revela quiénes somos.

La soledad no es una condena. Es parte de la condición humana.

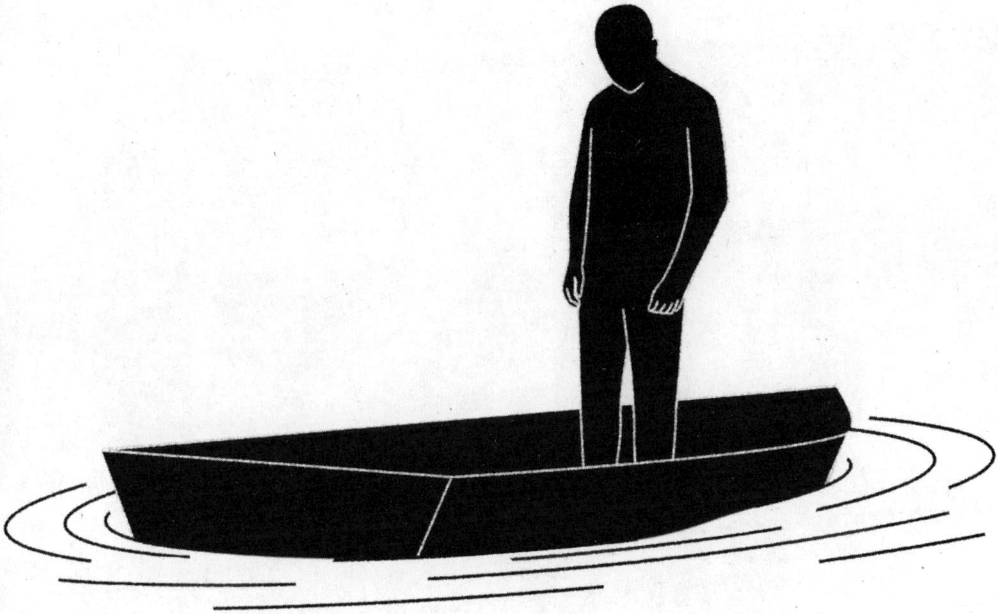

PRIMERA PARTE

LA CAÍDA

Estoy muy solo y triste, acá,
en este mundo abandonado.

LITTO NEBBIA-TANGUITO

¿Hace ruido un árbol que cae en el bosque si no hay nadie para escucharlo?

Desde hace miles de años esta pregunta ha generado controversias. La ciencia parece haber zanjado la supuesta paradoja. Hoy sabemos que el ojo del observador influye en lo observado. La física cuántica es un ejemplo de eso. Rescata la idea central del empirismo idealista del obispo George Berkeley para quien *ser es ser percibido.*

Entonces, ese árbol que cae debe aceptar la soledad de una caída silenciosa. Como quien llora solo por un desengaño amoroso o quien se queda frente al cajón o las cenizas de una persona querida que ha muerto. Como un náufrago en la noche aterradora del mar.

Tal vez por eso, en alguna de sus soledades, que tanto se parecían a «una balsa a la deriva», Gabriel García Márquez se interesó en los sucesos que rodearon a Luis Alejandro Velasco, un marinero que, con apenas 20 años, debió enfrentarse a la muerte antes de llegar a la bahía de Cartagena.

García Márquez lo entrevistó y Velasco contó su historia.

Habló de aquella madrugada de un 27 de febrero en la que la voz del altoparlante les pidió a los marineros que se pasaran a babor del barco porque había que equilibrar el peso. Y más tarde, les ordenó ponerse salvavidas.

Las palabras del escritor replicaron la desesperación de ese joven inexperto que se había quedado solo en la inmensidad.

La soledad del náufrago es quizás la más pura, la más despiadada de todas las soledades. No es solo la ausencia de otros, sino la presencia abrumadora de lo infinito: el mar que se extiende sin límites, el cielo que no ofrece respuestas, el tiempo que se diluye sin sentido. Una soledad sin bordes. Y aquello que no tiene bordes es angustia. Porque el borde es un límite al dolor, a la locura.

> Las olas, cada vez más fuertes y altas, estallaban en la cubierta... Calculé que debía faltar un cuarto para las doce. Dos horas para llegar a Cartagena. El buque pareció suspendido en el aire un segundo. Saqué la mano para mirar la hora, pero en ese instante no vi el brazo, ni la mano, ni el reloj. No vi la ola. Sentí que la nave se iba del todo y que la carga en que me apoyaba se estaba rodando. Me puse en pie, en una fracción de segundo, y el agua me llegaba al cuello... Entonces el agua me cubrió por completo y empecé a nadar hacia arriba. Tratando de salir a flote, nadé hacia arriba por espacio de uno, dos, tres segundos. Seguí nadando hacia arriba. Me faltaba aire. Me asfixiaba. Traté de amarrarme a la carga, pero ya la carga no estaba allí. Ya no había nada alrededor. Cuando salí a flote no vi en torno mío nada distinto del mar. Un segundo después, como a cien metros de distancia, el buque surgió de entre las olas, chorreando agua por todos lados, como un submarino. Solo entonces me di cuenta de que había caído al agua... Me sostuve a flote entre cajas

de ropa, radios, neveras y toda clase de utensilios domésticos que saltaban confusamente, batidos por las olas. No tuve en ese instante ninguna idea precisa de lo que estaba sucediendo. Un poco atolondrado, me aferré a una de las cajas flotantes y estúpidamente me puse a contemplar el mar.

Imagino la escena de ese hombre abrumado por las olas en medio de la noche. O, tal vez, por el olvido.

El marinero no recordaba muy bien cómo había llegado hasta una balsa luego de caerse junto a siete compañeros y ver cómo algunos se hundían para siempre. Y desaparecían dejándolo solo. Rodeado de tiburones.

Diez días más tarde, hambriento, casi muerto, divisó la costa. Nadó hasta la orilla como pudo y alcanzó la arena. Vio a una mujer que bajaba por la playa con una canasta en la cabeza y le gritó con sus últimas fuerzas. Ella corrió a buscar ayuda. Poco después llegaron unos campesinos, lo acomodaron en una hamaca y lo llevaron al pueblo, donde le dieron agua y algo de comer. Desde ahí fue trasladado a un hospital en Cartagena.

Al principio, el gobierno lo presentó como un héroe nacional. Sin embargo, después de aquella entrevista de veinte sesiones con Gabriel García Márquez, entonces periodista de *El Espectador*, se conoció la verdadera historia.

El naufragio no había sido causado por una tormenta, como sostenía el comunicado oficial, sino porque el destructor «Caldas» transportaba ilegalmente mercancías de contrabando y estaba sobrecargado.

Esas entregas en el diario colombiano generaron un escándalo político. El periódico enfrentó la censura y fue cerrado por el gobierno. Y García Márquez tuvo que exiliarse en Europa, donde continuó su carrera como periodista y escritor.

Por su parte, Luis Alejandro Velasco se convirtió en una figura incómoda para las autoridades. Con el tiempo, se alejó de la mirada del público y terminó llevando una vida anónima.

En 1970, esas crónicas encontraron su versión definitiva bajo la forma de un libro que García Márquez tituló: *Relato de un náufrago*.

Leí este libro a los 16 años.

La fuerza de la prosa hizo que por momentos me sintiera en la piel del marinero. Al autor le pasó lo mismo. García Márquez confesó que el relato de Velasco fue tan eficaz, tan conmovedor, que temió que los lectores creyeran que se trataba de un invento literario.

Hace poco, en un viaje a Cartagena, volví a este relato y me pregunté: ¿qué desea un náufrago?, ¿busca conservar la vida o solo desea morir?

No todo el que queda aislado del mundo se convierte en náufrago. Tarzán no lo era. Hasta que llegaron los tripulantes del *Arrow*, desconocía la presencia de otros seres humanos y de una mujer llamada Jane que podría amarlo. Por eso no tenía nostalgias. No puede añorarse el reencuentro con algo que se desconoce. Porque nadie vuelve a donde nunca estuvo.

El náufrago, en cambio, es alguien que está solo con el saber de que los demás existen. Es un esperanzado. Sabe que hay un mundo diferente y sufre el exilio de quien no se siente escuchado, o del que experimenta la angustia de no existir para otros. En este sentido, todos hemos sido náufragos alguna vez. Ya sea por un abandono o por algún sueño que jamás se concretó.

Los sobrevivientes del vuelo que se estrelló en la cordillera de Los Andes el 13 de octubre de 1972 refieren el impacto psíquico que sintieron el décimo día, cuando escucharon por la radio que se había suspendido la búsqueda del avión. Los daban por muertos. Para el mundo eran cadáveres desperdigados en un mar de nieve. Ese día fue el comienzo de una lucha nueva. Perdida la esperanza, comprendieron que, si querían salir de aquel infierno, debían hacerlo solos. Se dividieron las tareas y cuidaron especialmente a los expedicionarios que intentarían cruzar los montes nevados en busca de ayuda. Como Velasco, sabían que había un mundo. Un mundo para el que ya no existían. ¿Qué eran, entonces? Porque quien no existe para nadie, no existe. Dice Velasco:

> Yo era un muerto.
>
> No recuerdo el amanecer del sexto día. Tengo una idea nebulosa de que durante toda la mañana estuve postrado en el fondo de la balsa, entre la vida y la muerte. En esos momentos pensaba en mi familia y la veía tal como me han contado ahora que estuvo durante los días de mi desaparición. No me tomó por sorpresa la noticia de que me habían hecho honras fúnebres. En aquella mi sexta mañana de soledad en el mar, pensé que todo eso estaba ocurriendo. Sabía que a mi familia le habían comunicado la noticia de mi desaparición. Como los aviones no habían vuelto sabía que habían desistido de la búsqueda y que me habían declarado muerto. Nada de eso era falso, hasta cierto punto. En todo momento traté de defenderme. Siempre encontré un recurso para sobrevivir, un punto de apoyo, por insignificante que fuera, para seguir esperando. Pero al sexto día ya no esperaba nada. Yo era un muerto en la balsa. En la tarde, pensando en que pronto serían las cinco y volverían los tiburones, hice un desesperado esfuerzo por incorporarme para amarrarme a la borda. En Cartagena, hace dos años, vi en la playa los restos de un hombre destrozado por el tiburón. No quería morir así. No quería ser repartido en pedazos entre un montón de animales insaciables.

La soledad del náufrago devela la fatalidad de la inexistencia. Y de la muerte. Porque, quien vuelve de un naufragio, jamás será el mismo. Ha mirado a los ojos de la Soledad con mayúsculas. Salió de la caverna, comprendió de qué se trata la verdad y cree un poco menos en la «vida inauténtica» de la que hablaba Heidegger. La vida de las distracciones, del divertimento, de los dolores cotidianos. Del infierno con minúscula.

> «Si yo pudiera, como ayer,
> querer sin presentir».

Como en los versos de Discépolo, quien vuelve de un naufragio carece de ingenuidad y está lleno de presentimientos. Ingresa a un mundo donde la ausencia es una amenaza permanente. Es el desafío que enfrenta la persona que está en duelo. Porque el duelo nos obliga a aceptar que la pérdida existe. Y que es posible que volvamos a perder.

El que amó y fue abandonado, el que luchó y no pudo llegar a su objetivo, el que logró lo que quería y terminó destruyéndolo sin darse cuenta, el enfermo que recién ahora valora la vida, el traicionero que se arrepiente, el engañado que anhela la venganza, el que se ha quedado sin ganas de buscar más orillas. Todos ellos son náufragos.

En *Historias inconscientes* conté el caso de Julio. Un prestigioso médico psiquiatra capaz de llegar al extremo, incluso al suicidio o al asesinato, con tal de no terminar una relación en la que era infeliz desde hacía mucho tiempo.

Angustiado ante la posibilidad de perder a su pareja y «quedarse solo», se presentó ante el amante de su mujer para rogarle que la dejara. Cuando la esposa se enteró, Julio le suplicó también a ella que no lo abandonara. Hasta le dijo que podía seguir con su amante, que aceptaría cualquier cosa si se quedaba con él.

Sin saberlo, Julio ya estaba solo. Lo había abandonado su amor propio. Y su única compañía era la angustia. El temor a la pérdida lo empujó a un mundo humillante. Y en esa caída, había dejado de ser.

Una noche se dispuso a matar a su esposa y suicidarse. Pero no pudo. Un resto de pulsión de vida lo detuvo. ¿En qué se había convertido?

A partir de ese momento, comenzó la lucha por recuperar su propio reconocimiento. Julio naufragaba en las sesiones. Se hundía y volvía a respirar. A su manera, también el paciente es un náufrago que por momentos está solo, que se aferra a sus recuerdos y pelea con sus pensamientos. Aunque en este caso hay alguien que lo escucha. Alguien para quien, en ese espacio-tiempo, él es lo más importante. Alguien que promueve el surgimiento de un saber que el paciente ignora que tiene. Saber sobre su forma de amar y de sufrir. Sobre un goce que señala un camino de destrucción.

En aquellas sesiones invité a Julio a renunciar a la soledad de su naufragio. Le pedí que hablara sin vergüenza, que recordara. Y el recuerdo llegó. Vio a su madre de rodillas y a su padre apuntándole con un arma en la cabeza al descubrir su traición. Y se vio a sí mismo observando la escena.

Según sus palabras, el padre «no había tenido el valor de matar a su mujer». Julio tampoco. En análisis comprendió que había repetido aquella escena traumática en el vínculo con su esposa. Así funciona el trauma. Desde la oscuridad del olvido aparente reclama una resolución. La escena era el mar en que Julio se mecía rodeado de fantasmas. Les pusimos nombres. Los odió, los amó, perdonó lo que pudo. Se perdonó.

Su padre no superó jamás lo sucedido y «se dejó morir como una rama seca». El desafío de Julio era no repetir también esa parte de la historia.

Trabajó muy duro. Lo vi caer y ponerse de pie más de una vez. Nos apoyamos en su profesión, su prestigio y la admiración de sus alumnos, para que recuperara en su vida un espacio que lo alejara de la locura.

Cuando consiguió avanzar en el duelo su mujer quiso volver con él. La relación con el amante estaba concluida y sintió deseos de recuperar a su pareja, pero Julio se negó. Prefirió la soledad. Esta vez, una soledad elegida.

La vida golpea y puede derribarnos. Pero no se trata de una experiencia nueva. Porque en el comienzo, todos hemos caído.

***

La historia del Psicoanálisis enfrentó más de un desafío.

Sigmund Freud, su creador, deseaba que su nueva disciplina fuera reconocida por el ámbito científico, pero no era fácil. Sus ideas desafiaban demasiados paradigmas de la época. La importancia que daba a la sexualidad en el origen del sufrimiento humano, la teoría del Inconsciente o el lugar trascendente de fenómenos cotidianos como los sueños o los chistes, fueron cuestionados desde el comienzo. Además, como se trataba de un abordaje teórico en pleno surgimiento, cada profesional que se acercaba a aprender del maestro proponía hipótesis y técnicas con las que él no concordaba.

Para 1912, Alfred Adler y Wilhelm Stekel, dos de sus colaboradores y discípulos más cercanos, habían abandonado el círculo íntimo de Freud, y el distanciamiento con Carl Jung era inminente.

Freud temía que sus conceptos fueran malinterpretados y pudieran distorsionarse con el tiempo. Entonces, le escribió a

Ernest Jones, neurólogo, psicoanalista, devenido con el tiempo en su biógrafo oficial, y le manifestó el apoyo a su idea de la creación de un consejo secreto:

> ... compuesto por los mejores y más confiables entre nuestros hombres para velar por el desarrollo ulterior del Psicoanálisis y defender la causa contra personalidades y accidentes cuando yo ya no esté.

Así surgió el «Comité Secreto del Psicoanálisis». Un grupo de profesionales comprometidos en zanjar las disputas internas y resguardar la esencia de los descubrimientos freudianos.

Para 1922, sus miembros eran Sigmund Freud, Otto Rank, Karl Abraham, Max Eitingon, Sándor Ferenczi, Ernest Jones y Hanns Sachs.

El 25 de mayo de 1913 se reunieron por primera vez. Freud entregó a cada uno de ellos un anillo de oro con un grabado griego. El compromiso de todos fue abstenerse de publicar trabajos personales que no hubieran sido discutidos previamente con el Comité. El acuerdo buscaba evitar desarrollos teóricos que contradijeran los principios del Psicoanálisis.

Algunos sostienen que Ernest Jones pretendía que Jung renunciara como presidente de la Asociación Psicoanalítica Internacional para ocupar su lugar. La dimisión se produjo en 1914, pero el estallido de la Primera Guerra Mundial frustró sus deseos.

Durante diez años, el Comité funcionó sin inconvenientes, pero los conflictos con Rank y Ferenczi generaron su disolución en 1924. Poco después, Anna Freud ocupó el lugar de Rank y el Comité reanudó sus actividades hasta que, en 1933, dejó de funcionar para siempre. Pero ¿cuál fue el motivo de ese conflicto?

Otto Rank no era un discípulo más. Freud lo quiso tanto que llegó a referirse a él como *mi pequeño Rank* y lo consideró su colaborador más fiel. Lo nombró secretario del «Comité Secreto» e incluso apoyó todos sus aportes teóricos. Aunque eso cambió cuando Otto Rank postuló la hipótesis del «trauma de nacimiento». Aquella propuesta generó una verdadera crisis en el círculo más íntimo del Psicoanálisis.

El día de su cumpleaños número 67, Freud recibió como regalo el manuscrito de *El trauma de nacimiento*. El texto llevaba una inscripción que dedicaba el trabajo «al explorador del Inconsciente, al creador del Psicoanálisis».

Freud aceptó la dedicatoria y manifestó su admiración por Rank: «Como estoy discapacitado, disfruto muchísimo de su admirable productividad. Eso significa para mí demasiado: "Non omnis Moriar"».

«Non omnis moriar» es una frase en latín tomada de las *Odas*, de Horacio. Significa «no moriré del todo». Con ese enunciado, el poeta manifiesta la confianza en que su obra perdurará más allá de su muerte. Algo parecido sintió Freud al ver en aquel manuscrito la continuidad del Psicoanálisis. Además, había sido el primero en mencionar la impronta que el nacimiento dejaba en la psiquis y, hasta ese momento, solo veía en el trabajo de Rank una profundización de aquella presunción. Pero todo cambiaría con la versión definitiva del texto.

Apoyado en su experiencia clínica, Otto Rank avanza y plantea que el trauma de nacimiento es el origen de todo dolor, e incluso la base del interés de la humanidad por la ciencia, la filosofía, el arte y la religión. Y por supuesto, de la práctica analítica.

Según él: «en la situación analítica, el enfermo reproduce, por así decir biológicamente, el periodo de su vida intrauterina».

Y sostiene que el final del análisis está marcado por la repetición de una separación. Así como al nacer el paciente tuvo que separarse de su madre, ahora debe hacerlo de su analista. Y llega a definir la experiencia como:

> El último sustrato biológico concebible de la vida psíquica, el núcleo mismo del inconsciente.

Como se ve, Rank atropella los postulados freudianos y se distancia de su maestro al redefinir al inconsciente en términos biológicos. ¿Cuál sería, según su propuesta, el fin de una cura analítica? Ayudar al paciente a resolver su trauma de nacimiento. Remediar aquella angustia primera, raíz y modelo de toda angustia futura. Es decir, que Otto Rank hace del «trauma de nacimiento» el origen de la neurosis.

¿Dónde quedan, entonces, los pilares del Psicoanálisis? El «complejo de Edipo», la «angustia de castración» y el «inconsciente freudiano».

Ante semejante propuesta, Freud vio amenazado todo su edificio teórico y, a pesar de las protestas de Ferenczi, fue relegando a Rank hasta que lo confrontó de manera enérgica.

> La eliminación del padre en su teoría me parece que revela demasiado sobre la influencia de factores personales en su vida —factores con los cuales estoy familiarizado—. Esto aumenta mi sospecha de que usted no hubiese escrito este libro si usted mismo hubiese sido analizado. Por lo tanto, le pediría con urgencia que no se vuelva obstinado y que deje abierta la posibilidad de retractarse.

Tan fuerte era el desafío teórico de aquella propuesta que Freud no dudó en adjudicarla a los traumas no resueltos de Otto Rank y a su falta de análisis personal que le generaba «la tentación de hacer descubrimientos analíticos, tentación a la cual todo debutante que no ha sido analizado —y es su caso—».

El dolor de Rank al recibir esas palabras fue enorme. Sándor Ferenczi, gran amigo de Otto, intentó un acercamiento. Pero fue imposible. Freud le confesó que «hervía de rabia». Y así, «el pequeño Rank» fue expulsado para siempre del círculo íntimo del maestro.

Estaba equivocado, es cierto. Pero ¿no fue un error comprensible? ¿Es tan ridículo suponer que ese momento trascendente en que caemos al mundo pueda generar una herida imborrable? No otra cosa quiere decir «trauma»: herida.

Somos seres para la muerte.

De esa manera nos define Martin Heidegger. Como entes arrojados a un mundo de posibilidades. Podemos alcanzar el éxito o el fracaso, elegir el arte o el deporte; amar, trabajar o estudiar, sufrir o ser felices. De cualquier forma, siempre habrá una posibilidad de la que no podremos escapar: la muerte. Esa muerte que puede llegar en cualquier momento.

Según Borges: «Morir es haber nacido».

Como el naufragio o la muerte, también el nacimiento es una caída. No elegimos el hogar al que llegamos, ni el color de nuestros ojos, ni nuestro nombre. Tampoco los nombres que luego, bajo la forma de un mandato, vendrán a proponernos un destino: el rebelde, la desconfiada, el inteligente, la pobrecita, el que todos quieren o la que nadie va a querer. Caemos a la vida sin las herramientas necesarias para subsistir, en una indefensión que requiere de cuidados para ser mitigada. Ahí comienza la batalla. Y la angustia.

Caímos en un mundo amenazante. Y estamos solos. Según Octavio Paz, también arrastramos la culpa de haber nacido.

Y a lo mejor, una deuda: «Nos aguardan una desnudez y un desamparo».

Y en ese desamparo anhelamos con la sospecha inconsciente de que alguien estará ahí para amortiguar la caída.

Nos soltamos de la seguridad del vientre materno como un trapecista que no sabe si habrá una red. Esa red serán los otros: mamá, papá, abuelos, tíos, hermanos, amigos, un amor.

En una conferencia dada en San Sebastián, el psicoanalista español Vicente Palomera Laforga trae el pensamiento del pediatra y analista inglés Donald Winnicott, que sostiene que la capacidad de estar verdaderamente solo es ya un indicador de madurez. Una aptitud que se ha forjado en las experiencias en que el infante ha estado a solas, pero en presencia de alguien. Según él, la soledad se construye. No es algo que está de entrada, sino que requiere de un proceso en que el niño y la mamá comparten un espacio sin que uno esté atento al otro.

Palomera Laforga recuerda que Winnicott acuñó el concepto de *objeto transicional*: para poder separarse de la madre, previamente debe construirse una relación con algún objeto, un peluche o una cobija, que resultarán imprescindibles para que el niño o la niña puedan ir solos a la cama o dormir en otra casa.

Siempre hay una diferencia entre quien representa algo y lo representado. Nadie va en representación de sí mismo. Es una tautología. Por ejemplo, un diplomático es alguien que representa a un país, pero no es el país. De igual forma, el *objeto transicional* representa a la madre, pero no es ella.

> Es un espacio intermedio entre la madre y el mundo, y en ese mundo transicional, este espacio, es donde se fundamenta la capacidad para estar a solas. Es decir, por ejemplo, cuando la madre está en casa, está ocupada en sus cosas, y el niño

> está en ese espacio próximo, también jugando, sin necesidad de estar pendiente la madre del niño ni el niño de la madre.

Según Winnicott, esos son los momentos en que se constituye la capacidad de estar a solas. Entonces, la soledad es algo que aprendimos estando junto a otros. No se trata de estar sin el otro, sino de lograr la intimidad a pesar de estar junto a alguien.

El licenciado Marcelo Barros sugiere que, de algún modo, el analista es el objeto transicional que ayuda al paciente a entrar a su universo solitario sin la angustia que provoca el aislamiento.

En *Psicología de las masas y análisis del yo* (1921), Freud sostuvo que:

> El individuo se siente incompleto cuando está solo. Ya la angustia del niño pequeño sería una exteriorización de este instinto gregario. Oponerse al rebaño equivale a separarse de él, y por eso se lo evitará con angustia.

Cuando algo extraño entra en el cuerpo de una ostra, para defenderse, esta produce una sustancia llamada nácar que envuelve al cuerpo extraño y lo transforma en una perla. De igual manera, las palabras, las miradas y las caricias que recibimos al nacer nos apartan del destino biológico y nos dan existencia humana.

Los otros resultan indispensables para que podamos ser.

En *La construcción del sujeto ético*, Silvia Bleichmar afirma que es imposible aprender a vivir por ensayo y error.

> Cualquiera que intente aprender a vivir de esa forma se muere al primer error; nunca le decimos a un niño que meta los dedos en el enchufe para que se dé cuenta de que la electricidad mata. Esta cuestión plantea, entonces, que la única manera

de autoconservación está dada por la antecedencia del conocimiento del otro sobre la preservación de la vida.

De nuevo, la importancia del Otro.

Solo por sus cuidados y por identificación con sus gestos, acciones o palabras construimos una identidad más o menos eficaz a la que llamamos Yo.

El vínculo con esos otros significativos es tan importante que comienza incluso antes del nacimiento. Cuando la madre, el padre (o los que cumplen esa función) acarician el vientre, le compran ropa o le hablan al bebé.

En el libro *La felicidad* recorrimos un neologismo de Lacan: *extimidad*. Dijimos que se trataba de un concepto que busca explicar la experiencia única del ser humano para quien no es tan fácil discriminar qué está adentro y qué está afuera, qué le pertenece y qué no. ¿Me pertenece mi mirada, o es de aquello que miro? ¿Y el amor? ¿Es mío o de quien amo? ¿Y el lenguaje? ¿Y la piel, ese velo que nos recubre, que es acariciada y golpeada por el mundo? ¿Y el mundo mismo, ese espacio lleno de estímulos, de otras pieles, de otros deseos, está fuera o dentro de nosotros?

¿Y las voces que acompañaron al bebé durante el embarazo, eran de sus padres o, de alguna manera, también le pertenecían?

Luego de la caída, cuando la amenaza del mundo desconocido quiebra el equilibrio del cachorro humano, esas voces reaparecen para calmar su angustia. Y las caricias y los estímulos intentan captar su atención y rescatarlo de esa soledad inicial. Él mira, escucha, succiona, pero no entiende.

Hasta hace un tiempo el nacimiento era una experiencia muy cruenta. Tomaban al bebé de los pies, le pegaban para que llorara, para que comenzara a respirar por sí mismo, y se lo llevaban durante horas. Como si una voz desconocida le dijera que se preparara porque había caído en un mundo donde le esperaban el maltrato y la soledad.

Ahora, en cambio, apenas nace, se coloca al bebé sobre el cuerpo de la madre. Si bien esto no alcanza a compensar el efecto traumático del nacimiento, al menos lo mitiga. Es cierto, caemos, pero hay alguien para recibirnos y contenernos. Porque no se trata de una llegada a la vida, sino de una caída en la vida. Una pérdida. Un desmoronamiento del lugar que se tenía. Al nacer perdemos el estado de paz y seguridad para entrar a un mundo hostil y solitario. Por suerte, en la mayoría de los casos, hay algunos otros que ayudan para que el golpe no sea tan brutal. Y esto instaura dos cosas. La primera es que no se puede ser un humano sin los otros. El mito del hombre solo es nada más que un mito. Los antropólogos jamás encontraron un humano solo. Cada vez que se hallan restos de un ser humano que vivió hace miles de años, al escarbar un poco más, se encuentran huellas de otros. Somos seres gregarios, necesitamos la cercanía de otros. Aunque a veces esa cercanía sea la causa del dolor.

En 1851, Arthur Schopenhauer publica *Parerga y paralipómena*, algo así como «Cosas insignificantes y cosas que no vienen al caso». Hasta ese momento su obra no había sido reconocida. Pero aquella colección de ensayos y reflexiones le dio la fama que buscaba.

Por entonces, Schopenhauer era un hombre desencantado de la vida. Hegel cautivaba multitudes mientras que él era ignorado. Quiso competir, pero su fracaso fue estridente y se alejó de la vida académica.

Sin embargo, aquella obra de «pensamientos dispersos» maravilló al mundo intelectual de la época. En uno de sus capítulos, Schopenhauer desarrolla «el dilema del erizo».

> Un grupo de puercoespines se apiñaba en un frío día de invierno para evitar congelarse calentándose mutuamente. Sin embargo, pronto comenzaron a sentir unos las púas de otros, lo cual les hizo volver a alejarse. Cuando la necesidad de calentarse los llevó a acercarse otra vez, se repitió aquel segundo mal; de modo que anduvieron de acá para allá entre ambos sufrimientos hasta que encontraron una distancia mediana en la que pudieran resistir mejor. Así la necesidad de compañía, nacida del vacío y la monotonía del propio interior, impulsa a los hombres a unirse; pero sus muchas cualidades repugnantes y defectos insoportables los vuelven a apartar unos de otros. La distancia intermedia que al final encuentran y en la cual es posible que se mantengan juntos es la cortesía y las buenas costumbres. En Inglaterra a quien no se mantiene a esa distancia se le grita: «Keep your distance!» (mantenga la distancia). Debido a ella, la necesidad de calentarse mutuamente no se satisface por completo, pero a cambio no se siente el pinchazo de las púas. No obstante, el que posea mucho calor interior propio hará mejor en mantenerse lejos de la sociedad para no causar ni sufrir ninguna molestia.

Al plantear el dilema del erizo, Schopenhauer denuncia la ambivalencia de los vínculos que establecemos con los demás. La necesidad de los otros que son, a la vez, imprescindibles para no morir y potenciales causas de sufrimiento.

Alguien dijo que para apreciar un buen cuadro hay que ubicarse a la distancia exacta. Demasiado cerca, se ven imperfecciones de los trazos. Demasiado lejos, se pierden los detalles importantes. Algo parecido ocurre con quienes nos rodean. Se dice que a esa distancia justa que permite relacionarse bien con otra persona, Ortega y Gasset la llamó *respeto*.

Luis Cernuda fue un enorme poeta sevillano. Amigo de Octavio Paz, Federico García Lorca, Nicolás Guillén y Juan Ramón Jiménez, entre otros. Homosexual en una época difícil para serlo. Durante la Guerra Civil tuvo que exiliarse. Más tarde, la victoria franquista volvió ese exilio permanente.

Cernuda pensó sobre el deseo, el amor imposible, el exilio, la oposición entre la realidad y el sueño y, por supuesto, sobre la soledad. Cercano a Schopenhauer, escribió: «Como los erizos, ya sabéis, los hombres un día sintieron su frío. Y quisieron compartirlo. Entonces inventaron el amor. El resultado fue, ya sabéis, como en los erizos».

El amor es una creación de la humanidad para no morir de Soledad. Esa Soledad que nos aguarda cuando llegamos a la vida.

Ya hablamos de la relatividad del tiempo. Y la caída no escapa a esta ley. El lapso que se demora en colocar al bebé sobre el cuerpo materno es de pocos segundos para los profesionales que asisten el parto, pero para el cachorro humano es una eternidad. Un tiempo donde ese bebé está solo, donde no hay nada ni nadie. No hay red. La adrenalina del trapecista en el aire en una psiquis sin posibilidad de procesar lo que ocurre. El comienzo del desafío de vivir.

Escribió Octavio Paz:

> Entre nacer y morir transcurre nuestra vida. Expulsados del claustro materno, iniciamos un angustioso salto de veras mortal, que no termina sino hasta que caemos en la muerte.

Dijimos que la vida es un breve espacio de existencia que transcurre entre dos enormes inexistencias. Digamos ahora, que es el lapso que discurre entre una caída y otra. Y en esa caída inicial experimentamos por primera vez el precio que debemos pagar por existir. Ese precio es la Soledad.

Por fortuna, otros solitarios amortiguan la caída. Y el devenir. Nos espera el amor, que es caricia y puñal, cobijo y dolor. Y lo erótico que apuntala y anticipa la posibilidad de una vida mejor. Una vida donde, por momentos, la Soledad (con mayúscula) se degrade en una simple soledad.

EL AMOR

AMAR... O AMARSE

Es el amor. Tendré que ocultarme o huir.

JORGE LUIS BORGES

¿Por qué ocultarse o huir del amor? Porque dolerá. Y quien pretenda enamorarse debe estar dispuesto a enfrentar el dolor. Siguiendo el consejo de Borges, hay quienes se ocultan o huyen. Otros, en cambio, se animan a vivir la experiencia. Entonces, se emocionan, tienen sexo, lloran, ríen, se protegen y, a veces, como los erizos, se lastiman. Porque no encuentran esa distancia justa que aconsejaba Ortega y Gasset, la del respeto que renuncia a la completud en un intento por comprender al amado, incluso cuando la comprensión se dificulta. Pero, vale la pena. Para ganar, siempre algo hay que perder.

Al principio no tenemos registro. El asombro del enamoramiento, esa etapa inicial, radica en que el otro es percibido sin faltas y, por lo tanto, es fácil amarlo. Cualquiera puede hacer eso. Amar a un ser luminoso, bello y sin defectos es sencillo. En cambio, alojar su imposibilidad, comprender sus inseguridades, sus errores, disfrutar de sus logros y aceptarlo cuando no puede, requiere mucho esfuerzo.

Amar al Otro es inevitable. Amar al otro es un desafío.

Suele decirse que el amor debe sumar. Y es posible que el amor sume. Pero también resta. Porque requiere un tiempo y una energía libidinal —afectiva— que antes destinábamos a otras cosas, a las que ahora debemos renunciar o, al menos, relegar. Y si bien el esfuerzo compartido, la compañía en el dolor o el placer suman mucho, el amor también desorganiza nuestra vida. Es preciso que lo haga. Con el fin de agradar al amado modificamos costumbres y realizamos actividades que a veces no nos agradan. La vida pierde el equilibrio anterior —placentero o gozoso— y por un tiempo se vuelve desconocida y caótica. Un caos pasional y lleno de temores. Porque ha entrado a escena una persona distinta a nosotros, con sus deseos, inseguridades, gustos y demandas. Al comienzo, la paz y el amor no van de la mano. Deberá pasar un tiempo para que la calma traiga el placer amoroso. En el comienzo, intranquiliza. Conmueve los cimientos de nuestras creencias y cuestiona lo que creíamos desear. Nos interpela y nos empuja a cambiar el destino. Quien amó lo sabe.

Cuando compartía junto a Alejandro Dolina el programa de radio *La venganza será terrible*, una oyente preguntó qué era el amor. Luego de pensar unos segundos, Alejandro respondió:

> Estar enamorado es una porquería; es una basura. Se siente uno mal, no reacciona inteligentemente, pierde la facultad de especular porque con toda inocencia toma el corazón y lo deja de propina en cualquier lado.
>
> En cambio, cuando uno no está enamorado es «vivo», atrayente, imaginativo. Especula, se retira a tiempo, avanza cuando tiene que avanzar. Es brillante. Tiene esa crueldad, esa maravillosa crueldad, que tanto enamora y que cuando uno está enamorado pierde.

> El enamorado dice «voy a ser cruel», y resulta patético. Ensaya retiradas que duran cinco minutos al cabo de los cuales llama por teléfono arrastrándose, como un perro.
>
> Cuando uno está enamorado pierde poder, pierde mucho poder, del que necesita, precisamente, para enamorar.
>
> De modo que se da esta paradoja: cuando uno más necesita ese poder no lo tiene, y cuando uno lo tiene, no le interesa tenerlo. O, a lo mejor, lo usa nada más que para enamorar «giles», de gusto, porque sí, para matar el tiempo.

Sin embargo, esa ironía viene de alguien que sostiene —entre otras cosas— que «la vida vale menos que el amor».

Dolina tiene razón: cuando el amor es elegido desde el goce es una «porquería» y puede destruirnos.

Freud comparó al amor con la hipnosis. Esa práctica donde el *$ujeto* cede su voluntad a Otro. Así, bajo la influencia del amado, se ingresa a un mundo donde, en gran medida, la dicha o el padecimiento dependen de ese Otro que, como el hipnotizador, se adueña de nuestras decisiones.

El amor es una experiencia desafiante que nos incita a resignar algo que nos pertenece. No hay otra manera de abrazar al amado más que ceder incluso parte de nuestra soledad para habitar una soledad compartida.

En 1914, Freud publicó un artículo fundamental para el Psicoanálisis, *Introducción del narcisismo*, en el cual plantea una novedad crucial: la existencia de una libido narcisista y una libido objetal.

Veamos de qué se trata.

Al nacer (caer) somos apenas la piedra dentro de la ostra. Una suma de zonas erógenas. Por un lado, la pulsión oral y la pulsión anal; más tarde Lacan hablará de la pulsión escópica (tendencia a mirar o ser visto) y la pulsión invocante (la búsqueda de la satisfacción en la voz, más allá de las palabras). Estas pulsiones se mueven de manera caótica satisfaciéndose cada una con independencia de las demás. Quien observa un bebé podrá verlo chupetear. Ese instante en que los labios se besan a sí mismos. No para alimentarse ni cubrir alguna necesidad. Solo por el placer erótico que genera la pulsión oral. En esa etapa llamada «autoerotismo», estamos todavía muy lejos del amor. Para amar será necesario que ocurra «un nuevo acto psíquico»: la constitución de un objeto totalizado. Y ese primer objeto totalizado que logramos construir es nuestro propio Yo. Una instancia que reúne (como puede, de modo más o menos fallido) esas pulsiones parciales y nos da una sensación (errónea) de unidad.

En el momento del narcisismo, la libido (energía sexual) inviste al Yo y podemos sentir amor. ¿Por quién? Por nosotros mismos. Luego vendrá la posibilidad de constituir otros objetos totalizados. El pecho dejará de ser «la teta» para ser «mamá». Ya no un objeto parcial que calma el hambre, sino alguien capaz de contener y dar amor. Freud dirá que más tarde, como si fueran los pseudópodos que extiende una ameba, la libido narcisista abraza los objetos. Ahí surge la libido objetal. Y aparece la posibilidad de amar.

Lacan expone lo que ocurre en ese pasaje del autoerotismo (no Yo) al narcisismo (Yo logrado), al desarrollar su teoría acerca del «estadio del espejo».

Los espejos siempre generaron fascinación. Por eso, muchos relatos fantásticos los tienen como protagonistas.

Uno de ellos cuenta que, en la legendaria época del Emperador Amarillo, un mítico soberano de China, el mundo de los hombres y el mundo de los espejos estaban comunicados y vivían en armonía. Los seres especulares podían visitarnos y nosotros a ellos. Pero una noche, la gente del espejo decidió invadir la Tierra. Fue una batalla despiadada. Finalmente, las fuerzas del Emperador Amarillo vencieron y encarcelaron a los invasores dentro de los espejos. Además, como castigo, se les condenó a repetir cada uno de los actos de los seres humanos, reduciéndolos a ser apenas reflejos presos de nuestros movimientos.

La profecía dice que un día los seres de los espejos romperán el hechizo y se revelarán. Las primeras señales serán tenues, casi imperceptibles: un color un poco distinto, un dedo que se mueve algo más lento o una sonrisa con gesto traidor. Tal vez se escuche un rumor de armas. Hasta que, por fin, los habitantes del «otro lado» romperán sus muros de vidrio. Pero esta vez no serán vencidos. Y vaya a saber el castigo que nos impondrán.

Alejandro Dolina se preguntó si en realidad no seremos los vencidos seres del espejo y, lo que creemos nuestra voluntad, no es más que la esclava repetición de gestos y decisiones que otros toman por nosotros.

Una reflexión que nos empuja otra vez al Psicoanálisis.

¿Qué otra cosa son los mandatos, esos deseos ajenos que nos esforzamos por complacer y a veces nos producen tanto daño?

La necesidad de percibir nuestra imagen siempre fue irresistible. Algunos dicen que «el demonio habita en los espejos».

El mito de Narciso relata la fascinación de un joven que se enamora de su imagen reflejada en el agua. No tenía otra opción. Antes de la invención de los espejos, todos se miraban en las superficies de agua quieta. Ante la imperfecta percepción que se tenía de la imagen propia, la mirada de los otros, su opinión, definía la fealdad o la belleza.

Recién en el siglo XIII, en la isla de Murano (Venecia), se desarrolló una técnica que dio origen a los primeros espejos modernos.

¿De dónde surge esa obsesión?

De la importancia que la percepción de la imagen personal tiene en el desarrollo psicofísico del humano.

Volvamos a Lacan y al «estadio del espejo», esa experiencia que el hablante atraviesa entre los seis y los 18 meses de vida.

Como señalamos, durante la etapa del autoerotismo el cachorro humano se percibe fragmentado. No es más que una suma de zonas erógenas desorganizadas que no puede controlar su cuerpo. Lo vemos en los intentos torpes de levantarse o caminar; cuando toma la mano de un adulto o se aferra a una silla para ponerse de pie y resbala, o pretende agarrar un objeto sin conseguirlo.

Estas escenas que despiertan ternura en la familia, frustran al infante. ¿Qué papel juega el espejo?

Lacan dirá que le anticipa la imagen de un cuerpo «bordeado», total, organizado y diferente a los otros. Es decir, que esa imagen es una profecía. Una promesa que prevé una integridad que el niño todavía no siente. Algo que aún no es, pero quiere llegar a ser. Y eso lo calma.

Muchas veces preferimos mirarnos en un espejo que estiliza. Aunque la imagen no sea exacta, aunque haya una distorsión, refleja aquello que nos gustaría ser. Entonces, como el niño, nos engañamos por un rato y sonreímos al vernos bien.

El estadio del espejo es una etapa fundamental para la constitución psíquica, que puede generar graves problemas cuando se ha dado de manera fallida. Lo vemos en los trastornos de la alimentación. Por ejemplo, una persona anoréxica que pesa cuarenta kilos se ve «obesa». Desconociendo lo que dicen los demás, las balanzas y los espejos, deja de comer para bajar de peso en busca de «una imagen ideal» inalcanzable.

A diferencia del bebé que se alegra ante la figura que le devuelve el espejo, quien sufre de bulimia o anorexia, se angustia. Algo falló en el pasaje por esa etapa fundamental.

Lacan da un paso más y lleva esta experiencia a un plano simbólico donde las personas significativas de nuestra vida (padres, madres, hermanos mayores, maestros o amigos) —como los otros en la antigüedad—, son también un espejo que indica qué somos e incluso cómo debemos ser. Percibimos en sus miradas un deseo: «así te quiero», lo transformamos en un mandato y nos esforzamos hasta el sufrimiento por satisfacer ese ideal imposible. Como los que se angustian con la idea de no ser aquello que sus padres esperaban, o quienes sienten que no logran satisfacer la demanda de los que aman.

El deseo es el deseo del Otro.

Como muchas de las máximas de Lacan, la fórmula tiene distintas interpretaciones. Una de ellas va en esta línea. Miramos a esos Otros, leemos (de modo errado) lo que desean de nosotros, y en un esfuerzo por alcanzar su amor procuramos satisfacer esos deseos a los que ahora volvemos propios.

Los conceptos de «alienación» y «separación» pueden ayudarnos a comprender mejor esto.

Al nacer, el sujeto humano se encuentra alienado al Otro, es decir, que está «en el Otro». No le queda opción porque su vida depende del adulto que lo cuida.

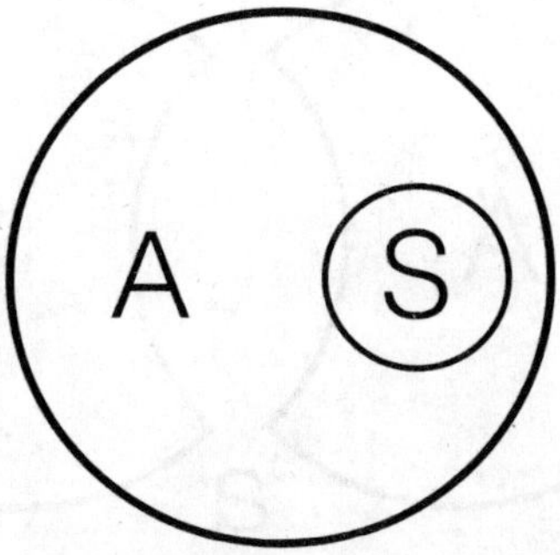

Alienación

En el gráfico, la «A» representa al Otro (*Autre*, en francés) y la S, a ese cachorro humano que requiere de la asistencia del Otro para subsistir. Con el paso del tiempo, el infante irá separándose de a poco en un intento por ser.

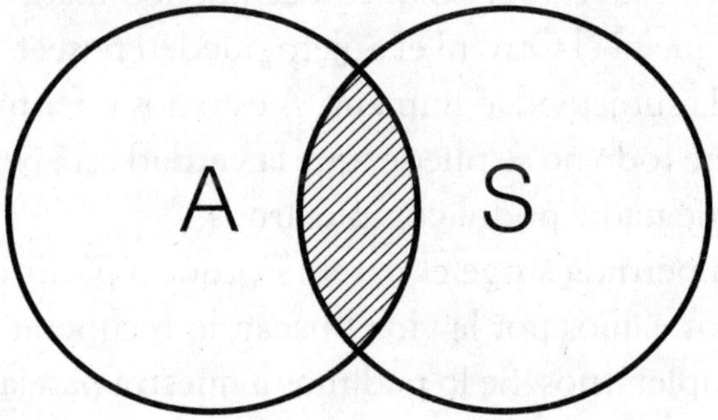

Así se definen tres espacios. Uno pertenece al Otro, uno al infante, y habrá otra zona común que no es atributo de ninguno de los dos. En esta etapa, el cachorro humano ya no está por completo tomado por el Otro, aunque tampoco ha logrado separarse del todo.

Para que se produzca la «separación» plena, ambos, el Otro y el Sujeto, deben perder algo de sí. Esa parte que no pertenecía a uno ni a otro.

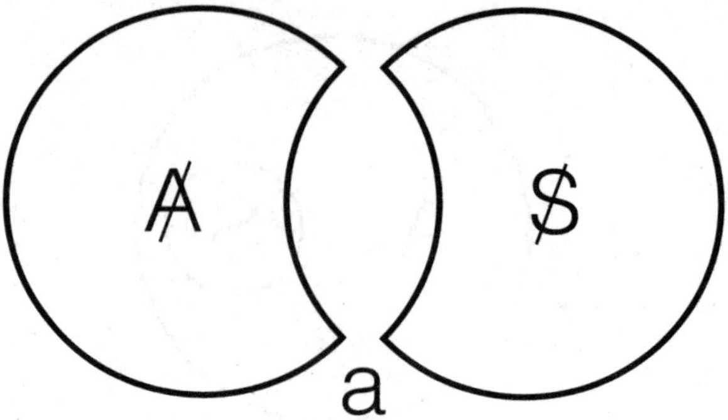

Separación

Si observamos el gráfico veremos que ahora tanto el Otro como el Sujeto están «barrados», atravesados por una barra que marca una falta. Esa barra implica que ambos han perdido algo, que la supuesta completud se ha roto y que —en este proceso— ha quedado un resto caído. Lo que Lacan denominará «objeto a». Un objeto que ni el Otro ni el Sujeto pueden poseer. Un objeto que funda la subjetividad humana. A esto nos referimos cuando decimos que todo no se puede, que la verdad está perdida para siempre, que nadie podrá completarnos.

De esta pérdida surge el deseo. Porque a partir de ese momento todos vamos por la vida buscando recuperar «eso» que podría completarnos. Se lo pedimos a nuestra pareja, a nuestra profesión, a cada uno de nuestros proyectos. A veces, lo pedimos sin darnos cuenta.

«Me separé porque mi pareja no me completaba», se queja un paciente. «Fue un viaje maravilloso, pero…», dice otro.

«El destino de toda ilusión es la desilusión».

Con esa frase, Freud señala que no importa lo mucho o poco que logremos, el resultado nunca será suficiente. Siempre habrá una diferencia entre lo deseado y lo obtenido. Porque lo que en verdad buscamos, sin saber, es recuperar ese objeto «a» que, como la verdad, está perdido.

Al volver propios los deseos de los demás e incorporar sus mandatos, de alguna manera se busca el amor de los Otros con la falsa ilusión de recuperar la completud. Entonces, le exigimos demasiado al amor. Pero, como dijimos, el amor es una energía finita (libido) que va de nosotros a los objetos. Para amar debemos ceder una cuota de narcisismo. Y en tanto más libido le demos al objeto amado (personas, proyectos), menos quedará para nosotros.

Ya señalamos que el enamoramiento genera un estado delirante donde el otro es percibido sin fallas. Su apariencia, su carácter, incluso sus defectos parecen maravillosos. Ahora podemos explicar la razón de este fenómeno.

La idealización del objeto amado se produce porque toda nuestra libido ha sido volcada sobre él. Eso lo hace parecer único y perfecto. Pero el costo de tanta libido objetal es que el Yo se queda vacío de amor para sí mismo. Es decir, que el amante se ha quedado sin amor propio. Por eso es común que aparezca la sensación de ser poco para el otro, o de no ser merecedores de su amor.

Como con las obras de arte, también en el amor es necesario conservar la distancia justa. Ni tan enamorado para que el otro sea imprescindible, ni tan lejos como para no poder amar.

El dilema del erizo.

Es imposible prescindir por completo de los demás, renunciar a todo amor sin enfermar. De algún modo, los otros son indispensables. Tanto que, por lo general, cuando alguien manifiesta sentirse solo, está diciendo que no hay otros que lo escuchen, lo acompañen o lo quieran. Que lo reconozcan.

Alguna vez, un paciente que por su trabajo debía viajar mucho, me dijo:

—No quiero una pareja para tener sexo, sentirme completo, ni para cumplir con el mandato social y exponerme ante los demás sin que nadie me critique. No necesito demostrar que tengo a alguien y que soy capaz de sostener un vínculo. Quiero una pareja para que me pregunte si llegué bien al hotel. Para que se preocupe si se me poncha una llanta o si tengo un accidente en el camino. Hoy estoy solo. Si me pasara algo, nadie se enteraría, porque a nadie le importa cómo estoy ni cómo me siento.

En estas circunstancias, la ausencia de otros —pareja, hijos, padres, hermanos, amigos— nos acerca a la Soledad con mayúscula.

LOS INVISIBLES

Las cosas que de veras se comprenden,
las que se pueden entender
con la razón y sentir con el corazón,
son las cosas que uno es capaz de mirar
desde adentro y desde abajo.
Si uno las mira desde arriba,
y si además las mira desde afuera,
no entiende nada.

EDUARDO GALEANO

Lo que se mira desde arriba y desde afuera no se ve porque la soberbia y la indiferencia impiden percibir al otro como un semejante. Alguien debe tener un nombre para que su dolor sea comprendido. No es lo mismo pensar en «los niños maltratados» que conocer a uno. Tal vez por eso, se dice que en el Holocausto no mataron a seis millones de judíos, sino que tomaron a un judío y lo mataron seis millones de veces. El impacto es mucho más fuerte. Estremecedor. La estadística deshumaniza porque evita el reconocimiento. Los números invisibilizan el dolor del *$ujeto* que sufre hambre, frío, o queda excluido por la perversión del sistema en el que vive.

Otra vez *Dimensión desconocida*. Una serie que tanto me gustaba en tiempos de adolescencia, de preguntas.

Uno de sus capítulos —hablamos alguna vez de él— cuenta la historia de un hombre que, por sus delitos, es castigado con sufrir un año de inexistencia. El proceso consistía en colocar sobre su frente una marca. Quienes se cruzaban con alguien que llevaba esa marca debían proceder como si no lo vieran.

Al comienzo, encuentra divertido el castigo. Puede entrar a los negocios, tomar lo que desea o hacer bromas a la gente porque nadie reacciona ante su presencia. Pero a medida que pasan los meses el castigo se vuelve insoportable, y a duras penas cumple el año de condena.

En la fecha prevista concurre al juzgado para que le quiten la marca y promete no volver a romper las reglas. Ha comprendido que no se puede vivir sin el reconocimiento de los demás. Sale a la calle y comprueba con alivio que la gente le devuelve el saludo y le dirige la palabra. Se siente feliz. Otra vez existe. Sin embargo, mientras camina por la vereda se cruza con alguien que lleva la misma marca que él portaba hace unas horas. La persona ruega a los transeúntes que lo miren, que le hablen. Y nadie le responde. En un momento, el condenado toma al protagonista del brazo y le implora: «por favor, dígame que me ve». El hombre se detiene. Conoce ese dolor. Al percibir su duda, las cámaras robóticas que controlan las calles se le acercan, le ordenan que siga andando, y le recuerdan que será castigado si habla con el condenado. Asustado, el hombre retoma su camino. Pero a los pocos metros se detiene de nuevo para mirar hacia atrás. El convicto está de rodillas y llora con desesperación. Al verlo en ese estado, el protagonista recuerda el infierno de la inexistencia, e ignorando las voces que lo amenazan con un nuevo castigo, va a su encuentro, lo levanta, lo acaricia y le dice: «Yo te veo».

Mucho más cerca en el tiempo, la serie sudafricana *Invisible* aborda el tema desde una óptica diferente. La actriz Gail Mabalane encarna a Zenzi Mwale, una mujer que va en busca de su esposo que debía salir de la prisión. Pero al llegar a la cárcel le comunican que ya fue puesto en libertad y que se fue sin esperarla. A partir de ese momento, Zenzi comienza una búsqueda desesperada en la que deberá enfrentar a una peligrosa organización criminal para descubrir la verdad.

En una de las escenas, alguien debe deshacerse de un arma que lo compromete y le pide a Zenzi, que trabaja como limpiadora, que retire el revólver a pesar de la presencia de los agentes policiales. La mujer le pregunta por qué le encarga un trabajo tan difícil. Y el hombre le responde que ella puede pasar ante la vista de todos porque nadie la ve.

Era cierto. Ni los oficiales ni el resto de los presentes reparaban en «la mujer de la limpieza». Para todos, ella era invisible.

En mi adolescencia me conmovió la historia de aquel condenado. Ahora me conmueve la invisibilidad de Zenzi.

Los invisibles son los mirados sin ser vistos. Los escuchados sin ser oídos. Los que no son reconocidos. Esos que para los demás ni siquiera tienen nombre.

Se dice que el analista debe tener una buena escucha. Es una definición escasa. Quien más, quien menos, todos escuchamos. El médico, el comerciante, los padres, la pareja. Sin embargo, es común que durante una discusión alguien reproche: «¿Cuántas veces tengo que repetirlo? ¿Acaso no me escuchaste?». Es probable que sí. Pero no lo oyeron. Tal vez una persona ha estado diciendo hace tiempo que quiere separarse. O que desea un hijo. O confiesa que no soporta más su trabajo. Sin embargo, nadie oye su reclamo. Un reclamo solitario.

La diferencia entre el Psicoanálisis y otras disciplinas es que el analista no solo escucha. Además, lee de un modo particular lo que escucha y, de esa manera, da relevancia a temas que los demás no oyen. Por eso el paciente se siente menos solo.

Hablamos de la diferencia entre escuchar y oír, entre mirar y ver. Resaltamos también la importancia de leer más allá de lo que se dice hasta captar un sentido que a veces desconoce incluso la persona que habla.

Los dichos contienen decires diferentes. Y, al igual que el enamorado, todo paciente merece ser escuchado (leído) más allá de lo que dice. Para eso, es importante que las palabras no nos confundan.

El analista está presente para que su mirada escuche, para que sus oídos miren, para que su lectura interprete. De esa manera da visibilidad al paciente. Ahí aparece el arte del Psicoanálisis, que otorga un valor «significante» a los gestos, las frases o los silencios del paciente. Es decir, lee el significado particular que cada uno de esos actos tiene para ese *hablante*. Significado que, como ya dijimos, a veces emerge bajo la forma de un chiste, un sueño, un lapsus, un síntoma o un *acting out*.

El *acting out* es un grito desesperado que ruega ser oído. Un mensaje que busca ser interpretado.

Muchas veces, una persona que se desmaya, un hijo que se escapa de la casa o alguien que se emborracha y llora delante de la gente, lo hace para retomar el camino de la palabra. Es una protesta por no ser oído. Un intento de que su demanda sea percibida. Cuando un *$ujeto* enmudece ante la soledad, es común que utilice el *acting* para ser escuchado. Como quien saca la cabeza del agua e inhala profundo para sentirse vivo. ¿Qué somos si nadie nos escucha? Nada. En esos casos, el *acting* surge como una tentativa de romper ese vacío. Como el sonido de la soledad.

También un paciente puede realizar un *acting out*.

Lacan dijo que, si un psicoanalista ignora la palabra de un paciente, no experimentará sino más fuerte su llamado. Es decir que, cuando no se escucha lo que alguien está diciendo, esa palabra desoída retornará con más fuerza. En el caso de un análisis será bajo la forma de un reclamo o un acto impulsivo del paciente.

En esos casos, el analista debe cuestionar, y cuestionarse, qué no fue escuchado durante las sesiones para que haya aparecido un *acting out*.

El pasaje al acto, en cambio, es un salto al vacío. Una renuncia a la palabra. El suicidio, por ejemplo, es un acto. Aunque en ese extremo también cuesta renunciar al otro por completo. Por lo general, los suicidas dejan una carta, un video, o un último mensaje. Porque hasta los actos más tremendos están dedicados a otro. ¿A quién? No siempre a la misma persona. Cada caso es único.

Recuerdo a un paciente que me llamó una mañana desencajado porque su exmujer, madre de sus tres hijos, se había suicidado. Estaban separados desde hacía más de 15 años. Sin embargo, la mujer nunca pudo vivir el duelo de perder ese vínculo y se encerró en una soledad melancólica que la llevó a perder su profesión, sus amigos y sus proyectos. Cuando los hijos entraron a su departamento y la hallaron muerta, encontraron sobre la mesa una nota que contenía solo cuatro palabras: «Esto es tu culpa».

Mi paciente asumía que esa frase estaba dedicada a él. Que con aquel mensaje su expareja lo obligaba a escuchar su dolor. Y él se reprochaba: «La dejé sola, no respondí, no le hablé más».

En otra ocasión, supervisé a un analista que hacía tiempo había recibido en su consultorio a una adolescente. Lo primero que dijo al contarme el caso fue «No entiendo cómo esta chica todavía no se mató». Decidió que no estaba en condiciones de hacerse cargo del tema y se comunicó con los padres de la joven para manifestarles su preocupación. Incluso tuvo algunas entrevistas y generó un vínculo de confianza con ellos. Años después, el hombre lo llamó para que lo atendiera. Le contó que luego de algunos altibajos, su hija había ingresado a la facultad, estaba en pareja y pasaba por un buen momento. Sin embargo, un domingo por la mañana, cuando menos lo esperaban, se metió en la bañera y se cortó las venas. Él se enteró porque ella misma le dejó un mensaje con un encargo siniestro: antes de llevarla al cementerio, quería que ambos padres despidieran a los demás y se quedaran algunas horas solos junto a su cajón, sin hablar.

A diferencia del *acting out*, donde alguien pone en juego el deseo de ingresar a una escena de la que se siente excluido, el pasaje al acto es una forma de salir de la escena. El suicidio es un pasaje al acto. Un acto fatal donde alguien se suelta del trapecio sabiendo que no hay red, y no va a en busca del trapecio que viene. Decide no hablar más y se entrega a la Soledad final. Pero sospecho que, de una manera extraña, hay en ese acto fatal un esbozo de optimismo. La creencia de que más allá no existe el discurso agobiante que lo tortura. La esperanza patológica de una calma. Una calma imposible que permita enfrentar las palabras demoledoras de la melancolía.

***

Como las escenas de *Dimensión desconocida* e *Invisible*, también esas viñetas clínicas revelan la importancia que el reconocimiento tiene en la vida de todo ser humano. Tanta que quien no ha sido alojado lo suficiente pierde interés por la vida. Incluso la propia. Porque es en el amor, la sexualidad, el juego, la charla o el abrazo que surge la posibilidad de eludir, al menos por instantes, esa Soledad existencial que nos recorre. La risa, los proyectos, el placer, el sexo, hasta la discusión o el enojo nos ligan a los demás y generan encuentros que a veces son agradables y otras, conflictivos, pero que al menos no son el vacío. Esa Soledad que se parece tanto al *goce*. Un concepto del que nos ocupamos extensamente en ensayos anteriores.

Recordemos de qué se trata.

En 1960 Jacques Lacan desarrolló la oposición entre los conceptos de *goce* y *placer*. El principio de placer es una norma que nos ordena gozar lo menos posible, porque el *goce* desmesurado resulta insoportable. Sin embargo, de manera inconsciente, todos buscamos transgredir esa norma sin entender que más placer no es placer, es dolor.

En *La felicidad*, dijimos que el *goce* aparece cuando la excitación psíquica aumenta más allá de lo soportable. En cambio, el *placer* surge cuando la excitación disminuye. El *placer* tiene un límite, el *goce* es desmesurado. Es decir, que lejos de ser sinónimos, *placer* y *goce* se excluyen. Donde hay *placer* no hay *goce*. Donde hay *goce* no hay *placer*. O hay *placer* que lastima.

Como Kalis, la famosa espada filipina, el *goce* tiene dos filos. Es al mismo tiempo agrado y sufrimiento. Parece contradictorio. Sin embargo, lo vemos a diario en el «placer doloroso» que alguien encuentra en los síntomas de los que se queja. «No puedo dejar de fumar», dice con un cigarrillo en la mano. «No aguanto más esta vida. No veo la hora de separarme», pronuncia quien vuelve todos los días con su pareja. El *goce* representa la paradoja que se da cuando alguien disfruta y sufre al mismo tiempo. Goza quien saborea su padecimiento.

¿Por qué cuesta tanto abandonar comportamientos tan destructivos como fumar o estar en una relación sufriente? Porque hay una satisfacción masoquista en jugar con el límite e ir más allá del principio del placer. Lo saben los jóvenes que realizan unos arrancones a doscientos kilómetros por hora en una autopista, las personas que practican *bungee jumping* o quienes «disfrutan» del vértigo en riesgosas montañas rusas.

Existen asimismo soledades gozosas. Soledad del depresivo, del melancólico, del narcisista, del adicto. Y nadie puede experimentarlas sin pagar un precio alto: devastar su equilibrio emocional.

A veces, para enfrentar esas soledades a las que invita el goce, necesitamos la presencia de los demás, siempre y cuando esos otros no nos lastimen. Cuando los otros son calma, cuando los otros no duelen, el amor amortigua un poco la Soledad existencial. Quizás sea la herramienta más potente para combatirla.

No tengo una mirada ingenua sobre el amor. No todos los amores merecen ser vividos. También hay amores gozosos. El amor del posesivo, del celoso, del manipulador. Por suerte, cuando los enamorados se esfuerzan y renuncian a hacer de dos uno, cuando entienden que un vínculo sano es producto del encuentro de dos solitarios que construyen un espacio donde la soledad duele un poco menos, el amor puede transformarse en un buen lugar. Un lugar que no es «de ti» o «de mí», sino «de sí». Un amor que no se tiene, se vive.

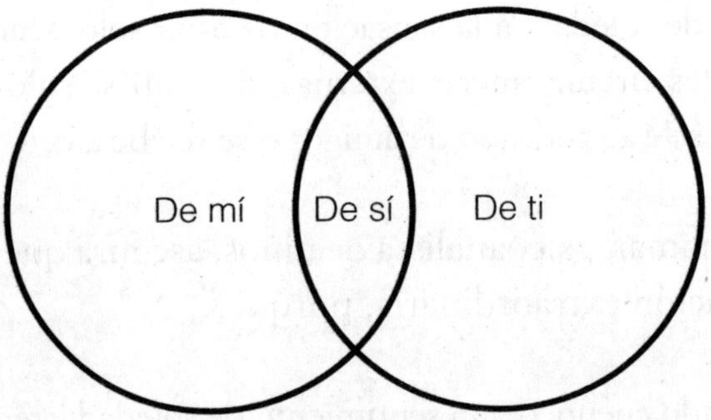

Escribió Alfredo Zitarrosa:

> Solos y juntos, como en el monte los árboles,
> crecerán tu amor y el mío.
> Solos y juntos, como dos árboles más.

«Tu amor y el mío». Amor entre dos personas distintas dispuestas a crear un espacio compartido que tiene un poco de cada una de ellas, y mucho de una existencia propia. Algo que ninguno de ellos podría construir con nadie más. Amor que abraza al otro, no por ser parte de uno sino, precisamente, por ser otro. Un solitario como nosotros. Como dijo Rilke, se trata de dos soledades que se protegen, se limitan y se inclinan hacia la otra. Y se rozan en un encuentro que, aunque compartido, no deja de ser solitario.

Amor que no excluye nuestra soledad. La acompaña con una soledad ajena que a veces nos alumbra y otra, nos ensombrece.

En su escrito «Sobre el sentimiento de soledad», la psicoanalista Melanie Klein dice:

> Por sentimiento de soledad no me refiero a la situación objetiva de verse privado de compañía externa, sino a la sensación

> interna de soledad, a la sensación de estar solo, sean cuales fueren las circunstancias externas, de sentirse solo incluso cuando se está rodeado de amigos o se recibe afecto.

Silvia Bleichmar, psicoanalista de niños, asegura que se trata de una afirmación extraordinaria, porque...

> está dando cuenta de un sentimiento de soledad irreductible a la presencia del otro, donde el otro, más que acompañar, está al lado.

Y ejemplifica con una de sus «pacientitas».

> Ella me lo dijo en una circunstancia en la que de noche no podía dormir y la mamá se quedaba al lado de su cama, y yo le dije: «Pero tu mamá se queda al lado tuyo». Y me dijo: «Sí, pero ¿tú no entiendes la diferencia entre estar al lado y estar juntos?». Fue extraordinario lo que me dijo. Bueno, el sentimiento de soledad tiene que ver precisamente con esto, con que se puede estar al lado sin estar junto al otro.
>
> [...]
>
> Se puede tener relaciones sexuales y, sin embargo, sentirse profundamente solo.

Comte-Sponville sugiere que todo amor es una experiencia solitaria. Y así como nadie puede nacer o morir por nosotros, tampoco nadie puede amar por nosotros.

> Lo que vives con tu mejor amigo, lo vives solo: él vive otra cosa. Dos orgasmos, incluso simultáneos, no dejan de ser dos.

> ¿Cómo vivir lo que el otro vive? ¿Cómo sentir lo que el otro siente o experimentar lo que el otro experimenta?

Según el filósofo francés, esto no es un impedimento para amarse. Aunque derriba la ilusión de que el amor podría poner fin a la soledad

> Hay que ser dos para amarse, al menos dos, y ni siquiera el amor sería capaz de eliminar esta pluralidad que él mismo supone.

Lacan dijo que se vive porque se goza.

También se vive porque se ama.

Sin completud. Con altibajos. Con momentos sublimes y difíciles. El amor es una experiencia compleja, pero indispensable.

Todo *hablante* requiere amor. A uno mismo. A los demás. No es indispensable que se trate de una relación de pareja. Basta con que sea un amor que sostenga, que acompañe, que no pretenda devorarnos, que no hiera, que no enferme. Un amor que aloje. Como el cuerpo de esa madre que recibe a su hija, el abrazo de un abuelo a su nieto, el gemido del amante o las palabras de un amigo.

Escribió Dolina:

> El universo es una perversa inmensidad hecha de ausencia. Uno no está casi en ninguna parte. Sin embargo, en medio de las infinitas desolaciones, hay una buena noticia: el amor.

Es cierto. El universo es una perversa inmensidad. Porque lo inundan el odio, el olvido, el desamor y la muerte. Además, está lleno de ausencias. Sueños que no fueron realidad, hogares transformados en taperas, o abuelas cuyo recuerdo lucha contra el tiempo. Pero el amor sigue siendo la buena noticia. Porque promete incomodidades, desafíos y alivios que justifican la vida.

Soledades alumbradas

Cuando mi hijo era chico, yo acostumbraba leerle un cuento cada noche. Al terminar, le daba un beso y me despedía. Antes de retirarme del cuarto, él me pedía que le dejara encendida la lámpara. Lo hacía sentir seguro. Como si esa luz tenue fuera una metáfora de mí mismo.

Retomo a Silvia Bleichmar:

> Una vez oí —dice Freud— desde la habitación vecina, exclamar a un niño, que se angustiaba en la oscuridad: «Tía, háblame, tengo miedo». A lo que esta respondió: «Pero ¿de qué sirve que hable si no puedes verme?»; y respondió el niño: «Hay más luz cuando alguien habla». Este ejemplo, que es precioso, y que —como les decía— todos lo conocemos de *Inhibición, síntoma y angustia*, da cuenta de cómo es la voz lo que genera luz, cómo es la voz lo que produce la sensación de acompañamiento.

La voz de aquella tía, como la lucecita que yo le dejaba prendida a mi hijo, aplacaba el miedo a la soledad.

Existe una figura retórica que consiste en utilizar una parte para representar el todo. Una síntesis que toma algo de un objeto con el fin de aludir al concepto u objeto total: la sinécdoque.

En «El hombre de la esquina rosada», Borges dice: «Llamaron a la puerta con autoridá, un golpe y una voz».

Un golpe y una voz como representación de una persona.

La voz, la mirada, son también los otros. Por eso, en momentos difíciles, extrañamos «la palabra» de alguien. Y nos angustia la sensación de que con el paso del tiempo se nos vaya borrando esa voz. Por suerte, las voces queridas dan batalla al olvido. Voces que, más que aludir a un ser querido, son emblemas de su amor. Un amor que no es perfecto, que no completa, pero que alivia. Un amor que cabe en un abrazo, en una voz.

Me veo una vez más en el campo de mi infancia donde mi padre emigró en busca de empleo. Yo solía acompañarlo.

Él trabajaba de siete de la mañana a cinco de la tarde. Durante esas horas yo andaba libre por aquella estancia de tres mil quinientas hectáreas. Iba a la laguna, al monte, o me sentaba en la cerca a mirar los animales. Solo. La Pampa húmeda es solitaria. Por eso sus milongas lentas, sus vidalas tristes. Una soledad inmensa donde a veces, como poetiza Atahualpa Yupanqui, la única compañía es la propia sombra.

> A veces sigo a mi sombra
> a veces viene detrás.
> Pobrecita, si me muero,
> con quién va andar.

Ahí aprendí a amar el silencio. Pero una vez tuve una sensación aterradora. Había salido a caminar sin tener en cuenta que en invierno anochece temprano. En el campo la noche llega rápido. No existe ese atardecer donde el sol se oculta lento, como el ritmo de las milongas pampeanas. Y aquella vez llegó de repente. No había una sola estrella y me encontré perdido en un espacio oscuro. Y sentí la soledad en medio de un silencio apenas interrumpido cada tanto por el grito de un chajá. Y tuve miedo. Porque no importa dónde mirara, todo era una gran pared negra. Hasta que después de un tiempo que pareció eterno, vi de lejos una luz que se movía. Era mi padre. Consciente de que me había extraviado, salió con el «sol de noche», aquella lámpara de gas con que nos alumbrábamos, y la movía de un lado a otro, como si se tratara de un faro que me indicaba el camino de regreso. De inmediato desapareció la angustia. Porque aquella luz era también una metáfora de la protección paterna que señalaba que ya no estaba solo.

El miedo y la soledad suelen ser compañeros de viaje. En especial cuando anticipamos la llegada de una soledad sufriente. Entonces, surge la angustia como presagio o amenaza: «Te voy a dejar», «No vas a volver a verme» o, como ocurría con mi hijo, «Ahora que papá se va, vas a quedarte solo». Y aparece el terror frente a la indefensión que provoca saber que no hay red para contener el salto.

Hace poco leí acerca de un experimento realizado con personas que estaban a punto de morir.

Se pidió autorización a los familiares para colocar electrodos a los agonizantes con el fin de observar qué ocurre en el cerebro de una persona en el momento de la muerte.

Es un ensayo en etapa inicial y, por ende, con muy poco rigor científico dado que se trata de muestra escasa. Aun así, veamos sus resultados.

En el 50% de los casos, se comprobó que, lejos de apagarse por la falta de oxígeno, el cerebro se defiende y genera sustancias que le hacen experimentar una sensación de bienestar. Sustancias que dirige a la zona donde están los recuerdos. De ese modo surgen vivencias alucinadas. Al parecer, el cerebro se protege de la oscuridad evocando la luz, y de la soledad rescatando de su memoria los afectos. Es decir, a los otros.

Esto podría explicar las percepciones que evocan quienes fueron reanimados luego de una muerte breve. Es común que manifiesten haberse encontrado en pasillos luminosos con personas queridas que venían a buscarlos, o incluso con ellos mismos que se miraban desde la altura.

Aunque el experimento es incipiente, asombra cómo, ante el miedo que genera lo inevitable, nos aferramos hasta el último instante a los demás en un intento denodado por evitar la soledad.

Miedo ante la llegada de una soledad sufriente. Tanto como la del desamor, la desprotección o el desarraigo. La de las despedidas y el desamparo. La del olvido. Soledades que dan temor porque nos dejan frente a un vacío lleno de recuerdos. Pero sin la presencia de aquellos que los alimentan.

Roberto era un paciente que lloraba por el abandono de su pareja.

La mujer se había enamorado de otra persona, y en medio del llanto, lo único que decía era: «Cuánto la voy a extrañar. No voy a poder».

Mi paciente también compartía la emoción anticipada de Eladia Blázquez: «Qué largo sin vos será el camino».

No había encono en sus palabras. No estaba enojado por el engaño. Pero sufría la angustia por la vida que le esperaba. Una vida sin ella. Y una certeza aterradora: «No voy a poder».

Esa es la soledad indeseada.

La soledad que angustia.

Definimos la angustia como una emoción anticipatoria que prepara a la psiquis para que pueda enfrentar un golpe emocional. Una señal de alarma que surge ante la presencia de lo incierto. Y, como la vida es incierta, no es extraño que la angustia nos visite con frecuencia.

La Soledad abre un abismo de incertidumbre donde no sabemos qué esperar. Por eso angustia. Porque hace presente un espacio sin palabras. Y en el mundo de los humanos, si no hay palabras, no hay nada.

Quedarnos sin palabras es habitar la angustia en el mayor grado de soledad.

El secreto de sus ojos es una película en la que conviven historias diferentes. Una de ellas es la de un hombre cuya esposa fue asesinada. Y ante la ineficacia policial, decide hacer su propia búsqueda. Pasa horas en las terminales de los trenes y recorre las calles esperando encontrar al homicida. Está solo. Angustiado. Esa pesquisa es el único motor de su vida. Lo que llena su soledad vacía.

Un día le comunican que el asesino fue arrestado. El hombre se inquieta y pregunta cuál será el castigo. La respuesta lo alivia: «cadena perpetua». Sin embargo, por contactos con la dictadura militar de ese entonces, el homicida elude la justicia y queda libre. Hasta que un día desaparece y nadie sabe nada más de él.

Muchos años después, el oficial del juzgado que había trabajado en el caso visita al esposo en su casa de campo. Lo encuentra viejo. El hombre le cuenta que terminó resignado ante la fuga del homicida. No podía seguir aferrado a una venganza imposible. Cuando el oficial está por irse, decide inspeccionar el lugar y descubre un granero viejo. Ahí está el asesino encerrado en una jaula.

Al verse descubierto, el marido lo mira a los ojos y lo increpa: «Usted dijo cadena perpetua».

Antes de retirarse, el oficial escucha la voz del prisionero que le ruega: «Dígale que me hable».

Una escena feroz. Aquel esposo enloquecido por el dolor había dado al asesino la peor condena: lo dejó sin palabras. En la soledad más brutal que un ser humano puede afrontar. Porque cuando el vacío aparece, nos quedamos sin metáfora, sin proyectos, sin los otros del amor. Y, como a la protagonista de la película *Interstellar*, que luego de viajar años luz en busca de un mundo habitable termina sentada sobre un planeta desierto, así la Soledad nos desierta el alma.

Sin embargo, hay soledades necesarias. Aunque no estén ausentes de temor. El miedo atemperado de quien comprende que requiere estar solo. El temor de Julio, mi paciente psiquiatra, cuando rechazó la propuesta de su exmujer para volver a estar juntos. Un temor soportable, porque se trata de una soledad elegida. No de un exilio impuesto, sino de una retirada voluntaria. Una experiencia donde se tiene decisión y algún control sobre lo ausente. Un ingreso deliberado a la soledad. Ya no es el padre quien decide apagar la luz, sino el niño que le pide que lo haga. Un detalle fundamental, porque ser protagonista de la elección amortigua la caída. Quien puede elegir deja de ser rehén. Incluso de sus soledades.

ISLA II

Hace rato que fija la mirada en la imagen del libro de arte que está sobre la mesa.

Dudo si servirme una copa más de Syrah. Me gusta la conversación con esa compañía. Me reprimo un instante. Me arrepiento al siguiente y la copa vuelve a oscurecerse.

—Disculpe. No quisiera perturbar su concentración —le digo.

—¿Y por qué lo hace, entonces? —sonríe y señala la obra—. Imagino que la conoce.

—Sí. Hace tiempo visité el Vaticano y tuve la posibilidad de entrar en la Capilla Sixtina.

—¿Cómo le fue?

—Una pregunta difícil de responder. Decirle que me gustó sería insuficiente. La palabra «emoción» tampoco alcanza a describir lo que sentí.

—Cuénteme —me invita.

—Me recosté en uno de los bancos y me quedé mirando el techo durante casi una hora. Estaba hipnotizado. No podía creer cómo alguien pudo generar tanta belleza.

—No fue fácil —se pone de pie. Toma otro libro de la biblioteca y da vuelta las hojas hasta que encuentra lo que busca—. Según Marcel Brion, un día como hoy, un 10 de mayo, Miguel Ángel trepó por los peldaños de su andamio por primera vez. Empezó en 1508 y permaneció en él los siguientes cuatro años para pintar ese techo. ¿Sabe qué fue lo primero que hizo?

—No.

—Pelearse con sus ayudantes.

—¿Por qué?

—Porque le molestaba su presencia. Tenía en mente una obra majestuosa y todo el que se acercaba a mirar o a hacer comentarios interrumpía sus meditaciones. Escuche lo que dice Brion sobre Miguel Ángel:

> Necesitaba estar solo, solo con el techo desnudo.
>
> Los hombres que iban y venían haciendo crujir las planchas de madera bajo sus pies lo exasperaban. Había comprendido rápidamente cómo trabajaban. Podía prescindir de ellos… no hacían más que estorbarle. Que se fueran.

—¿Los echó? —le pregunto.

—No abiertamente. No quiso lastimarlos. No se olvide que se trataba de amigos. Artistas. No era fácil explicarles que necesitaba estar solo.

—¿Entonces, qué hizo?

—Según Marcel Brion:

> Miguel Ángel tomó la gran resolución de los tímidos, que parecen brutales a fuerza de ser delicados.
>
> Una mañana, a la hora de reanudar el trabajo, los pintores se encontraron con la puerta de la capilla cerrada. Francesco

> Granacci, uno de sus discípulos, que conocía desde la niñez el carácter de Miguel Ángel, les explicó lo que pasaba.
>
> Respetando este capricho, se alejaron, cobrando lo que se les debía y se marcharon a Florencia.

—Al menos lo entendieron —agrego.

—No todos. Uno de ellos, L' Indaco, protestó. Pero los demás habían comprendido. Miguel Ángel no quería testigos mientras creaba.

—Era su momento sagrado.

—Así es —sigue leyendo.

> El demiurgo estaba solo frente a las criaturas que iban a nacer. [...] Solo ante la atracción de esta enorme superficie desnuda, de este desierto que había que poblar de personajes. Una soledad que para cualquier otro humano hubiera sido insoportable, pero que Miguel Ángel consideraba necesaria.
>
> La creación: la soledad con un mundo que había que habitar desde la mismísima nada.

—La Soledad de Dios antes de la creación. Lo entiendo —me interroga con la mirada—. ¿Sabe cuál es el momento más soñado de un concertista? «El solo». Ese instante en que la orquesta enmudece y, como el nombre lo indica, el ejecutante queda solo ante una paradoja. En un viaje introspectivo y expositivo a la vez. Y desde esa soledad despliega su arte para el disfrute de los demás. Es la parte del concierto en la que más riesgo corre. En la que puede brillar o fracasar. Y también es un momento donde está expectante porque ahí obtiene, o no, el reconocimiento del público.

—¿No es demasiado? —le pregunto.

—Le aseguro que no. Como quien pierde un sueño amoroso, el músico tiene que hacerse cargo de su soledad. Y debe enfrentarla sin auxilio. Porque, a pesar de la multitud, no hay nadie que lo ayude a sostener su dignidad ante la posibilidad del fracaso.

Imposto la voz y recito:

> Multitud. Soledad. Términos iguales y convertibles para el poeta activo y fecundo. Quien no sabe poblar su soledad, tampoco sabe estar solo en una multitud ajetreada.

Al instante, reconoce la cita.

—Baudelaire… —me dice—. Me dejó pensando. Debe ser difícil estar ahí, delante de tanta gente, y sin embargo frente a la nada.

—Requiere valentía, sí. Pero no es la nada. Se está más vivo que nunca. La anestesia produce «nada». Estar anestesiado es impactante. No hay sueños, no hay pensamientos ni emociones. Por eso la gente le tiene tanto miedo. Porque en esa soledad hay «nada». Es un anticipo de la Soledad profunda y última. La Soledad desconocida. Quien la vivió, lo sabe.

—Todos transitamos soledades en la vida.

—Sí. Pero habitadas de miedos, de rabia, de ilusiones, resentimientos o esperanzas. Soledades que atravesamos sabiendo que, por mucho que duelan, no son la Soledad abismal. La última.

Casi sin darme cuenta vacié la copa. Me sirve un poco más, como si me invitara a seguir.

—Sospecho que algo debe saber de esto —insiste.

—¿Por qué lo dice?

—Usted también es músico.

—Apenas guitarrista.

Aclara la garganta y recita una vez más:

Y paso las madrugadas
buscando un rayo de luz.
¿Por qué la noche es tan larga?
Guitarra, dímelo tú.

—Es cierto. También la guitarra esconde respuestas —pienso en la estrofa que citó—. Amo esos versos de Atahualpa Yupanqui.

—Lo sé. Cuénteme algo de su vínculo con la guitarra.

—La verdad es que he sido un poco ingrato. Me introdujo a la música, me enseñó, me dio placer, y me permitió lograr cosas que ni siquiera me atreví a soñar. Sin embargo, la tengo olvidada.

—Horacio Ferrer contaba que «Mi noche triste» es el primer tango canción. Ahí hay una guitarra solitaria, tan solitaria como la suya.

La guitarra en el ropero,
todavía está colgada.

Nadie en ella canta nada,
ni hace sus cuerdas vibrar.

—Tengo entendido que usted se pagó los estudios de psicólogo trabajando de guitarrista —continúa.

—Sí. Pero eso no es lo más importante que la guitarra hizo por mí. Mucho antes, cuando era chico, me dejó jugar con la ilusión de ser un gran músico. Pocas cosas quise tanto en mi vida. Entre los 6 y los 14 años, lo único que deseaba era estar en mi casa tocando la guitarra. Solo. A veces, mi madre me sacaba del cuarto y me ordenaba que saliera a la vereda para jugar con otros niños. Pero yo no quería. Lo único que deseaba era estudiar música.

Dudo unos segundos.

—¿En qué se quedó pensando?

—Me da vergüenza.

—¿Conmigo?

Sonrío.

—¿Sabe? Con los años fui perdiendo aquel sueño. Había que vivir de algo. Y tras algunos fracasos artísticos apareció la psicología. Mi segunda pasión.

—Tan mal no le fue.

—Tiene razón. Pero nunca renuncié del todo a esa ilusión. Es más, ya de grande, tendría cuarenta y pico, quise abordar un aspecto de la música que desconocía. Necesité comprender cómo funcionaba y me dispuse a estudiar armonía y composición. Pero de verdad. Con el mejor. Y así conseguí el contacto del maestro Virtú Maragno. Uno de los más relevantes de la música argentina.

—Virtú. Qué nombre más conveniente.

—Y justo.

—¿Lo llamó?

—Después de un tiempo. Al principio tuve miedo.

—¿Por qué?

—Me dio temor exponerme. Había estado en contacto con la música toda mi vida, pero no con ese nivel de exigencia. Hasta que un día me decidí y lo llamé —sonrío.

—¿Qué piensa?

—Todavía recuerdo nuestro primer diálogo:

—Hola, por favor con el maestro Maragno.

—Sí, él habla.

—Mucho gusto, mi nombre es Gabriel Rolón —silencio—. Lo molesto porque quisiera tomar clases con usted.

—¿Qué edad tiene?

—42.

—Es muy grande —dijo con parquedad—. ¿Y dónde se recibió?

—En la Facultad de Psicología de la Universidad de Buenos Aires.

—Hablo de música —respondí su pregunta. Y él continuó con el interrogatorio—. ¿Y qué instrumento toca?

—Guitarra.

—¿Piano?

—No.

—Pero, qué cosa. No tiene una a favor —manifestó con disgusto—. Hagamos lo siguiente. Véngase a mi casa, tráigame algo de lo que haya compuesto, lo miro y conversamos.

—Imprimí unas pocas partituras como pude y fui a verlo. Al llegar, me encontré con un hombre serio, formal, con una voz y una presencia impactantes. Se sentó en un sillón frente a mí y me pidió que le diera mi trabajo. Le acerqué la carpeta y fue pasando las hojas con gestos de contrariedad. A medida que las miraba, las arrojaba a un costado. Y ahí estaba yo. Solo con mi angustia frente a este hombre que sabía de mi sueño todo lo que yo ignoraba.

—¿Angustia? ¿Por qué?

—¿Cómo por qué? La soledad de quien está siendo evaluado es inmensa. Tal vez el temor a lograr lo soñado. Como si algo nos anticipara la desilusión de comprobar que en verdad no deseábamos «eso» que creíamos desear. O peor aún, la creencia de que no somos merecedores del logro. Y el miedo ante la exposición a la mirada de los demás. Desconocidos que con sus aplausos o silencios alivian o torturan nuestro amor propio. ¿Nunca presentó un examen? ¿Jamás fue a una entrevista laboral? ¿No dijo alguna vez «te amo» y se quedó a la espera del tan deseado «yo también» con la esperanza de que el afecto sea correspondido? ¿De un gesto, una palabra o alguna señal para no sentirse tan solo, para alimentar esa porción de narcisismo que se pone en juego en cada acto de la vida? Volviendo. Cuando el maestro terminó, todas mis partituras estaban esparcidas por el suelo. Me miró fijamente y sentenció: «Usted no sabe nada».

—Por lo menos fue sincero.

—Sí. Al escucharlo, le agradecí por su tiempo, junté las hojas del piso donde también había quedado esparcido mi amor propio, y me dirigí hacia la puerta.

—¿Qué hace? —me dijo.

—Me voy. No quiero molestarlo más.

—No. Siéntese que le voy a decir algunas cosas.

La primera: usted no sabe nada de armonía, y de composición, menos. La segunda: es demasiado viejo. La tercera: toca guitarra, y es muy difícil componer si no maneja el piano, porque ahí está toda la orquesta a disposición. Y la cuarta, la más importante: a pesar de su enorme desconocimiento, usted tiene una gran intuición musical. La escucho en su obra. Escondida detrás de sus torpezas. Y me gustaría ayudarlo. Pero, antes, tenemos que hacer un acuerdo —me clavó la mirada—. Usted no tiene tiempo que perder porque es muy viejo para empezar en esto. Y yo tampoco, porque tengo cáncer y me estoy muriendo. Si se compromete a estudiar de verdad, tres o cuatro horas por día, a venir dos veces por semana y no dejar nunca de hacer los ejercicios que le indique, estoy dispuesto a enseñarle.

—Por supuesto —acepté de inmediato sin salir de mi asombro.

—Se puso de pie, me dio un apretón de manos y agregó: «Vamos a empezar desde cero. Por el canto gregoriano». Y así, una vez más, renació el sueño. La aventura de dos solitarios que tenían poco tiempo y utilizaron la música como puente ante lo infranqueable.

—Me gusta que lo haya vivido así. Como una aventura.

—Una de las últimas de mi vida. La más grande, la más soñada. La ilusión de poder alguna vez dirigir una orquesta.

—¿Y cómo le fue? —se interesa.

—Muy bien. Estudié un año de canto gregoriano, otro de música modal, y más tarde abordamos la música barroca. No podía creerlo. Estaba entendiendo a Bach. Componía fugas a cuatro voces. ¿Cómo me había perdido todo eso durante tanto tiempo? Y otra vez: no quería hacer otra cosa más que estudiar. Volvía del trabajo y me ponía a analizar obras, a componer. No deseaba ver a nadie.

—No quería que lo molestaran.

—Como Miguel Ángel.

—Como Gustav Mahler —lo interrogo con la mirada—. Mahler solía pasar los veranos en Toblach, una comuna del Tirol del Sur, en Italia. Todos los años alquilaba una casa a la familia Trenker, y cada mañana, a las seis en punto, desaparecía entre los árboles y se perdía en el bosque. ¿Sabe qué hacía?

—No.

—Había hecho construir una cabaña en medio de la espesura donde pasaba el día entero haciendo música. Como usted, no quería ser interrumpido por nadie. Ni siquiera por su esposa.

—Un refugio solitario.

—Sí. Y para garantizarse esa soledad, a un kilómetro a la redonda, colocó una valla de un metro y medio de altura.

Un día, dos hombres saltaron la valla y le golpearon la puerta. Mahler se disgustó tanto que reforzó el perímetro con alambre de púas.

Nadie debía perturbar su necesidad de soledad para la creación.

—Lo entiendo. Recuerde lo que dijo Picasso:

> Nada puede surgir sin soledad.
> Yo me he creado una soledad
> que nadie es capaz de imaginar.

—Yo no vallé mi casa, pero busqué, como pude, un espacio para mi soledad.

—La soledad más placentera de su vida.

—Sí, una soledad interrumpida por Bach, Mozart o Beethoven.

Se queda pensando.

—Ahora que nombró a Bach me vino un recuerdo.

En 1717, Bach quería dejar su puesto como organista y concertino de la corte del duque en Weimar, para asumir un cargo mejor como maestro de capilla al servicio del príncipe Leopold. Pero al duque de Weimar no le gustó esa decisión y, como represalia, lo hizo encarcelar durante casi un mes.

Se dice que, lejos de quedar inactivo, en ese encierro Bach compuso la primera parte de *El clave bien temperado*, una colección de preludios y fugas que cambiaron para siempre la forma de hacer música en Occidente. Una obra monumental nacida de la soledad. Porque en ciertas soledades, como en las ostras, pueden encontrarse algunas perlas.

—Pensar que analicé esa pieza en mis clases con Maragno.

—Cierto. ¿Y cómo siguió su historia con el maestro?

—En un momento, junté valor y le pregunté si pensaba que alguna vez yo podría dirigir una orquesta. Me respondió que sí. Que no faltaba tanto. Y entonces volví a soñar. Como cuando tenía seis años e iba a mis clases de guitarra. Incluso tuve un quiebre vocacional. Me recuerdo en el diván de mi analista diciendo que iba a dejar de atender. Solo quería componer, analizar conciertos, sinfonías, y prepararme para dirigir una orquesta.

—¿Y qué pasó?

—El maestro se puso mal. Lo internaron. Yo iba a visitarlo una vez por semana, en el horario de nuestras clases. A pesar de su estado, me exigía que llevara mi trabajo al hospital. Apenas llegaba, me pedía que encendiera la luz, le pusiera las partituras frente a sus ojos y deslizara las hojas para que él pudiera corregirlas.

> —Ahí —señalaba— en el tercer tiempo del compás 18 tienes un error. Va a sonar mal. Revísalo.

—Yo lo revisaba y aprendía un poco más.

Cuando Maragno comprendió que le faltaba poco tiempo para morir, me rogó que no abandonara el estudio.

> —No llegué a prepararte —se lamentó—. Pero estás muy muy cerca. No te rindas.

—Al escucharlo, sentí que estaba por alcanzar aquel sueño antiguo que había revivido hace unos años. Pero también me sentí solo de nuevo, como cuando era niño. Porque el maestro se iba y yo perdía la mirada de ese objeto de amor que nos empuja a seguir. Cuando sucede algo de esto, cuando nos quedamos sin el otro del amor, nos invade una soledad que se llena de fantasmas y puede hacernos tropezar, o desistir. Sobre todo, puede diseñar nuestro propio fracaso. Como pasa con esos padres, madres o cuidadores que no nos ayudan a seguir un deseo cuando somos chicos, o cuando surge alguna desaprobación por parte de un maestro, un jefe o un ser amado sobre algo que nos tomó mucho esfuerzo, o cuando escuchamos frases o palabras que degradan lo que hacemos y nos van sacando el valor para continuar. Ahí aparece la soledad fantasmal y, por ende, el abismo. La angustia que nos impide seguir porque sentimos que lo que hacemos no sirve, no gusta, no enamora. Esa soledad es el infierno. Es la soledad que nos quema los sueños y el destino. Porque, aunque más adelante logremos algunas cosas (parejas, hijos, negocios, bienes, algún tipo de brillo fálico), siempre quedará en nuestra memoria y en las palabras que acompañen nuestras soledades futuras, aquella soledad infernal de no haber sido aprobados o estimulados a tiempo para poner en marcha una ilusión —tomo un trago de vino antes de seguir—. ¿Sabe? Con el maestro teníamos una conexión muy especial. Después de esos años compartidos habíamos aprendido a querernos. Gracias a la guitarra llegué hasta él sabiendo solfear y leyendo en las distintas claves. Y a veces soy ingrato, y paso más de un año sin tocarla. En ocasiones me pregunto por qué intento tozudamente tocar algo mal en el piano si podría tocarlo bien en la guitarra. Porque ese es mi instrumento. Aunque no tiene toda la orquesta incorporada, como decía Maragno.

—No. La guitarra es más íntima. Tiene esa soledad que conoció en el campo. La soledad de esas tardes de niño, cuando soñaba con ser músico sentado en la cerca. Tal vez por eso evita volver a ella.

—Tiene razón. Llegó a mí cuando era un niño y me sentía muy solo… y me salvó.

—¿De qué? —pregunta.

—Desde el momento en que descubrí la música no volví a estar solo nunca más. Mi vida se llenó de notas, ritmos, acordes y melodías. Y esa soledad temida se volvió una soledad deseada. Y llegaron Serrat, Mozart, Silvio Rodríguez, Bach, el bandoneón de Astor, la voz de Mercedes Sosa. Las figuras que acompañaron mi niñez.

Asiente.

—Entonces, no sea desagradecido. Vaya a buscar la guitarra y regáleme alguna melodía que acompañe nuestro brindis.

SOLEDADES RECLAMANTES

Por las noches la soledad desespera.

SUÁREZ, CORDERA, SBARBATI

Hasta ahora hemos hablado de soledades padecidas. La de quien no se separa por culpa, la de aquellos que por miedo se niegan a cambiar de trabajo, de carrera, o renuncian a amar. Además, recorrimos soledades disfrutables. La de mis atardeceres silenciosos en el campo, la de quien se toma un café y lee un libro. Las elegidas. Como la de mi paciente Julio, que se negó a volver a un vínculo enfermizo. Y la soledad de quien opta por un camino y da forma a su deseo. Soledad de la creación. La de Mahler escondido en su cabaña, o la de un chico que dibuja en su cuarto.

Pero no debemos engañarnos.

Muchas veces una persona cree que desea estar sola y se equivoca. Piensa que se trata de una elección cuando en realidad hay algo que la empuja al aislamiento. El temor al fracaso, el miedo al dolor, presentimientos que han quedado por dolores antiguos, mecanismos de defensa como la negación (personas que repiten: «No me molesta estar solo»), la racionalización («Estar en pareja trae riesgos que prefiero evitar»), o inhibiciones («No disfruto cuando estoy con alguien») que llevan a la evitación o al rechazo de compartir la intimidad.

Quien tuvo vínculos fallidos en la infancia puede haber quedado atemorizado por abandonos tempranos o vivencias traumáticas que le impiden confiar en la construcción de otras relaciones. Entonces, la cercanía de los demás genera ansiedad o temor a repetir aquello que sufrió. Muchas veces, esto lleva a «elegir» una soledad que, aunque parezca voluntaria, proviene del miedo. Entonces, deja de ser soledad para convertirse en aislamiento. Por ejemplo: las personas que se quedan encerradas en sus casas, evitan lo social —tanto con las relaciones nuevas como con las familiares o amistosas—, y prefieren no hablar de su intimidad con nadie. Y sufren. Se aíslan del entorno y del diálogo con otros, creyendo que así estarán a salvo. ¿De qué? De esos fantasmas dolorosos que los asustan.

Se trata de elecciones patológicas. No en el sentido de que se alejan de la «normalidad», sino de *pathos*. Elecciones sufrientes que pueden generar depresión, melancolía, e incluso episodios paranoicos.

Llegamos a este mundo solos. Pero no aislados.

Nadie puede prescindir de los demás. Aunque también hay personas para quienes la Soledad es tan agobiante que buscan un resguardo desmedido en la compañía de otros. No cualesquiera. Otros específicos que a partir de ese momento se volverán depositarios de sus demandas. Y así generan vínculos, ya no de amor, sino de necesidad. Una necesidad que muchas veces los empuja a la locura.

Manuel se sienta en el diván. Hoy no quiere acostarse. Durante algunos minutos no habla. Le doy tiempo. Lo necesita. La semana pasada suspendió la sesión porque su padre había muerto. Saca de un bolsillo el certificado de defunción y me lo extiende.

—Es mentira —comienza.

—¿Qué?

—Lo que dice este informe. Mi papá no murió de un paro cardiaco. Murió de nostalgia. Vivía en el pasado, rodeado de objetos y fotos viejas que no dejaba de mirar. Tenía una pasión enfermiza por ese tiempo en que estaba junto a mi mamá. Estaba loco. Creía que al quedarse con las cosas compartidas la conservaba a ella. Pero hace veinte años que mi madre lo dejó por un compañero de trabajo. Enzo, un buen tipo.

—Sé que te llevas muy bien con él.

—Sí. Mi hermana Leticia también. Vamos a su casa algunas veces. Pero, como ya sabes, a papá nunca se lo dijimos porque para él era una traición.

—Claro. Visitar a tu madre siempre fue ir con «la infiel», la «desvergonzada», como él la llamaba. Y tenía un precio muy alto para ustedes.

—Sí. Entraba en ira cuando suponía que estábamos ahí. No lo entendía. No podía soportado. Para él la vida se detuvo la tarde que mi mamá se fue. Y se aferró a lo que pudo —niega con la cabeza.

—¿Qué pensaste?

—En lo difícil que era visitarlo. Entrar a su departamento era aterrador. ¿Sabes? Desde que se quedó solo no movió un cuadro, ni siquiera le dio una mano de pintura. Dejó todo como entonces. El mismo termo y el mismo mate en la misma mesa. Y las mismas palabras, siempre: «Qué dolor», «¿Por qué rompió todo?», «¿Cómo nos hizo eso?», «Desvergonzada», «Son unos hijos de puta», «Menos mal que están ustedes», «Los necesito», «Júrenme que nunca van a dejarme. No puedo estar solo». ¿Te acuerdas de lo que pasaba cuando no lo visitábamos por unos días?

—Sí. Los llamaba enojado para insultarlos. También recuerdo cuando te ausentaste unas semanas por trabajo. Te dijo que te escondías porque eras un cobarde. Una mierda como tu mamá.

—Y que no me preocupara porque pronto iba a desaparecer. «¿O no ves que me estoy muriendo?» —recuerda y se conmueve.

—Pero luego volvía a llamarte con cualquier excusa, como si nada.

Asiente.

—Me preguntaba por los niños. Si iba a ver el partido…

—Lo hablamos. Era su manera de disculparse.

—Una manera insuficiente que además duraba nada. Porque enseguida volvía con los reclamos: «Ven, hijo. Por favor. Te extraño».

—Y tú ibas. Con una mezcla de amor y de miedo.

—Es así. Y los fines de semana era todavía peor. Porque su reclamo no paraba ni un segundo. Los días que trabajaba nos daban un respiro. No es que estuviera mejor, pero al menos mentía. A veces iba a reuniones con sus compañeros, cada tanto a un cumpleaños. Se reía. Al principio, Leticia y yo nos ilusionábamos. Después entendimos que no había motivos para ilusionarse porque nada cambiaría. Más tarde o más temprano, volvía al departamento de paredes descascaradas y a los reproches. Y con el tiempo, él también se fue descascarando. Hasta que se transformó en algo que no se parecía en nada al padre que alguna vez amé. Y… —se detiene.

—¿Y qué?

—Y que amo —llora—. No se lo merece. O sí. No lo sé. A lo mejor no pudo. Se enfermó de tristeza, de resentimiento.

—Manuel, tu padre enfermó de melancolía. La tristeza y el resentimiento no eran más que los síntomas de esa enfermedad.

—Puede ser. Pero volcó en nosotros su despotismo, su furia, sus agresiones sutiles o directas. ¿Por qué, Gabriel? ¿Qué culpa teníamos nosotros?

—Ninguna. Aunque él no lo entendiera.

—Y con su actitud fue demoliendo todo. Su casa, su vida, a mi hermana, a mí, incluso a mis hijos que no querían visitarlo. Le tenían miedo. O peor… desconfianza.

—Es comprensible. ¿Cómo iba a parecerles divertido el plan de visitar a ese abuelo que siempre estaba enojado o triste?

—Y aun así me acompañaban.

—Por ti. Porque te aman.

—Sí. Siempre supe que me acompañaban para hacerme un favor. Y eso me lastimaba. Pero igual los «arrastraba».

—Manuel, tú también amabas a tu padre. Y, al igual que ellos, tampoco disfrutabas de esos encuentros. Me dijiste que eran situaciones muy difíciles.

—Es que yo funcionaba como un gendarme. Siempre tenso. Siempre atento a que no se nombrara a mi madre. Imagínate que mis hijos la quieren, la ven seguido, y en cualquier momento podían contar algo. Y, para evitarlo, me impuse controlar sus palabras. Cuando intuía que podían hablar de su abuela, inventaba distracciones. Porque esa abuela no podía ser nombrada.

—Ni siquiera por ti.

—Es que si lo hacía se ponía loco. Perdía el control y proyectaba sobre nosotros el enojo que tenía con ella, con la vida. Y destruía nuestros encuentros, nuestro vínculo, todo —piensa—. ¿Sabes qué es lo único que no pudo destruir?

—¿Qué?

—El dolor. El odio por mi madre. Y ese discurso que lo recorría. Siempre el mismo.

—¿Cuál?

—El cuento que armó en torno al abandono de mi madre. Con las mismas palabras, las mismas escenas y el mismo rencor. Todo desaparecía a su alrededor, menos eso. Aunque a veces lo entiendo.

—¿Qué entiendes?

—Que no debe haber sido fácil para él. Conoció a mi mamá cuando tenía 18 años. Siempre estuvieron juntos. Toda la vida. Y su abandono lo demolió. No pudo —sonríe.

—¿De qué te acordaste?

—El año pasado decidimos con Leticia festejar su cumpleaños. Llamamos a su familia, algunos amigos, nosotros, mis hijas, mi cuñado y mi sobrino —suspira—. Fue patético. Las velas no las apagó soplando. Las apagó con lágrimas y una mueca horrible que quiso ser una sonrisa y que todavía tengo grabada. Nos equivocamos. No debimos hacerlo.

—¿Por qué lo hicieron?

—Porque nos pareció que ya estaba.

—¿Qué estaba?

—Gabriel, mi padre tenía 55 años cuando ella se fue. Y ya estaba cumpliendo 74. ¿No te parece tiempo suficiente para haber olvidado, perdonado, o qué sé yo… al menos hacer algo que nos permitiera a todos volver a tener una vida normal?

Silencio.

—Fueron veinte años de dolor, de demandas permanentes a mi hermana, a mis hijos y a mí. Hasta que no quedó nada.

—O casi nada —me mira—. Dijiste que todavía lo amabas. Supongo que algo quedaba para amar, entonces.

—Tal vez el recuerdo.

—Háblame de eso.

Piensa.

—Es que él no siempre fue así. Antes, en mi infancia, en mi adolescencia, fue un padre, compañero, protector. Pero la separación arrasó con él y desde ese día osciló entre la manía y la depresión.

Se quiebra. Le acerco un vaso con agua. Toma un sorbo.

—Gracias. ¿Te acuerdas de que tuvimos que internarlo tres veces? —Asiento—. No lo hicimos para quitarnos el problema de encima. Pero no podíamos más. No sabíamos qué hacer. Y él se enojaba con nosotros. Nos trataba de asesinos, de ladrones. Nos acusó de intentar quedarnos con su casa.

—Porque ya no pensaba bien.

—Ya lo sé. Lo decía desde el dolor, desde la violencia, desde ese amor envenenado por la enfermedad. Yo sé que nos amaba. A sus hijos, sus nietos. Pero igual no podía.

—No podía, ¿qué?

—Demostrarlo. Ni querernos bien. Porque nada le alcanzaba. Era un barril sin fondo donde volcábamos nuestro cariño. En vano —se seca unas lágrimas y sigue—. Te juro que hice todo lo que pude. Expuse a mis hijos una vez por semana a ese espectáculo horrible para que él no se sintiera tan solo. Compré un ajedrez, cartas, y descuidé a mi familia para entretenerlo algunas tardes. Le daba comida, dinero, lo llevaba a la cancha, a caminar, al médico. Visitas infructuosas y toneladas de medicamentos inservibles, porque él nunca se movía de ese lugar. ¿Qué más podía hacer yo?

Manuel se quiebra.

—Te sientes culpable. Consideras que podrías haber hecho algo más.

Asiente y sigue llorando.

—No pude. Aunque a veces lo intenté. Lo llamaba, iba a cenar con él, pero cuanto más lo escuchaba, más me dolía. Porque la rabia impregnaba cada una de sus palabras. Y yo me sentía incapaz de contenerlo. Entonces, trataba de mejorar la escenografía para ver si algo cambiaba. Pero no.

—Recuerdo que ibas y limpiabas el departamento, vaciabas los ceniceros, le tendías la cama…

—Y veía agujeros de cigarro en las alfombras, en las cobijas, en el mantel. Puros agujeros. Como su vida —toma un trago más de agua—. A veces fumábamos juntos. Le sacaba temas de conversación. Le hablaba de las noticias, los chismes, de libros (que siempre habían sido su pasión), pero nada lo sacaba de su infierno. Antes de irme, le dejaba alguna carta para que leyera cuando se quedara solo. Una muestra de afecto, o una broma. Pero tampoco servía de nada.

—Debe haber sido muy difícil soportar todo eso.

—No te imaginas cuánto. Pero no podía hacer otra cosa. Algunos fines de semana, juntaba valor y no lo visitaba. Eran los peores. Porque comenzaban sus llamadas. Primero doloridas, después enojadas, violentas.

—O peor —me mira—. Como aquella madrugada que apareció en tu casa y tocó el timbre con mucha insistencia hasta que tu mujer y tú saltaron de la cama y le abrieron la puerta.

—Es que ya no tenía límite. Dejó de importarle lo que yo estuviera haciendo. Aparecía con su angustia o su rabia e interrumpía mis salidas con los niños, mis momentos de pareja, mis vacaciones. Y yo lo atendía. O me alejaba para escuchar sus mensajes.

—Lo sé. Trabajamos mucho sobre qué hacer en esos casos.

—Y no logré dejar de atenderlo. Porque fui un cobarde.

—O fuiste un hijo amoroso. Y además detectaste algo que te aterrorizaba.

—Sí. Tuve miedo a que se lastimara.

Me quedo en silencio. No es buen momento para señalarle que en aquellos casos sucumbía a la pulsión de muerte. Momentos en que ese impulso destructivo que recorre a todo ser humano se apoderaba de él y lo encerraba en una prisión de la que no podía escapar. Entonces, aunque fuera de viaje y estuviera con su familia, fracasaba en el intento de alejarse de aquella demanda incesante de su padre enfermo. Y aunque sus hijas jugaran en los médanos o su mujer leyera en la playa, él seguía pendiente de aquel drama.

Quien sostiene un amor tan insaciable se queda solo. Tan solo como Manuel. Porque nadie comparte su infierno ni comprende su angustia. Los demás pueden incitarlo a preservarse, a no prestar atención a las exigencias de los otros. Ignoran que no es tan fácil decir «basta» y poner límites a los que amamos. Aun cuando sean amores que lastiman.

—Hasta que un día, hace poco, como de la nada, apareció la calma. El bienestar —sigue.

—Una calma que, por un tiempo, los engañó.

—Sí. De un día para el otro, papá empezó a cambiar de humor, a sentirse mejor. Tanto que esta vez él mismo organizó el festejo de su cumpleaños. Nos invitó a todos, ordenó la casa, compró empanadas, bebidas… se rio de nuevo. Sin muecas. Por primera vez en veinte años hubo abrigos, bolsas y regalos apilados sobre la cama —respira profundo antes de seguir—. Un mes después se murió. Abrazado a la misma almohada en la que mi mamá apoyaba la cabeza. Se fue a dormir y no despertó más.

—¿Cómo te enteraste?

—Por Ernesto, su mejor amigo, que tenía llave de la casa porque a veces iba a despertarlo para compartir un mate o para sacarlo a caminar un rato. Pero, ese día, lo encontró muerto. Me llamó y dijo: «Ya pasó, Manuel. Ahora él también se fue».

—¿Cómo reaccionaste?

—Me senté en el piso, confundido. Mi mujer me abrazó. Y al rato te llamé.

Recuerdo esa llamada. Al principio, me habló con calma. Como si todavía no entendiera lo que había ocurrido. Hasta que, de golpe, mientras hablábamos, lo comprendió. El peso de la tragedia se le vino encima y se puso a llorar. A veces llorar es el único gesto posible ante la desolación.

Como dijo el filósofo Guillaume Le Blanc:

> La soledad del llorador, de la lloradora, en el momento de la efusión de las lágrimas es también una revelación: ningún otro puede llorar en su lugar. Por ese motivo, las lágrimas son irremplazables.

Y aquel día Manuel lloró solo, a pesar del abrazo de su esposa y mi escucha en el teléfono. Lloró por él, por su impotencia, por su incapacidad de calmar la demanda permanente de Francisco. Tal vez, lloraba por no haber sido capaz de compartir el llanto de su padre, esa tortura de la que fue espectador y soporte durante veinte años. Quizás también, por la culpa de haber sostenido ese vínculo «gozoso».

Y otra vez Le Blanc:

> Nada es más atroz que ver llorar a un ser querido. Pero es precisamente porque estamos expulsados de sus lágrimas, que permanecemos, incluso en sus propias lágrimas, del otro lado del abismo, a la distancia de una vida y sin embargo infinitamente cerca.

Manuel se seca los ojos.

—¿Qué piensas?

—Me da vergüenza.

—Dilo de todos modos.

—Siento alivio. Y lo peor, lo que más culpa me da, es que no volvería el tiempo atrás.

Baja la cabeza.

—Mírame —lo invito—. Manuel, ya pasó. Fueron años de horror e hiciste mucho. Todo lo que estaba a tu alcance. Ahora, llora y toma un respiro. Porque el desafío todavía no terminó.

—No entiendo.

—En el tiempo que llevamos trabajando juntos casi nunca pronunciaste el nombre de tu mamá. Claro, porque estaba prohibido. Porque nombrarla era una traición. Sin darte cuenta, te fuiste alejando de esa madre innominada. Y el vínculo con ella se fue degradando por la fuerza del mandato delirante de tu padre. Y, ¿sabes qué? A ti tu madre no te hizo nada —silencio—. Recuérdame, ¿cuál es su nombre?

Se toma unos segundos, como si estuviera juntando fuerzas, y desliza como un suspiro.

—Elvira.

Sonrío.

—Bueno. Me parece que Elvira y tú tienen mucho que hablar y compartir. Porque, por suerte, ustedes están vivos.

Me pongo de pie y lo invito a levantarse. Durante estos años no solo aprendí a conocerlo, también llegamos a querernos. Por eso doy un paso hacia él y lo abrazo. Manuel llora de nuevo y se aferra a mí. Lo contengo. Tiene por delante un camino difícil. El camino del duelo.

***

La decisión de Elvira dejó a su esposo solo. Sin amor, sin hogar, sin proyectos, y él no supo cómo recuperar su vida. Renunció al placer y a los sueños. Sus hijos, en vez de ser motivo de alegría, se convirtieron en receptores de una demanda inagotable. Según Lacan, toda demanda es demanda de amor. Y esta no era la excepción. Aunque no alcanzaba con que Manuel y Leticia lo amaran. Porque la demanda de Francisco no podía ser satisfecha por nadie. Su amor propio estaba destruido. Acorralado por una soledad que creía inmerecida, se sentía frustrado. Alguna vez dijimos que la frustración produce enojo. Él proyectó ese enojo en sus hijos y arremetió contra ellos. Su duelo patológico, su melancolía, esa muerte después de la muerte de su vínculo de pareja, le oscureció el mundo. Tal vez la envidia de que Manuel tuviera la familia que él no pudo conservar lo enfurecía. Y el padre bueno y afectuoso murió junto a esa historia de amor perdida.

Suele confundirse la psicosis con la locura. Pero no es necesario ser psicótico para volverse loco. Para negarse a aceptar que a veces la vida nos dice que no. Tal como Elvira le dijo «no». No a la pareja, al hogar, al amor.

Muchos se niegan a admitir que querer no es poder. En busca de control sobre la vida, niegan la fuerza de la decisión ajena o el azar. Y enloquecen.

Cuando era joven viví en el barrio de Florida. Cada tarde, al volver del trabajo, cruzaba la esquina de Melo y Maipú. Cierta vez, un profesor que trabajaba conmigo en la escuela me comentó que todos los días un hombre se paraba en esa esquina y miraba durante horas un edificio cercano.

Movido por la curiosidad, pasé a la hora indicada. Y lo vi. Ahí estaba. Inmóvil. Con la mirada fija en una ventana del departamento de enfrente. Y volví a verlo así, durante meses. Siempre en el mismo lugar, a la misma hora.

La mitología barrial sostenía que se trataba de un hombre obsesionado con una excompañera de trabajo. Ante la imposibilidad de manifestarle su amor, había decidido observarla desde la calle. Hasta que un día, cansada del acoso, la muchacha salió del edificio y lo increpó. Pero él no reaccionó ante su presencia. Tal vez, porque no era ella a quien amaba, sino a una imagen que había construido en su interior y que nada tenía que ver con la mujer con quien había compartido horas de trabajo durante años. Así, tampoco Elvira era Elvira para Francisco.

Una tarde pasé y «el hombre de la esquina» no estaba. Tampoco al día siguiente. Ni al otro. Al parecer, su familia intercedió y lo internó en un psiquiátrico.

Nunca volví a saber de él.

Las historias de amor —o desamor— que no se duelan, terminan en situaciones patológicas: destruyen lo que queda de la propia vida y desordenan la vida de los demás.

En una de sus canciones, «De cartón piedra», Joan Manuel Serrat relata una historia parecida a la del hombre que andaba por mi barrio.

> Era la Gloria vestida de tul
> con la mirada lejana y azul,
> que sonreía en un escaparate
> con la boquita menuda y granate,
> y unos zapatos de falso charol
> que chispeaban al roce del sol.
>
> Limpia y bonita siempre iba a la moda,
> arregladita como pa' ir de boda.
>
> Y yo, a todas horas la iba a ver.
> Porque yo amaba a esa mujer de cartón piedra
> que de San Esteban a Navidades,
>
> entre saldos y novedades
> hacía más tierna mi acera.

El protagonista de la canción es un «loco» enamorado de un maniquí al que iba a ver a todas horas. El impulso inmanejable del amor, acrecentado por la fuerza del delirio, lo llevaron a construir un mundo solitario y a proyectar sus sentimientos sobre esa figura inanimada.

> Y ella esperaba en su vitrina
> verme doblar aquella esquina como una novia.
> Como un pajarillo, pidiéndome:
>
> libérame, libérame
> y huyamos a escribir la historia.
>
> De una pedrada me cargué el cristal
> y corrí, corrí con ella hasta mi portal.
>
> Todo su cuerpo me tembló en los brazos.
> Nos sonreía la luna de marzo.

Imagino a aquel enamorado recorriendo la vereda, buscando una piedra para romper el vidrio y así poder unirse a su amada. Lo hizo. Y el universo se acomodó a sus alucinaciones. La luna sonreía y el maniquí tembló en sus brazos. Hasta que la realidad se impuso.

> Y entonces, llegaron ellos.
> Me sacaron a empujones de mi casa
> y me encerraron entre estas cuatro paredes blancas
> donde vienen a verme mis amigos de mes en mes,
> de dos en dos, y de seis a siete.

Con poesía, Serrat describe la aventura de un loco que se enamora de un maniquí. Tan obsesionado como ese hombre que cada tarde pasaba horas en la esquina de Melo y Maipú. O como Francisco, que sufría de melancolía.

Por lo general asociamos esa palabra a los poetas románticos o a los cantantes de boleros. Sin embargo, desde el punto de vista clínico, hablamos de una patología grave que condena a un infierno solitario.

Cuando amamos a alguien, esa persona tiene una doble existencia. Existe en la realidad exterior, también en la realidad psíquica, y nuestro amor se reparte entre una y otra. Al perderla (por muerte o abandono), toda esa energía libidinal (amorosa) va a investir la imagen del «objeto» perdido que hemos incorporado en nuestra realidad psíquica. La persona desaparece de la esfera real, pero no de nuestra mente.

En *El duelo* explicamos que cuando el *ensombrecido* pierde la batalla, surge la melancolía. Entonces, como señaló Freud, «la sombra del objeto cae sobre el Yo» y comienza una vida donde el *$ujeto* es absorbido por la presencia fantasmal del ausente.

En aquel libro definimos el duelo como un proceso que tiene tres tiempos: impacto, catábasis y anábasis.

El impacto que rompe el vínculo, después del cual aparece la catábasis. El ingreso al infierno.

> El ensombrecido pasa alternativamente por momentos de dolor, enojo y angustia. Mientras tanto, el Principio de Realidad lo incita a aceptar la ausencia del amado.
>
> Sin la posibilidad de abrazar al objeto perdido, los sentimientos abrazan, rodean y protegen a su fantasma. Y es tanta la libido, la energía psíquica que se desplaza hacia él, que ese amado ahora ausente tiene más presencia psíquica que nunca. Obligado a retirar los lazos afectivos del objeto externo, el ensombrecido los retira del mundo y pierde todo interés por él.
>
> La lucha se librará adentro. Es el duelo. Es dolor y batalla. El combate eterno entre la vida y la muerte.

La tercera etapa es la «anábasis», el camino de regreso de los infiernos. El ensombrecido comprendió que:

> La pérdida del objeto de amor es definitiva y enfrenta el desafío de desprenderse también del fantasma que lo habita. Un fantasma que a diferencia del objeto en la realidad, juega su existencia en tres tiempos: pasado, presente y futuro. Encarna lo que ha sido el vínculo de amor, sostiene lo que es aquí y ahora, y promete una relación que ya no es posible [...]. Mientras esta lucha se libra dentro del ensombrecido, los demás hacen su parte. Se acercan y lo incitan a volver a la vida. [...] Hasta que una mañana despierta y el dolor duele menos [...] aparece una sonrisa o la posibilidad de pensar en algo distinto. Y sin que nos demos cuenta, el camino se vuelve ascendente, las sombras pierden oscuridad y el presente se ilumina.

Es la vuelta al mundo del deseo, a los demás. A la vida. Camino que Francisco nunca pudo recorrer.

Como el «loco de la esquina» o el protagonista de la canción de Serrat, también él habitaba una realidad paralela. Sin embargo, en un intento por seguir ligado al mundo «real», construyó un delirio de odio que le permitía comunicarse con los demás que, incapaces de percibir su enajenación, luchaban por convencerlo de que cambiara de actitud. Engañados por ese delirio, Manuel, Leticia y su amigo Ernesto, lo empujaban a salir de ese estado sin comprender que era el único universo que él podía habitar. Porque estaba enfermo.

El dramaturgo argentino Mauricio Kartún escribió una novela llamada: *Salo Solo. El patrullero del amor.*

Salo es Salomón, un hombre maduro que lidia con la soledad. Tras la muerte de su mujer, conciliar el sueño sin pastillas se vuelve una misión imposible. Su médico, además de las recetas de rutina, le prescribe salir al encuentro de nuevos vínculos:

> Circule, Salomón. Circule. En los lugares de siempre no va a encontrar nada: con las que tenía que pasar ya pasó, y con las otras no va a pasar nunca. Ábrase y circule.

Y Salo circula. Se anota en cuanto curso aparece disponible. Toma clases de teatro y jardinería, practica aquagym y hasta se abre una cuenta en Tinder. Porque circular implica transitar el mundo con las reglas que establece la cultura. Si Salomón transitara a las tres de la mañana por barrios oscuros, le cuestionarían por qué va a esos lugares y a esa hora. Es decir, que el mandato es «Circule, Salo, pero por donde se le indica».

Así, su médico lo invita a que sea parte de la «civilización», porque las personas que no participan de las convenciones sociales son peligrosas.

Michel Foucault señaló que quien no se adapta a las normas sociales es considerado un delincuente o un loco. A los primeros se les encierra en la cárcel; a los segundos, en el manicomio. Pero de alguna manera deben pertenecer al sistema, aunque sea bajo la forma de delincuentes o locos.

¿Quiénes eran esos jóvenes que en los años sesenta se dejaban el cabello largo, cuestionaban al sistema y se negaban a ir a la guerra? Eran una amenaza. Hasta que se les puso un nombre: *hippies*. Y de esa manera ingresaron a la cultura. Desde un lugar marginal, es cierto, pero dentro de la estructura social. Una sociedad que determina incluso la noción de salud o enfermedad. Y si alguien actúa distinto o está demasiado solo, se le diagnosticará alguna enfermedad.

Nacimos humanos y debemos aceptar un imperativo: no es posible estar solo sin ser percibido como un riesgo para los demás o para nosotros. Debemos compartir actividades, trabajar, estudiar o ir al teatro. «Circular» es parte del desafío de todo *hablante*.

El propio Kartún reflexiona acerca de su libro:

> Mi generación ha tenido siempre una especie de temor psicoanalítico basado en la frase de Sartre que dice que el infierno son los otros. Y es cierto. Pero perdemos de vista que los otros también son el paraíso. El narcisismo es un paraíso trucho. El único paraíso real se da en lo social.

¿Por qué los otros son el infierno? Tal vez porque con su mirada nos devuelven la aprobación o el castigo. Y a veces esas miradas resultan insoportables. Siempre, aún más en estos tiempos, somos mirados por otros. Por eso, es verdad que, en ocasiones, el infierno son los otros. Pero no nos engañemos. En tanto existe la pulsión de muerte, el verdadero Infierno está adentro. En la soledad gozosa. Soledad del loco de Serrat, del hombre de la esquina de Melo y Maipú, o de Francisco.

Dijimos que para Lacan «el deseo es el deseo del otro». Otros que pueden soñar a nuestro lado o complicarnos la vida. Si, como dice Sartre, el infierno son los otros, se tratará de un infierno con minúscula.

En cambio, la Soledad total es el vacío, la pulsión de muerte, el Infierno con mayúscula. Y a falta de paraísos, quizás debamos aceptar que no existe más cielo que ese infierno con minúscula. También es posible que algunos otros no sean ni cielo ni infierno. Que sean un limbo y que el destino celestial o infernal dependa de nosotros.

El teólogo sueco Emanuel Swedenborg sostuvo que Dios no castiga a nadie. Que, al morir, según su naturaleza, cada uno elige si va al cielo o al infierno. Algo parecido pasa en la vida.

Las circunstancias nos ponen frente a decisiones que nos definen. Elecciones que señalan un camino de anábasis o catábasis, de ascenso o perdición.

Francisco se perdió en su odio, su impotencia, su melancolía. Y se aisló. Torturó a sus hijos con una demanda constante e insoportable.

Hay padres y madres que torturan a sus hijos para obligarlos a quedarse a su lado, aunque eso implique la renuncia a sus deseos. Frases como: «Me debes todo lo que eres», «Tienes que estar conmigo hasta que me muera», «Yo te di la vida», muchas veces se traducen en mandatos imposibles de ser cuestionados. Leyes que indican que los hijos deben permanecer junto a ellos, satisfacer sus caprichos y ceder todos los sueños para llenar la soledad reclamante de sus progenitores. Y entre tanto, esos hijos, suspenden o postergan su destino, son incapaces de armar un proyecto amoroso personal, distinto —exógeno—, por culpa y temor al castigo. Y de ese modo se «mueren» antes que sus padres.

Manuel pudo salir de la casa paterna para amar a otros, sin embargo, pagaba con dolor la incondicionalidad que requería su padre. Intentaba una alegría siempre amenazada por la posible aparición de un mensaje o una llamada. Ver el nombre de su padre en el teléfono le aceleraba el corazón.

Cada noche se acostaba presintiendo que recibiría la noticia de que su padre se había suicidado. Dormía inquieto, en estado de alerta. A veces, en cambio, regresaba en sueños a la infancia. A aquellos tiempos en que tenía un papá que lo cuidaba, que lo amaba sin la contaminación del odio producto de su frustración. Sin los requerimientos permanentes para sostener la vida. Se veía en la casa junto a sus abuelos, correteando con sus primos, rodeado de abrazos y risas. Esos sueños eran los peores. Porque al despertar comprobaba que nada había cambiado. Que la amenaza seguía ahí, a una llamada de distancia. Y, aunque le daba todo lo que podía, igual se sentía culpable e impotente. Tal vez, porque él estaba —viviendo, amando— en otra parte. Por eso, se obligaba a llamarlo cada mañana y cada noche. Para que no se sintiera excluido lo sumaba a cada reunión familiar. Encuentros que su padre se encargaba de arruinar con comentarios ofensivos o reclamos absurdos.

Francisco amaba a sus nietas, y algunas tardes compartía con ellas momentos de ternura. Eran los únicos instantes que Manuel disfrutaba. Verlo jugar con sus hijas le devolvía la ilusión de que las cosas podían cambiar. Pero, como señaló Freud, el destino de toda ilusión es la desilusión. Y en este caso el desengaño llegaba pronto. Porque en medio de los juegos, el abuelo desplegaba una frase inapropiada que lo arruinaba todo. «¿Ustedes saben que sus papás se van a morir?». Y Manuel se desesperaba por contener la angustia de sus hijas, el enojo justificado de su esposa y el advenimiento de «uno de los momentos de locura» de Francisco, como los llamaba. Y ni siquiera se daba el permiso para enojarse; mucho menos, para enfrentarlo.

—No puedo —me decía—. Me da pena. Vive solo, duerme solo, come solo...

—No es tu culpa.

—Ya lo sé... o no... ¿Estás seguro de que no es mi culpa?

Circunstancias de quiebre en que también Manuel se oscurecía y sus pensamientos lo torturaban. Como si lo intuyera, su padre aprovechaba esas ocasiones para agredirlo con frases horribles. Le decía que era un mal hijo, un cobarde, un egoísta. Que su familia era una mentira, que iba a fracasar. Que era un ingrato que había olvidado que, si era alguien en la vida, se lo debía a él.

Manuel sabía que no era cierto, aunque a veces le creía, y casi siempre intentaba protegerlo de su propio juicio:

—Está enfermo —decía.

Mi respuesta era firme.

—Es cierto. Eso explica su conducta, pero no la justifica.

En ocasiones se derrumbaba en el diván.

—¿Qué más puedo hacer? —Me preguntaba llorando.

—Nada más. Y no tienes que sentir culpa por eso. No puedes llenar la falta que siente tu padre.

—Pero él me lo suplica.

—No. Te lo exige. Te demanda algo imposible. Que vuelvas el tiempo atrás y recuperes el pasado en el que tu madre lo amaba. Que pases todos los fines de semana a su lado. ¿Para qué? Para que seas testigo de su destrucción. Pero tú no debes hacer eso. Porque te vas a enfermar. Manuel, tu padre se inventó un mundo de odio donde él es la víctima y tu madre la villana. Además, te obliga a tomar partido, y te desgarra.

Intenté ayudarlo a salir de la trampa que le proponía su padre: «O ignoras a tu mamá o eres un traidor», «O me das todo tu tiempo o me abandonas». Esa era la única manera en que Francisco podía sostener un vínculo. Aunque también quedaba enmarañado en su demanda delirante.

Ante la imposibilidad de aceptar la realidad —Elvira ya no lo amaba y jamás volvería con él—, Francisco se refugió en una realidad psíquica donde estaba solo. Demasiado solo. Por eso intentó volver al mundo de la mano de un delirio. En lugar de hijos o nietos, había aliados o enemigos. Y se quedó solo de nuevo.

Ahora estaba muerto. Pero aún quedaba la ambivalencia de amor y rabia que experimentaba Manuel. La culpa. La lucha por rescatar los pedazos amables de un padre roto. Por eso elegí con cuidado las palabras para finalizar aquella sesión.

—Sé que estás confundido. Aliviado y culpable al mismo tiempo. Con la tranquilidad de saber que ya no aparecerá un mensaje o una llamada exigiéndote más amor, más compañía, más tiempo, más odio. Pero también con la angustia de que no volverás a esos brazos que en un tiempo fueron un refugio. Porque hubo un tiempo donde su amor fue distinto. Tú tuviste un papá diferente alguna vez. Aunque, como dijiste, estaba enfermo. No pudo recuperarse de su pérdida. Tampoco pudo acompañar tus proyectos o disfrutar de tus logros. Te exigió tanto que tú tampoco pudiste. Y está bien. No es sano resistir tanta intensidad. Porque en esa desmesura no hay paz —le sonrío—. De todos modos, lo quisiste. Lo quieres todavía. Por eso lo acompañaste, eludiste sus agresiones y le diste mucho. Ya sé que no alcanzó. Pero no porque tú dieras poco, sino porque él reclamaba todo. Y, ¿sabes qué, Manuel? Todo no se puede.

La literatura sabe de intentos imposibles.

Pienso en el Príncipe Mishkin, protagonista de *El idiota*, la novela de Fiódor Dostoievski, que en su inocencia y su fe en el bien intenta traer bondad al mundo. Y en cada uno de sus intentos desencadena sufrimiento o malentendidos.

Pienso también en el *Quijote*, que fracasa en todas sus aventuras. En Juan Preciado, personaje del libro *Pedro Páramo*, de Juan Rulfo, quien le promete a su madre en su lecho de muerte que encontrará a su padre en Comala. Pero al llegar ahí, solo encuentra un pueblo lleno de fantasmas. Pienso en las Danaides, condenadas por el dios Hades a llenar con una vasija agujereada una tinaja sin fondo, por lo que el trabajo se volvía eterno. Y en Sísifo, que debía empujar una roca enorme hasta la cima de un monte. En la cumbre, la piedra volvía a caer por su propio peso y debía comenzar otra vez la tarea.

Al igual que estos personajes, Manuel pretendía satisfacer una demanda incesante. Y como ellos, fracasaba. Su padre era el pozo sin fondo, la piedra que rodaba y los molinos de viento.

***

Todo no se puede.

Todos somos impotentes.

Por suerte, la mayoría de las personas conviven con su falta sin esa demanda excesiva de Francisco que imponía un costo tan alto a los demás. La gente ama, se reúne con amigos, juega con sus hijos, lee libros, escucha música. Y aunque esos actos no puedan llenar por completo el vacío, al menos generan momentos de calma y maquillan la impotencia. Entonces, sentimos que podemos ayudar a quien atraviesa momentos adversos, consolar al *ensombrecido* y acompañar su duelo.

En cambio, los solitarios reclamantes nos perturban, porque nos hacen sentir que nada alcanza. No tenemos para dar lo que requieren, por eso sus pedidos nos frustran, nos enojan. O nos angustian.

«No te vayas… no me dejes solo… llámame… necesito más de ti».

Cuando la llamada es tan incesante, nos desesperamos porque no podemos entrar a su mundo, y mucho menos completarlo. Los reclamantes están solos. Y nosotros también. Cada uno en soledades diferentes: soledad del que demanda y Soledad del demandado. Por un lado, la desesperación de esa soledad que agobia a quien reclama que le completemos su vida; por otro, la ansiedad y frustración permanentes de quien intenta satisfacer esa demanda —imposible— y, por ende, también se queda solo.

Valeria vive en Inglaterra hace más de treinta años. Cuestiones laborales la llevaron a trasladarse junto a su esposo a Londres cuando recién se habían casado. Ahí tuvieron una hija, Amanda, y se consolidaron económicamente. Pero ella siempre soñó con volver a Argentina.

Comencé a atenderla en tiempos de pandemia. Su esposo había muerto a causa del COVID y se sentía devastada. La acompañé en su duelo. Un duelo difícil. La juventud de Aníbal, su marido, y lo inesperado del desenlace agravaron el proceso. Valeria estaba confundida y había perdido el horizonte. Entonces, rescaté el sueño de regresar al país y reencontrarse con su mundo, su idioma y su familia. De la mano de ese proyecto se contactó con amigos, aceptó un ofrecimiento laboral y consiguió un lugar donde vivir.

Cuando estaba a punto de viajar surgieron los problemas.

Su hija Amanda no estaba dispuesta a acompañarla y complicó las cosas con sus reclamos. «No puedes dejarme sola». «No tienes derecho a irte». «Eres una egoísta».

Ante esas demandas, Valeria pensó en desistir de su plan. Me opuse. Su hija tenía 26 años, una carrera, y estaba a punto de vivir con su pareja. Aun así, se negaba a que su madre abandonara Inglaterra. Pretendía que renunciara a sus deseos para cumplir los de ella, que cediera el protagonismo de su vida para ser espectadora de la suya. Valeria lo entendía, y aun así le costaba negarse. Sentía culpa, miedo a que su hija se disgustara o dejara de quererla.

—No vas a ser una mala madre porque vuelvas a tu país —le dije—. En todo caso, ella se convertirá en una hija distante o enojada. Y tú la vas a seguir queriendo como hasta ahora. Desde el lugar que elijas para continuar tu vida.

Hay personas que pretenden entregas incondicionales.

Sor Juana comparó el amor con la sal: «Dañan su falta y su sobra». Y la demanda incesante exige una desmesura en el cariño, la entrega y el tiempo que termina con la frustración, el enojo y la angustia de aquellos que no pueden calmarla.

Todo tiene un precio. A veces demasiado alto. El precio que pagó Manuel. El precio que afronta todo el que pretende satisfacer la exigencia desmesurada de los solitarios reclamantes.

ISLA III

Un grupo de niños sube a los toboganes, otro se mece en las hamacas y dos adolescentes patean una pelota. A pocos metros, en el parque, algunos amigos ríen y conversan mientras sus perros corren. Es un día soleado. Fresco, pero agradable. La gente va y viene por la plaza. Y en el banco, debajo de un árbol, nosotros.

—¿No cree que a veces la culpa es una buena excusa para no tomar decisiones? ¿Un motivo elegante que esconde una razón mucho más cobarde? —me pregunta.

—¿Cuál?

—El miedo. Quizás, Valeria temía enfrentar el mundo sin la molesta comodidad que le daba la cercanía de su hija. Tal vez, Manuel se negaba a perder el lugar de importancia que le otorgaba la demanda permanente de su padre.

Pienso.

—Es posible. Aunque el precio que pagaron fue demasiado caro. Además, le aseguro que la culpa no es un tema simple. Por un lado, es la sensación que aparece al comprender que obramos mal, o no hicimos algo que debía hacerse. En esos casos, se trata de una emoción que a veces nos detiene antes de cometer un error. Para vivir en una comunidad e interactuar de modo sano con los demás, hay que tener la capacidad de experimentar culpa al hacer algo inconveniente.

—Sin embargo, es una palabra molesta. Tiene mala fama. Todo el tiempo se nos dice que no debemos sentir culpa. Que tenemos que hacer lo que deseamos.

—Insisto: a veces la culpa es necesaria. No me mire así. Se lo digo en serio. Una persona sin culpa, sin remordimiento por sus malas acciones, es un canalla, cuando no un perverso.

—Una mala persona, quiere decir.

—No. Para los analistas, la perversión no tiene que ver con la maldad. El perverso diferencia el bien del mal. Sabe lo que no debe hacerse, pero lo hace igual. No le importa el dolor ajeno porque carece de empatía. Entiende que todo no se puede, pero actúa como si eso no fuera cierto. Como dijo la escritora Cynthia Wila en su libro *La crueldad*:

> Hay estructuras psíquicas, las perversiones, por ejemplo, que carecen de culpa y avanzan hacia la crueldad sin angustiarse.

—Está loco, entonces.

—Tampoco. Si estuviera loco desconocería el daño que causa y, por ejemplo, no huiría después de cometer un acto indebido.

—¿Y cómo trabaja con una persona así?

—Por lo general, los perversos no se analizan. Porque no tienen conflicto. En cambio, los «neuróticos ordinarios» debemos aprender a convivir con nuestras culpas.

—¿Neuróticos?

—Sí. Ya le explicaré en otro momento. Ahora me ha atrapado con esto de la culpa.

—Porque sabe que tengo razón. ¿Cuántas veces en su consultorio escuchó decir a alguien que no se separa porque le da culpa abandonar a su pareja o por el daño que pueda hacer a sus hijos? No me dirá que les cree.

—Un poco.

—¿Y qué debería hacer quien ya no está enamorado?

—Irse. Darle a su pareja la posibilidad de ser deseada por alguien más. Reconocerle el derecho a estar con una persona que la elija y no que le tenga lástima.

—Sin culpa.

—Con responsabilidad. Aunque debo reconocer que en algo concuerdo con usted.

—¿En qué? —me pregunta.

—Existen también culpas originadas por los mandatos de nuestra historia.

—¿Cómo es eso?

—Todos necesitamos el reconocimiento de las personas que para nosotros son importantes, y nos preguntamos cómo debemos ser para que nos quieran. Entonces, leemos sus gestos, escuchamos sus palabras e intentamos decodificar sus acciones en busca de la respuesta. Con el tiempo, los internalizamos y se transforman en un dedo que señala un deber ser. «Me quiere inteligente»; «Me quiere valiente»; «Me quiere solo» o, por qué no, «Me quiere para no quererme».

Hago una pausa. Me cuestiona.

—¿Me equivoco o se quedó pensando en alguien?

—Se nota que ya me conoce mucho —sonrío.

—Cuénteme.

—En mi adolescencia tuve una amiga, Olga. Una mujer mucho más grande que yo. Debía tener 40 o 50 años. No lo sé. Usted sabe que las percepciones juveniles son caprichosas.

Y para un muchacho de 15 años todos son viejos. Olga era el retrato exacto de lo que por ese entonces se llamaba «una solterona». Eran otros tiempos. En algunos aspectos, mucho más crueles que hoy. Vivía cerca de la casa a la que me había mudado hacía poco. Yo no conocía a nadie y de pronto apareció ella. Trabajaba mucho y dedicaba el resto del tiempo a su madre, una señora mayor de carácter fuerte que había decidido que su hija debía dedicarle la vida. Tal vez por eso, estaba muy sola. Y yo también. Olga amaba la música y los libros. Sospecho que eso nos acercó. Comencé a visitarla. Escuchábamos sus discos de ópera y compartió conmigo su biblioteca. Al poco tiempo, aquellos encuentros pasaron a ser mis momentos más placenteros. Y esa visita cotidiana nos permitió tener algo parecido a una amistad. Recuerdo que un domingo pasó a buscarme a la casa y le dijo a mis padres que me llevaría de paseo. Caminamos hasta la estación y tomamos el tren hasta Retiro, luego el metro hasta Constitución, y de ahí un tren más. El viaje era largo, pero la charla resultó interesante. Bajamos en una estación medio desierta y luego de unas cuadras, entramos en una capilla. «Es aquí», señaló. Yo no entendía nada. Me pregunté si de verdad me había hecho viajar todo ese tiempo para visitar una iglesia tan pequeña. Como si hubiera leído mis pensamientos, sonrió y dijo: «Mira». Me quedé mudo. Había viajado casi tres horas, y ahí estaba. En la localidad de Glew. En la iglesia de santa Ana.

—¿Qué tenía de especial?

—Era como estar en la Capilla Sixtina.

—¿No estarás exagerando? —pregunta.

—Le juro que no. Porque a mediados del siglo pasado, un artista maravilloso, Raúl Soldi, pasó por el pueblo y se enamoró de sus calles de tierra y sus tardes mansas. Entonces, tuvo la ocurrencia de pintar la capilla. Convenció al Padre Jerónimo, párroco del lugar, y juntos comenzaron el trabajo. Soldi dedicó ocho horas diarias durante 23 años hasta concluirlo. Un fraile, músico y poeta, solía visitarlo para recitarle un verso o tocar el órgano mientras él pintaba. Se ve que se hicieron amigos, porque cuando el fraile murió, Soldi plasmó su cara en la obra. Así lo dijo:

> Su rostro ha quedado arriba, pintado en el coro, como yo lo veía, dorado por la luz cálida del verano, en las tardes apacibles y aldeanas, cuando los seres y las cosas parecían tocados por la gracia de Dios.

—Permanecimos en el lugar algo más de una hora y emprendimos el regreso. Estábamos conmovidos. Quizás esa emoción compartida fue la que abrió la puerta de la confidencia. Y ese domingo, en voz baja, como si estuviera confesándose en el asiento de un tren, aquella mujer develó su corazón y le contó su vida a un muchacho de 15 años —hago una pausa antes de seguir—. Olga había estado muy enamorada de un hombre divorciado y sabía que su madre jamás lo aceptaría. Él también la amaba y más de una vez le propuso que vivieran juntos. No era una opción. Mientras su mamá estuviera viva, ella se quedaría a su lado. La sola idea de irse de la casa y sentir que la abandonaba la llenaba de culpa. Entonces, acordaron vivir el romance en secreto hasta que la mujer muriera. Pero él murió primero en un accidente.

—La vida suele no respetar los acuerdos que hacemos los humanos. Siga, por favor.

—Entre lágrimas, Olga me contó que, para poder ir al velorio, debió fingir que iba a participar en un torneo de tenis que duraría todo el día. Así, raqueta en mano, con tenis y vestimenta deportiva blanca, se fue al velorio del único amor que había tenido y lloró sola frente a su cajón. Antes de regresar, pasó por el baño y se lavó la cara. Pero el agua fría no alcanzó para borrar las marcas de dolor. Tenía los ojos inflamados y las mejillas rojas. Entonces, buscó a la encargada del lugar y le pidió un favor. De inmediato, la mujer abrió su bolsa y le entregó lo que necesitaba. Olga volvió al baño y se maquilló con nerviosismo. Si bien la tristeza seguía ahí, logró disimularla un poco. Recién entonces se atrevió a volver a su casa. Durante la cena, mientras intentaba retener el llanto, le contó a la madre anécdotas falsas de un torneo inexistente.

—¿Nunca le dijo la verdad?

—Jamás.

Suspira.

—Qué soledad extrema vive quien no puede compartir su dolor, ni siquiera confesar por qué está sufriendo. Si me permite, aunque suene bestial, reivindico mucho más el pedido de Francisco, que intuía que si se quedaba solo iba a morir, que el de esta madre que le robó a su hija la posibilidad de un proyecto propio. Pobre Olga. Por culpa, dejó pasar su vida. Aunque, ¿quién le dice?, tal vez pudo ser feliz en algún momento —una paloma aletea entre las ramas y rompe el hechizo—. ¿Sabe qué fue de ella?

—No. Me mudé a los pocos años y no la volví a ver. Pero hace un tiempo, al terminar una conferencia, se me acercó alguien que dijo haber sido mi vecino en aquel barrio. Yo no lo recordaba. De todos modos, conversamos unos minutos y antes de despedirnos, me preguntó: «¿Tú conociste a Olga?». Le respondí que sí. «Ah, murió», dijo como si no importara. Al llegar a mi casa me senté frente a la biblioteca y me invadió el recuerdo de los libros, las estaciones de tren, las capillas y las confesiones que compartí con esa mujer maravillosa que acompañó mi adolescencia.

Mi voz se quiebra.

—Usted también hizo lo suyo —me dice—. Fue una compañía en medio de tanto dolor.

Me quedo pensando.

—«La mano de dos solitarios».

Sonríe.

—Puede ser —reflexiona—. Pero mejor vámonos, que está refrescando.

TRISTEZA-DEPRESIÓN-MELANCOLÍA

Odio la mañana, el café sin planes,
sin ti y en ayunas.

Ismael Serrano

Los casos de Valeria, Olga y Manuel proponen distintas soledades generadas por el ímpetu de una soledad reclamante. La primera, la soledad triste de Valeria a causa del pedido caprichoso de Amanda que apela a la culpa o al miedo de su madre para cumplir sus caprichos. La segunda, la depresión que surge ante la imposibilidad de vivir un amor por acatar un mandato. La tercera, la soledad impotente de un hijo que debe enfrentar la melancolía de su padre.

Si bien podemos entender que resulte doloroso sentirnos solos cuando los demás no hacen lo que esperamos o sus deseos se oponen a los nuestros, debemos resaltar que se trata de una demanda de amor imposible de satisfacer.

Toda pérdida trae aparejada una tristeza. Cuando alguien pierde lo que ama y no siente tristeza, es probable que esté reprimiendo sus emociones y más tarde experimente un dolor psíquico al que no le encontrará explicación.

En agosto de 2017, con motivo del lanzamiento de su obra *Sí. El psicoanálisis cura*, el doctor Juan David Nasio dio un seminario en Buenos Aires. Como prologuista del libro tuve el honor de acompañarlo en ese evento. En aquella jornada,

Nasio señaló diferencias entre lo que denominó *tristeza normal* y *tristeza depresiva.*

Según él, la tristeza normal es pasajera, mientras que la tristeza depresiva invade de forma permanente e insoportable y suele ir acompañada de una sensación de odio.

En el primer caso se sabe por qué se está triste, en tanto que en la tristeza depresiva la persona ignora los motivos de su depresión. Puede asociar alguna causa, pero no adentrarse al origen real de su sufrimiento.

La tercera discrepancia alude a cómo se enfrenta el duelo.

Todo el que sufre una pérdida importante (una persona, una ilusión, un trabajo, una etapa de su vida) tiene que realizar un duelo. Ya hemos definido el duelo como «la batalla dolorosa que debe llevar adelante todo el que ha perdido algo que ama».

En un proceso de duelo «normal», el *ensombrecido* va aceptando de a poco su pérdida y a pesar del dolor sigue adelante con su vida.

Dice Nasio: «A pesar de la desgracia que le abruma, la persona triste mantiene intacta la facultad de sentir la vibración interna de su deseo de vivir».

El depresivo, en cambio, se castiga, aborrece al «objeto» perdido, detiene su deseo y atraviesa un estado abúlico de la mano de un enojo permanente. Una sensación de odio por el amado que lo abandonó, la juventud que se fue, el jefe que lo despidió o el muerto que se ha ido.

Esa rabia que se esconde detrás de la tristeza contamina a la persona depresiva y la aleja del mundo.

A veces es difícil reconocer una depresión, porque el *padeciente* no demuestra dolor, pena o enojo. Aunque la anestesia emocional que lo recorre y la ausencia de interés por los asuntos de la vida revelan su malestar.

¿En qué consiste la depresión?

Se trata de un estado que, por lo general, muestra una gran tristeza producto de un golpe emocional. Un impacto que no siempre puede identificarse con claridad. Además, es un trastorno que provoca un desfase neurológico en el paciente.

Las neuronas son las células del cerebro. El intercambio de información entre ellas se denomina *sinapsis*. En el caso de la depresión, la sinapsis se lentifica. Entonces, la persona deprimida carece de voluntad para hacer cosas y de entusiasmo ante los estímulos. Por esa razón, los psicólogos solemos trabajar estos casos junto a un psiquiatra que prescriba la medicación necesaria para contrarrestar los efectos de esa perturbación neuronal.

El Psicoanálisis no ve en la depresión una enfermedad, sino una sintomatología que surge cuando el equilibrio psíquico se ve alterado por alguna circunstancia vital. Cualquier acontecimiento que impacte en la psiquis puede provocar esa descompensación. Sin embargo, no toda persona que recibe un golpe emocional se hunde en una depresión. Porque la causa externa, la pérdida actual, es solo el empujón.

¿De qué depende, entonces, que alguien caiga o no en un estado depresivo? De los condicionamientos internos. De la fragilidad psíquica que haya quedado luego de los sucesos de nuestra historia. Las personas depresivas portan una cicatriz que las hace vulnerables.

Digamos, entonces, que una depresión se produce por la coexistencia de una causa externa desencadenante y una predisposición interna. A esa predisposición la llamamos *neurosis*.

Durante aquella jornada, Nasio definió a la depresión como «la reacción dolorosa y enrabiada ante la pérdida de un objeto de amor enfermizo». Es decir, la mezcla de rabia y dolor que nos avasalla cuando perdemos algo que considerábamos imprescindible. Un objeto que alimentaba la ilusión de ser felices y estar completos. Perdido ese amor enfermizo, se pierde también la ilusión de completud y el deseo de vivir. La persona depresiva se critica y se flagela. Se siente poca cosa y experimenta una sensación de culpabilidad a la que se entrega de manera gozosa. Con placer masoquista.

Vemos cómo al golpe externo y a la predisposición interna, se suma el hecho de que el vínculo que unía al *$ujeto* con el objeto perdido era patológico. Una relación de excesiva dependencia. Porque el depresivo reeditaba, con su objeto de amor, un amor antiguo y reprimido. Es decir, que la pérdida actual es la repetición de una pérdida anterior sufrida en la infancia que ahora se renueva con una fuerza mayor.

Otro inconveniente que suele presentar este cuadro es la facilidad con que se alternan esos estados depresivos con momentos maniacos, hasta llegar a veces a lo que se denomina *psicosis bipolar*.

Resumiendo, se trata de un cuadro que manifiesta una tristeza exacerbada y permanente, una abulia que lleva a la inacción y una ausencia total de deseo. A veces, incluso, de deseo de vivir. Es una afección peligrosa porque, en ocasiones, los pacientes atentan contra su vida y sienten un odio feroz contra sí mismos por no haber sido capaces de conservar el objeto amado. También por el objeto perdido.

Escribió Ismael Serrano en una de sus canciones:

> Te odio.
> Odio las canciones de amor que traen tu recuerdo a mi casa.
> Las ganas de verte. Y odio el cielo en tu rostro y las dudas
> de echarte al olvido o llamarte para contarte qué sé yo…
> Que sigo existiendo, que te odio por fin, que no sé si el
> [mundo resiste sin ti
> Tanto, tanto, tanto, tanto te odio.

Te odio.
Odio la mañana, el café sin planes, sin ti y en ayunas.
Perdura tu aroma y lo odio.
Envuelto en papel de colores te envío bengalas, rencores.
Quizá recuerdes así que te odio. También tu sonrisa
y la brisa arañando tu piel, y mi corazón ya de paso.
Tanto, tanto, tanto, tanto lo odio.

Este viejo odio que hiela los jazmines
ama tu figura aborrecible.
Y así, si te marchas, quedan los rencores
para recordarme las razones
de por qué me eres imprescindible.
De por qué te extraño, aunque me olvides.

Te odio
Odio tu belleza y a mí. Me odio al saberme tan lejos
del viejo camino andado, rastreando hadas y cometas,
la estrella prendida en tu pelo.
Maldito lucero lo odio.

Odio odiarte tanto.
Saber que te encuentras perdida
y la vida me impide encontrarte.
Tanto, tanto, tanto, tanto te odio.

Y odio perseguir tu rastro cansado en este laberinto.
Cual hilo de Ariadna, tus huellas me llevan hasta el
[dulce tiempo
de besos, promesas lo odio.
Soy tan feliz a tu lado que odio que ya no estés cerca.

> Y empieza a cansarme este odio. Quizá si tuviera tus manos.
> Pero te odio tanto, tanto, tanto, tanto.

Como vemos, desde lo descriptivo, la depresión comparte muchos de sus síntomas con la melancolía. La diferencia radica en la mirada estructural. Mientras que la depresión puede aparecer en cualquiera de las estructuras psíquicas (neurosis, perversión o psicosis), la melancolía reclama su pertenencia al campo de las psicosis.

Tanto para el depresivo como para el melancólico, el otro es imprescindible. Lo extraña y, al mismo tiempo, lo odia. Odia su casa, las ganas de recuperar lo amado, los recuerdos y también se odia a sí mismo por estar perdido en un laberinto.

Hay quienes atraviesan un momento aislado de depresión, y otros que recaen de manera repetitiva. Son pacientes difíciles que presentan un cuadro de depresión crónica. En ambos casos, se trabaja con las causas históricas que moldearon esa psiquis endeble para ir más allá del golpe actual y llegar a la pérdida antigua que hoy se reedita.

Casi todos piensan que a los analistas nos interesa el pasado. Se equivocan. Nos interesa la manera en que ese pasado se repite en el aquí y ahora de nuestros pacientes y los empuja a cometer los mismos errores, a abrazar el mismo sufrimiento. Porque esa pérdida sufrida en la niñez se actualiza hoy. Por ejemplo, bajo la forma de síntomas depresivos que atormentan al paciente y ponen en riesgo su vida.

Además, los que creen eso cometen otro error. No nos importa el pasado, sino la historia.

El pasado es un cúmulo de hechos que ocurren desde que nacemos. La historia, en cambio, es la apropiación que cada *$ujeto* hace de esos hechos. Un relato. Una suma de palabras con las que armamos «nuestra vida». Un cuento que puede o no coincidir con aquellos sucesos del pasado. Por eso, suscribo: «Sí, el Psicoanálisis cura», como dijo Nasio. Porque genera un espacio donde la historia se cuestiona y puede transformarse en otra historia.

A la luz de estos conceptos, diremos que Manuel estaba triste. Veía cómo Francisco era víctima de la melancolía y soportaba sus reclamos permanentes sin poder satisfacerlos. Se sentía menos, culpable y, al mismo tiempo, enojado con su padre.

Algo parecido ocurría con Valeria. Las demandas de su hija la angustiaban porque la ponían frente a la encrucijada de seguir o no su deseo de volver a Argentina. También estaba triste y enojada.

Pude trabajar con ellos. Ninguno cayó en depresión.

Francisco, en cambio, se anuló. Desapareció. La psicosis melancólica que padecía lo llevó a un suicidio lento que culminó con aquella muerte repentina, aunque esperada.

En cuanto a Olga, mi querida Olga, la veo a la distancia atravesando una larga depresión. Su madre fue egoísta. Y ella no pudo enfrentar ese mandato reclamante.

A veces, a modo de consuelo, pienso que tal vez alguna de nuestras charlas alivió su dolor.

De cualquier modo, todos, Manuel, Valeria, Francisco, Olga, ustedes y yo, enfrentamos la soledad como podemos.

MONSTRUOS

Ariadna: ¿Por qué le tienes miedo? Es mi hermano.
Minos: Un monstruo no tiene hermanos.
Minotauro: Solo hay un medio para matar
los monstruos; aceptarlos.

JULIO CORTÁZAR

Monstruo proviene del latín *monstrum* y refiere a una señal, una advertencia de los dioses. También a un prodigio, algo maravilloso. Con el tiempo fue adquiriendo un significado religioso y se asoció a fenómenos sobrenaturales. Por ejemplo, un milagro. Más tarde, el término se aplicó a criaturas quiméricas, deformaciones de la naturaleza. Seres capaces de generar horror. Es decir, que la palabra varió su sentido de lo milagroso a lo cruel. De lo divino a lo demoniaco.

Por lo general, concebimos al monstruo como un ente horrible, con dos cabezas, cola o formas combinadas. Como la esfinge de Tebas. Aquella criatura mítica que asaltaba a los caminantes que pretendían llegar a la ciudad. Rostro de mujer, cuerpo de león y alas. Despiadada, devoraba a quienes no eran capaces de resolver el acertijo que les proponía. Que eran todos. Excepto Edipo, que al vencerla la llevó al suicidio.

En mi infancia, como todo niño, me sentí atraído por estas figuras extrañas.

Recuerdo el impacto al leer *El hombre invisible*, de H. G. Wells. Imaginé a aquel turista que entra a la posada totalmente vendado, cubierto por un sombrero, anteojos oscuros y guantes.

La figura era tan misteriosa que la dueña del hospedaje, la señora Hall, se obsesiona por averiguar el secreto de su extraño huésped, Hawley Griffin. Pero él solo le cuenta la verdad al doctor Kemp, un antiguo compañero de universidad. Le confiesa que desde hace tiempo se había obsesionado con un experimento: invisibilizar objetos, incluso seres vivos.

Conocedor de la física y los fenómenos ópticos, trabaja hasta lograr que las cosas sean imperceptibles a la mirada de los demás. Hasta que por fin lo consigue. Pero en el experimento él mismo se vuelve invisible. Peor aún, comprende que el proceso es irreversible. Que el éxito de su trabajo en realidad no ha sido más que un fracaso. Así se lo confiesa a su amigo:

> Cuanto más lo pensaba, Kemp, más me daba cuenta de qué absurda impotencia era un hombre invisible —en un clima frío y sucio y una ciudad civilizada y abarrotada. Antes de hacer este loco experimento, había soñado con mil ventajas. Aquella tarde todo parecía decepción. Repasé las cosas que un hombre considera deseables. Sin duda, la invisibilidad hacía posible obtenerlas, pero hacía imposible disfrutarlas una vez conseguidas. Ambición —¿de qué sirve el orgullo de posición cuando no puedes aparecer allí? [...] ¿Y para esto me había convertido en un misterio envuelto, una caricatura de hombre vendada y envuelta?

Consciente de su equivocación, se lamenta:

> Cometí un error, Kemp, un error al intentar llevar este asunto yo solo. He malgastado mis fuerzas, tiempo y oportunidades.

> Yo solo, ¡es increíble lo poco que puede hacer un hombre solo!, robar un poco, hacer un poco de daño, y ahí acaba todo.

Hawley Griffin se da cuenta de que no puede compartir sus logros ni interactuar con nadie. A partir de ese momento, se exilia en una colina, se convierte en ladrón y fuerza a un tal señor Marvel para que sea su ayudante. Y de a poco, se transforma en un monstruo. «Y lo que tenemos que hacer, Kemp, es matar».

Finalmente, el Dr. Kemp lo traiciona. Lo denuncia ante la policía y lo persigue hasta que lo encuentran y lo matan a golpes.

En esta novela, Wells, crítico del poder que la tecnología puede tener sobre los humanos, cuestiona el uso indiscriminado de la ciencia. Además, desnuda el daño psíquico que causa el aislamiento. Porque es probable que, en realidad, Griffin fuera un monstruo desde mucho antes. Desde que, como el personaje condenado a un año de inexistencia en *Dimensión desconocida*, fuera invisibilizado por la sociedad. Es decir, por los demás.

Se trata de una mirada interesante, en especial en este momento en el que los adelantos tecnológicos comienzan a abrir puertas que no sabemos si conducen a cielos o a infiernos.

Lacan sostuvo que el lenguaje nos diferencia de los animales. El goce de las máquinas.

La inteligencia artificial (IA) no goza. No le teme a lo real, a lo desconocido, a lo imposible de aprehender.

Sin embargo, renegando del «todo no se puede» (lo que nos hace humanos), nos obsesionamos por comprender lo incomprensible. Avanzamos, aunque el planeta diga «basta». Negamos el calentamiento global, la contaminación ambiental, lo inevitable de la vejez y de la muerte.

Con asombro, el mundo asiste a los avances que promete la IA. Sin embargo, no está de más cuestionar hasta dónde estamos dispuestos a llegar en el intento de ir por todo. De ser, como Víctor Frankenstein, «modernos Prometeos». Dioses. Seres capaces de dejar nuestra humanidad en manos de máquinas que piensen por nosotros o robots que reemplacen nuestras tareas.

Es una incógnita. O tal vez, no. No es difícil imaginar el futuro cercano casi como un abismo. Como sea, debemos estar atentos y hacer lo que podamos con el fin de no desaparecer.

Volviendo.

Quedé tan impactado por el relato de Wells, que fui en busca de más monstruos. Y ahí estaba Bram Stoker y su novela: *Drácula*. Una obra escrita bajo la forma de una suma de diarios íntimos que narra la historia de un vampiro. Como la luz del sol podía destruirlo, Drácula se encerraba cada día dentro de un ataúd. Por las noches salía en busca de la sangre que necesitaba para seguir existiendo. Y antes del amanecer volvía a su guarida.

Solo. Sin luz, sin amor. Es comprensible. Drácula era inmortal, y la muerte es indispensable para amar. Quien sea privado de la muerte, también lo será del amor.

Sócrates sostuvo que el amor es producto de la falta. En nuestro caso, falta de eternidad. Porque es la finitud la que nos impulsa a buscar la trascendencia bajo la forma del arte, el conocimiento, o el amor.

Contradiciendo a Spinoza (todo lo que es quiere perseverar en su ser), Borges dijo que nada peor podía pasarle que no morir, que ser eternamente Jorge Luis Borges. Lo entiendo. Porque alguien inmortal, sin miedo al tiempo y a la muerte, no encontraría motivos para crear o enamorarse. Un inmortal es también un monstruo.

Luego vino *Notre-Dame de Paris* y me trajo la historia de Quasimodo, aquel pobre jorobado que vivía en una soledad total, en el claustro del campanario de la Catedral de París. Victor Hugo, el autor, dice:

> Notre Dame había sido sucesivamente para él, a medida que crecía y se desarrollaba, el huevo, el nido, la casa, la patria, el universo.

Y después muchos más. El fantasma de la ópera, Jekyll y Hyde, La momia, y Moby Dick y su obsesionado perseguidor, el capitán Ahab, tan monstruoso como la gigantesca ballena blanca.

Aunque, más que el miedo que generaban aquellos monstruos, me impactó su soledad. La exclusión a la que estaban condenados por ser distintos, por no asemejarse a la mayoría. Soledades impuestas por quienes temían compartir sus propias soledades con ellos.

El monstruo es alguien diferente a lo que se espera. No se adecua a la norma y por eso es considerado «anormal».

Amparada en esta creencia, se ha catalogado de monstruosas a personas cuyo único pecado fue no ajustarse a la idea de «normalidad» que plantea la cultura. A los *diferentes* que el sistema deja afuera.

En mi juventud vi una película maravillosa: *Fanny y Alexander*, lo último que Ingmar Bergman realizó para cine. Una película que narra las desventuras de dos hermanos luego de la muerte de su padre.

Al principio, van a vivir a casa de un obispo, amante de su madre, que azota a Alexander y lo encierra en un ático donde es visitado por los fantasmas de la esposa y las hijas muertas del clérigo. Uno de los personajes se llama Gustav Adolf. Adolf, como Hitler. Bergman no escatimaba a la hora de presentarnos personajes monstruosos.

Pero el detalle que más me impresionó fue que los hermanos tenían prohibido entrar a una habitación donde estaba encerrado un monstruo.

Una noche, Fanny y Alexander se escabullen y abren la puerta del cuarto. Para su sorpresa, y la del espectador, se encuentran con Ismael, un joven hermoso que había sido confinado por ser homosexual. Ese muchacho que se había animado a contrariar el ideal de la época era el monstruo que escondían.

Como él, muchas personas sufrieron el aislamiento a causa de la ignorancia de un entorno que ve en lo diferente un peligro. Que confunde la mayoría con lo normal, y lo normal con lo sano. Hombres y mujeres que padecieron a causa de su religión, el color de su piel o su manera de vivir la sexualidad. Rasgos que hicieron que sufrieran desprecios y fueran obligados a soledades injustas.

El que es percibido como un monstruo no siempre es desagradable o maligno. A veces, simplemente es distinto a los demás.

Hoy, quien no se deja adormecer por el hipnotismo que propone la cultura y se aburre con las diversiones cotidianas, quien no mira series o no tiene redes sociales, resulta «raro». Y se queda solo.

Al comenzar el libro dijimos que la teoría de la relatividad abrió un mundo de posibilidades. Entre ellas, la de viajar en el tiempo. Suena delirante, pero no es imposible. De algún modo, todos viajamos en el tiempo. La psiquis humana va de los recuerdos del ayer a los sueños del mañana a cada instante. ¿Qué hace un trauma sino viajar desde el pasado para herir en el presente?

La vida es un viaje inevitable hacia un futuro que amedrenta o que deseamos. Un cúmulo de actos repetidos que vienen del pasado y nos alcanzan una y otra vez para herirnos, para frustrarnos, para hacernos sentir odio, culpa, fastidio o dolor. Un regreso inevitable a infancias que no mueren. Porque el Inconsciente es atemporal.

Salgamos de la analogía.

Hoy se sabe que, si se lograra superar la velocidad de la luz, podría efectivamente viajarse al pasado. Al futuro, como dijimos, viajamos en cada segundo de nuestra vida. Pero podríamos hacerlo más rápido si alteráramos la velocidad a la que nos movemos. Si tomáramos un avión que volara a una velocidad cercana a los trescientos mil kilómetros por segundo que recorre la luz, y nos fuéramos diez años, al volver a la Tierra habrían pasado casi trescientos.

En la citada película *Interstellar* —cuyo guion original fue escrito por el premio Nobel de Física Kip Thorne—, se ve cómo alguien que se va por poco tiempo, al regresar comprueba que su hija —una niña cuando partió— es ahora una anciana a punto de morir. Para ambos, padre e hija, la visión del otro tiene un efecto siniestro.

¿Qué pasaría si se descubriera congelado a un hombre Neanderthal y se le resucitara? Ese ser que hace cuarenta mil años caminaba con normalidad por el planeta nos parecería monstruoso. Sería aislado y sometido a toda clase de estudios. Condenado a una Soledad inmensa por ser diferente a nosotros. Por su parte, a él también le parecería monstruoso nuestro mundo.

¿Qué sentirían nuestros próceres, san Martín, Artigas o Belgrano, si pudieran vernos? ¿Y nosotros qué pensaríamos de ellos si los escucháramos hoy?

En su artículo «Lo ominoso», Freud se propone descubrir: «Ese sentido esencial y propio que permite discernir, en lo angustioso, algo que además es "siniestro"».

Es decir, que en lo siniestro hay algo que va más allá de la angustia. «Lo siniestro sería aquella suerte de espantoso que afecta las cosas conocidas y familiares desde tiempo atrás».

Freud señala que lo siniestro aparece cuando lo familiar se vuelve espantoso. Esa es su especificidad. «Lo siniestro causa espanto precisamente porque nos es conocido».

Dicho de otro modo, el efecto siniestro, traumático, se produce cuando algo de lo familiar se vuelve amenazante. Cuando alguien que debería protegernos es quien nos daña.

Mente siniestra (*El escondite*) es una película de terror psicológico protagonizada por Robert De Niro y Dakota Fanning.

Cuenta la historia de David Callaway, un psicólogo que, tras encontrar a su esposa suicidada en la tina, decide mudarse con su hija Emily, de 9 años, al norte de Nueva York. Cuando llegan, ella manifiesta tener un amigo imaginario llamado Charlie.

Al poco tiempo, comienzan a suceder cosas extrañas. La mascota aparece muerta en la tina. Según la niña, Charlie la mató. Poco después, Emily corta la cara de una muñeca. Se le ve alterada. Una amiga de la familia, Katherine, habla con ella para averiguar qué le ocurre. Pero la niña no quiere entablar amistad con nadie.

Todo se agrava cuando Elizabeth, una conocida, cae por la ventana de la habitación y muere. Nuevamente, Emily sostiene que Charlie fue el responsable.

Recién cuando David encuentra unos papeles que no había visto, se da cuenta de que padece un trastorno de identidad disociativo. Él es el amigo imaginario de Emily, el monstruo que acecha a su propia hija, el que mató a su esposa tras verla besándose con otro. Charlie es la identidad reprimida con la que descarga su furia. El habitante oscuro alimentado por su pulsión de muerte.

Emily está aterrorizada y llama a Katherine en busca de ayuda. Pero el monstruo intenta matarla también a ella. Emily le ruega que la deje ir. Charlie se distrae y Katherine aprovecha el momento para tomar un arma y le dispara. Entonces, David (Charlie) muere.

En la escena final ya transcurrió un tiempo. Emily vive con Katherine y se prepara para ir a la escuela. La cámara se detiene en un dibujo que hizo de sí misma. La figura muestra a una niña con dos cabezas.

Ahí vemos el efecto siniestro. Lo familiar que se vuelve desconocido. La amenaza que llega de quien debe cuidarnos. David, el padre, que es al mismo tiempo Charlie, el personaje amenazante.

Los abusos de la dictadura cívico-militar que gobernó a Argentina entre los años 1976 y 1983 generaron un impacto siniestro. Las fuerzas de seguridad que estaban para proteger al pueblo fueron las mismas que secuestraron, torturaron, robaron bebés, arrojaron personas vivas desde un avión y desaparecieron gente.

Un abuelo que cuida a su nieto y que, en lugar de protegerlo, abusa de él o lo lastima, produce un efecto siniestro.

Aunque no siempre lo monstruoso es siniestro.

La monstruosidad no está dada por el efecto traumático que produce. En ocasiones, alcanza con que alguien se aparte del ideal de su cultura. A veces, el monstruo es inocente.

Oscar Wilde fue encarcelado y sometido a un tratamiento hormonal por ser homosexual. Ese hombre, cuya tumba está llena de marcas de besos, en su tiempo fue considerado un monstruo.

Un inmortal o un santo son monstruosos.

El poeta Horacio Ferrer, «con quien tanto quise», como me escribió en una dedicatoria, imaginó la historia de un hombre que aparece de modo imprevisto dando vueltas por la ciudad.

Se trata de un eterno ciclista solo.
Tan solo que repecha las calles por las noches.
Usa las botamangas del pantalón bien metidas en las
[medias
y una boina calzada hasta las orejas.

Al parecer, nadie sabe de dónde viene ni hacia dónde va. De todos modos, Ferrer nos aconseja que, si lo vemos pasar, lo tratemos con mucho amor, porque puede que sea otra vez:

El flaco que tenía la bicicleta blanca.
Silbando una polkita cruzaba la ciudad.
Sus ruedas daban pena, tan chicas y cuadradas
que el pobre se enredaba la barba en el pedal.

Llevaba de manubrio los cuernos de una cabra.
Atrás, en un triciclo, cargaba un pez y un pan.
Jadeando a lo pichicho trepaba las barrancas,
y él mismo se animaba, gritando al pedalear:

¡Dale Dios, dale Dios…
meté, flaquito, corazón!
Vos sabés que ganar
no está en llegar sino en seguir.

Al principio, todos se detenían para verlo. Les parecía simpático, gracioso. Lo aplaudían entre bromas y risas. Él saludaba agradecido y repetía: «¡Dale Dios!».

Hasta que una noche, su horrible bicicleta con acoplado
entró a sembrar una enorme cola fosforescente.
¡Increíble!: los pungas devolvían las billeteras en los
colectivos;
los poderosos terminaban con el hambre;
los ovnis nos revelaban el misterio de la paz.
El intendente, en persona, rellenaba los pozos de la calle.
Y hasta yo, pibe, yo que soy las penas,
lloré de alegría bailando bajo aquella luz la polka del
[ciclista.

En ese momento, la historia da un giro inesperado.

La gente se da cuenta de que ese ciclista es diferente a ellos. Es un monstruo. Entonces, sin saber por qué, llenos de rabia, comienzan a agredirlo. Lo atacan por la espalda, lo hieren y destrozan su bicicleta.

Le dimos como en bolsa, sin asco, duro, en grande.
La hicimos mil pedazos. Y al fin yo vi que él
mordiéndose la barba gritó: «que yo los salve».
Miró su bicicleta, sonrió y se fue de a pie.

Sobre el final, el narrador intenta una disculpa que esconde un reproche:

Pero mi viejo flaco nuestro que andabas en la Tierra;
¿Cómo no te diste cuenta de que no éramos ángeles,
sino hombres y mujeres?

Los últimos versos nos invitan a pensar que, se gane o se pierda, la lucha vale la pena. Y, por qué no, dejan flotando una esperanza.

Flaco, no te pongas triste,
todo no fue inútil, no pierdas la fe
que, en un cometa con pedales,
dale que te dale, yo sé que has de volver.

La analogía entre «el flaco que tenía la bicicleta blanca» y Jesucristo es clara. El pez y el pan que llevaba en el triciclo, su autoarenga: «¡Dale Dios!», y su frase de despedida: «Que yo los salve», disipan toda duda.

Para los habitantes comunes de la ciudad, el flaco fue un monstruo.

También Cristo lo fue en su tiempo.

¿Qué se puede pensar de quien afirma que puede devolverles la vida a los muertos, levantar un templo en tres días, caminar sobre las aguas y transformar el agua en vino?

Sin duda, es un ser distinto. La cultura lo sabe, y por eso lo persigue, lo encarcela, lo tortura y lo crucifica.

Como pasa muchas veces con los hijos que quieren algo distinto al proyecto de vida que los padres planearon para su futuro; o con alguien que sigue su deseo, se separa y se vuelve monstruoso ante los demás por «haber roto un hogar»; o con quien ama a una persona distinta al ideal familiar. Y se quedan solos.

Se dice que Arthur Schopenhauer dijo alguna vez: «A quien todo lo ha perdido, le queda Dios todavía».

Dios como último resguardo ante la Soledad.

Cristo no tuvo esa suerte: Padre, ¿por qué me has abandonado?

Qué soledad inmensa. Como escribió Discépolo:

¡Qué desencuentro!
Si hasta Dios está lejano.

Borges imaginó un personaje, Asterión, que vive en una casa eterna, un laberinto. A diferencia del Minotauro, la casa de Asterión tiene sus puertas siempre abiertas. Alguna vez salió al mundo, pero decidió regresar.

> Algún atardecer he pisado la calle; si antes de la noche volví, lo hice por el temor que me infundieron las caras de la plebe, caras descoloridas y aplanadas, como la mano abierta.

Asterión tuvo miedo. La «gente común» lo aterrorizó. Vio en sus rostros la incomprensión, la locura. «No puedo confundirme con el vulgo; aunque mi modestia lo quiera».

No puede mezclarse con los demás. No hay otro para él. «El hecho es que soy único».

Es único. Por eso está solo. «¿Cómo será mi redentor?, me pregunto. ¿Será un toro o un hombre? ¿Será tal vez un toro con cara de hombre? ¿O será como yo?».

Cristo al menos había sido abandonado por su padre.

Asterión sufre la Soledad plena de quien ni siquiera puede imaginar a Dios. O teme que, quizás, también Dios sea monstruoso.

De igual manera, la soledad y Dios parecen excluirse.

En aquella conferencia de San Sebastián que antes mencionamos, Vicente Palomera Laforga dijo:

> Yo creo que la soledad moderna, lo que llamamos la soledad, en realidad como problema humano, como problema que nos concierne a nosotros directamente, data de hace poco tiempo. Cuando digo poco tiempo, me refiero a que en la historia de la humanidad hasta el siglo XVIII no podemos empezar a hablar del tema de la soledad.

Mientras todas las sociedades occidentales, fundamentalmente, están centradas en torno a la figura de Dios, es decir, que son teocéntricas, la existencia de Dios organizaba la existencia de los seres humanos en un vínculo cerrado, donde era imposible pensar que uno estuviera solo, siempre estaba en compañía de Dios.

Sabemos que en el siglo XIX Nietzsche anunció la muerte de Dios, que no es sino una consecuencia de la desaparición del lugar central que ocupaba en la historia y en la sociedad la figura de Dios. Y eso quizás ha hecho que surgiera el tema de la soledad con más fuerza.

El poeta Lucrecio habitó un tiempo difícil. Los antiguos dioses habían muerto y el Dios nuevo aún no había llegado. Como Asterión, caminaba un laberinto sin Dios.

El laberinto es un universo infinito. Infranqueable. Solitario. Un enigma que también obsesionó a Cortázar que, cierta vez, mientras viajaba en autobús, tuvo una visión diferente del mito de Teseo y el Minotauro.

Existe la versión oficial del mito.

Teseo es el héroe que entra en el laberinto, guiado por el hilo de Ariadna, para poder volver a salir, y busca a ese monstruo espantoso que es el Minotauro, que devora a jóvenes rehenes. Entonces lo mata y sale como el gran héroe.

Yo vi eso totalmente al revés.

Yo vi en el Minotauro al poeta, al hombre libre, al hombre diferente, y que por lo tanto es el hombre al que la sociedad, el sistema, encierra inmediatamente. A veces los meten en clínicas psiquiátricas, y a veces los meten en laberintos.

Cortázar ve en el Minotauro a un inocente. La mitología clásica, en cambio, hace de él un monstruo.

Parafraseando a Baudelaire, pienso: Dios mío, qué solos se quedan los monstruos.

Pero hay metamorfosis mucho más cotidianas.

Quien deja de amarnos se vuelve monstruoso. Su aspecto nos resulta familiar, pero es una persona distinta. Está en el mismo cuerpo, pero es otra. Su mirada ha perdido ese brillo que nos hacía felices. Se ha vuelto insensible a nuestro amor. Y nos deja solos frente a la indiferencia.

Francisco se había transformado en un monstruo para sus hijos que, al verlo venir por el pasillo, ya no sentían la alegría de cuando eran chicos. Ahora, como Emily, la niña de *Mente siniestra*, experimentaban el terror de la carga maligna que llevaba su presencia.

Manuel desplegaba en el diván su angustia ante la incomprensión. No entendía cómo era posible que el padre que había conocido, el mismo que alguna vez le diera calma, ahora le daba miedo.

Recuerdo todavía su grito de indignación:

—¡No es justo! Él debía ser bueno, amarnos a mi hermana, a mis hijos y a mí. Desearnos lo mejor. ¿Qué pasó? ¿Por qué se transformó en esto? Explícame, Gabriel. ¿Qué mierda pasa en la cabeza de alguien para que, de pronto, se convierta en la imagen del horror?

Detrás del discurso melancolizado, ese padre resultaba temible. El hijo y él eran dos monstruos. Y, como tales, estaban fatalmente solos.

Silvia Bleichmar relaciona el sentimiento de soledad con el concepto que Laplanche tradujo de Freud como *desayuda o desauxilio*. Y dice:

> En realidad, Freud alude a algo mucho más específico, que es que el desauxilio produce sentimientos de profundo desvalimiento; y yo aquí lo vincularía con los sentimientos de profunda soledad.
>
> [...]
>
> La ausencia del otro tiene que ver con el desvalimiento. Y Freud dice ahí claramente que ese niño queda a merced de la pulsión, del riesgo, cuando no está la presencia del otro.

A pesar de su madurez, en aquellos encuentros Manuel era un niño a merced de un padre voraz que con su demanda desmesurada lo ponía en riesgo.

A diferencia de Laplanche, Lacan tradujo el concepto freudiano como «des-ser». «(Des-étre), «des-ser», vale decir, como una desarticulación del ser, o como una carencia o caída del ser».

De nuevo la caída. Esta vez, del ser.

Es muy fuerte pensarlo así.

Ya dijimos que Spinoza sostuvo que todo lo que es quiere perseverar en su ser.

Ante su padre, Manuel perdía su ser, su identidad y su amor propio. Identificado con la pulsión de muerte de Francisco, perdía incluso las ganas de vivir. Y se quedaba en un infierno solitario. Porque, después de todo, retomando a Bleichmar:

> La soledad, ¿qué es? Una imposibilidad de reconocerse en el intercambio con el otro, una imposibilidad de disfrutar, no solamente de lo que el otro da, sino de lo que el otro tiene.

En ese entorno siniestro, Manuel y su hermana también eran monstruos para un padre que, en vez de hallar la ternura de sus hijos, encontraba miedo e incomprensión.

Así, Amanda era monstruosa para Valeria. Ya no era el bebé que había acunado, sino alguien que le exigía que renunciara a sus deseos. Y ella también había dejado de ser la mamá protectora para ser una mujer que abandonaba a su hija en busca de un destino propio. ¿Egoísta? Es probable. Una y otra. Y el náufrago de García Márquez, que de tanto ir «desesperado» comenzó a ser monstruoso para sí mismo. Olga que odió a su madre. Y esa madre que la condenó a la soledad. Y yo, que la olvidé durante años.

Ser humano es, en algún momento, ser un monstruo.

Y ser un monstruo es estar solo.

ISLA IV

—Hace rato que está en silencio.

—Estoy leyendo —me responde—. Escuche:

> El cariño de otra persona destruiría la razón de ser de mis crímenes, y me convertiría en algo cuya existencia, todos desconocerían. Mis vicios son los vástagos de una soledad impuesta y que aborrezco; y mis virtudes surgirían necesariamente cuando viviera en armonía con un semejante. Sentiría el afecto de otro ser y me incorporaría a la cadena de existencia y sucesos de la cual ahora quedo excluido.

Suspiro.

—Frankenstein, ¿no? Es como si el monstruo supiera exactamente lo que se siente al ser humano.

—Porque fue hecho por uno. Y luego rechazado por todos.

—Qué relato tan triste y hermoso a la vez.

—Así es. Sépalo —sentencia—: *Frankenstein* es un libro indispensable. Mire este párrafo:

> ¡Odioso día en el que recibí la vida! —exclamé desesperado—. ¡Maldito creador! ¿Por qué creaste a un monstruo tan horripilante, del cual incluso tú te apartaste asqueado? Dios, en su misericordia, creó al hombre hermoso y fascinante, a su imagen y semejanza. Pero mi aspecto es una abominable imitación del tuyo, más desagradable todavía gracias a esta semejanza. Satanás tenía al menos compañeros, otros demonios que lo admiraban y animaban. Pero yo estoy solo y todos me desprecian.

—¿Sabe quién escribió esto? —me pregunta.

—Mary Shelley, claro. Lo leí cuando era chico.

—Ella también era una adolescente cuando lo escribió. Tenía apenas 18 años.

—No entiendo cómo pudo adentrarse en semejante abismo.

—El origen de la novela es muy interesante. Fue en junio de 1816. En un verano raro.

—¿Por qué?

—Porque los días eran cortos, oscuros, y hacía mucho frío. Ocurre que el volcán Tambora, en Indonesia, había inundado el cielo con una nube de cenizas que tardó meses en disiparse. En ese ámbito, un grupo de viajeros llegó a Suiza, a las cercanías del lago Leman. Estaban Lord Byron, que venía exiliado de Inglaterra…

—¿Exiliado? —interrumpo—. ¿Por qué?

—Por imputación de incesto. Se le acusaba de haber tenido relaciones con su hermana. Lo acompañaba su médico, John Polidori. Un joven que en secreto tomaba nota de todo lo que hacía Byron. Quería estar preparado para un futuro escándalo editorial. Además, llevaban un perro, un mono y un pavo real. Poco después se les unieron Percy Shelley y su joven amante, Mary. Ellos también huían de la crítica social británica. Y tal vez, de la tragedia —lo interrogo con la mirada—. La esposa de Shelley.

—¿Qué pasaba con ella?

—La encontraron muerta en Hyde Park seis meses más tarde. Pero deje que siga con el cuento. La reunión fue organizada por Claire, hermanastra de Mary. La muchacha había tenido un romance con Byron y deseaba resucitar el vínculo.

—Estaba enamorada.

—Y embarazada. La lluvia y las tormentas los obligaron a encerrarse en la villa y se generó una fuerte convivencia.

—Imagino. Días y días sin poder salir. ¿Y qué hacían?

—Bebían, leían relatos de terror, hablaban de filosofía y de ciencia, y discutían acerca de la posibilidad de reanimar cadáveres. El clima se volvió tenebroso y Byron propuso un certamen. Ganaría quien escribiera la mejor historia de terror. Mary aceptó el desafío. Aunque estaba tan asustada que llegó a tener alucinaciones. Percy y Byron se aburrieron pronto y partieron rumbo a Montreux. Mary, en cambio, se quedó escribiendo sin salir de su cuarto.

—Tal vez no encontraba la idea para su relato.

—No, no fue por eso.

—¿Entonces?

—Soñó. Tuvo una pesadilla:

> Vi el pálido estudiante de artes profanas arrodillado junto a la cosa que había ensamblado. Vi al horrible fantasma de un hombre tendido, y luego, al accionar algún potente motor, dar señales de vida.

—Ese sueño se mezcló con las charlas sombrías, y con todo el dolor que arrastraba por la muerte de su madre y el exilio. Y Mary escribía y escribía. Al verla tan absorta en su literatura,

Polidori se sintió herido en su orgullo. Se puso a trabajar e, inspirado en la figura de Byron, dio nacimiento a su personaje: el vampírico Lord Ruthven.

—Es decir, que de aquel desafío oscuro nacieron al menos dos obras.

—Dos obras pioneras. *El vampiro*, que inspiraría a Bram Stoker para su gran obra, *Drácula*, y *Frankenstein o el moderno Prometeo*, considerada el nacimiento de la ciencia ficción moderna.

Guardamos silencio.

—No fue un encuentro vano, entonces —agrego—. ¿Y qué fue de ellos?

—Tuvieron un destino trágico, al igual que sus criaturas. Polidori se suicidó con cianuro en 1821. Percy Shelley se ahogó durante una tormenta un año después. Byron murió en 1824 víctima de una infección.

—¿Y Mary?

—Sobrevivió a todos, pero su vida fue muy difícil. En poco tiempo perdió a sus hijos y vivió acosada por el duelo. *Frankenstein* se publicó un año después de aquel verano. El nombre de Mary no estaba en la tapa. Tuvo que esperar un tiempo para que se le reconociera como autora de la novela. Años después, al recordar aquel encuentro en Ginebra, escribió: «*Frankenstein* nació de días felices, cuando no estaba sola».

Me quedo en silencio unos segundos. Luego, comento:

—Esa frase revela más de lo que aparenta. El monstruo de su novela expresa una soledad similar en uno de sus pasajes más desgarradores. Cuando le ruega al científico que le construya una compañera.

—Cuando el monstruo pide, al menos, otro monstruo para no estar tan solo.

Se detiene en una hoja y lee:

> Lo que te pido es razonable y justo; te exijo una criatura del otro sexo, tan horripilante como yo: es un consuelo bien pequeño, pero no puedo pedir más, y con eso me conformo. Cierto es que seremos monstruos, aislados del resto del mundo, pero eso precisamente nos hará estar más unidos el uno al otro. Nuestra existencia no será feliz, pero sí inofensiva, y se hallará exenta del sufrimiento que ahora padezco. ¡Creador mío!, hazme feliz; dame la oportunidad de tener que agradecer un acto bueno para conmigo; déjame comprobar que inspiro la simpatía de algún ser humano; no me niegues lo que te pido.
>
> Si consientes en mi petición, nosotros dos nos iremos a las selvas del sur de América; tú no volverás a saber de nosotros. Pero si te niegas, haré contigo una guerra que no terminará hasta que uno de los dos perezca.

—Y el creador volvió al trabajo.

—Sí —comenta— pero antes de concluir se arrepintió y, ante los ojos angustiados del monstruo que lo observaba por una ventana, destrozó con sus manos a la mujer que había creado.

—Tuvo miedo.

—Sí —comenta—. Al menos, eso dijo:

> ¿Quién puede asegurar que esta nueva hembra aceptaría su destino de retiro y sumisión? [...] Tal vez odiaría al otro tanto como los hombres lo odian. También podía suceder que ella tuviera su propia voluntad y opiniones. Incluso, lo que más me horrorizaba, podían unirse para engendrar una nueva raza de demonios que poblaría la Tierra.

—¿Entiende? Un monstruo odiando a otro. ¿Por ser otro o por ser espejo de su propio horror? —Me mira—. ¿En qué se quedó pensando?

—En las personas que, en la Villa de Byron, compartieron el encierro, el alcohol, el exilio, las charlas, el sexo… Y el arte, a pesar de todo. Una mezcla de miel y sangre.

—Como la pócima de Odín. La que le develó el secreto de la poesía.

—Pienso también en esa imagen surgida de una pesadilla.

—¿Insinúa que fue el monstruo el que eligió a Mary?

—Quizás. O fue ella la que le dio por fin una voz al exiliado. Al distinto. Al que, como todos, solo quiere ser amado —hago una pausa y pregunto—. ¿Y qué fue de la criatura?

—Enfurecido, el monstruo resolvió destruir el mundo de su creador. Mató a su mejor amigo y a Elizabeth, su novia, justo en su noche de bodas. El padre de Víctor murió de tristeza, y él decidió perseguir al monstruo hasta el fin del mundo. Pero al llegar al Ártico, las fuerzas lo abandonaron y se enfermó. Fue auxiliado por una embarcación comandada por el capitán Walton, a quien le contó la historia poco antes de morir. A los pocos días, atormentado por el remordimiento, el monstruo subió al mismo barco y le prometió al capitán que se mataría. Que le pondría fin a su vida. No soportó la culpa.

—O la soledad. Como su verdadera creadora: Mary. La que lo engendró en sus pesadillas. La mujer que desafió la moral de su tiempo y que quedó aislada por ser distinta. Por ser monstruosa. Y afrontó sus duelos como pudo.

—Es cierto. A lo mejor en eso radica la magia de la obra. En que la autora y el personaje, la mujer y la criatura, comparten la fatal condena de estar solos.

Guardamos silencio de nuevo. Al rato, digo:

—Le agradezco por hablarme de estas cosas.

—No me dé las gracias. Hablarnos es todo lo que tenemos.

SEGUNDA PARTE

LA SOLEDAD DEL HABLANTE

El inconsciente es que en suma uno habla solo.
Uno habla solo porque uno no dice jamás
sino una sola y misma cosa, salvo si uno
se abre a dialogar con un psicoanalista.

JACQUES LACAN

Lo engañoso. Lo creativo. Lo inaprensible

La mañana era gris. Hacía frío y llovía de manera persistente.

Al salir, el viento me dio en la cara.

Me coloqué los audífonos, puse el poema sinfónico de Bedřich Smetana y enfilé hacia el Moldava, el río que lo había inspirado. Me detuve cerca de la ribera. Las aguas revueltas eran la imagen exacta de aquella melodía. Cuando terminó la obra, reanudé la marcha hasta el puente de Carlos IV que, como una herida abierta, lleva al corazón de Praga. Caminé entre sus esculturas y desemboqué en una calle que parecía venir de tiempos lejanos.

Estaba emocionado. Ya había recorrido ciudades más grandes y tal vez más importantes. Pero esta me conmovió de manera especial. Latía. Me susurraba al oído. Estaba viva.

Al llegar a «la torre del reloj» entendí el secreto de su magia. Un siglo atrás, por esas mismas calles, un hombre taciturno había arrastrado su soledad. Una soledad escondida en páginas sublimes que acompañaron muchos de mis días.

Franz Kafka fue un joven atormentado al que siempre le dolió la vida. Amó a Felice Bauer y sufrió por ella. La relación conflictiva con su padre y con el mundo lo colmó de angustia. Con esa arcilla modeló su obra. *La metamorfosis*, *El castillo*, *El proceso*, *El desaparecido* o *La condena*, expresan su tormento. Algunas de sus páginas, las que componen sus famosos *Diarios* —que construyó entre 1910 y 1923— me parecen las más crueles. Esas letras hieren como dagas existenciales. No es raro. Kafka murió un año después.

Me detengo en algunas de sus frases.

> Me aislaré de todos hasta la inconsciencia. Me enemistaré con todos, no hablaré con nadie.
>
> Incapaz de vivir, de hablar con seres humanos. Completo ensimismamiento, un pensar exclusivamente en mí mismo. Apático, falto de ideas, angustiado. No tengo nada que decir, nunca, a nadie.

Kafka, como Sartre, veía el infierno en los otros. Los que no escucharon sus palabras ni entendieron su dolor. Los que lo dejaron solo.

> Estamos abandonados como niños extraviados en el bosque. Cuando permaneces ante mí y me miras, qué sabes tú de los dolores que hay en mí y qué sé yo de los que hay en ti…

Si para Heidegger somos seres arrojados a un mundo de posibilidades, para Kafka, en cambio, hemos caído a un mundo donde la incomprensión y el malentendido nos dejan fatalmente solos.

Su obra está plagada de personajes solitarios. Como si de su desgarro más íntimo hubieran nacido algunos de esos seres aborrecidos por la humanidad a los que dio vida: Gregor Samsa, Josef K., o Karl Rossmann.

Uno de ellos me impresionó de manera especial. Tanto, que en la adolescencia tuve algunas pesadillas con él.

Se trata del personaje que aparece en el penúltimo capítulo de *El proceso*, cuando Josef K. entra en una catedral y conversa con un sacerdote que le cuenta una parábola que despliega lo que el mismo K. estaba atravesando.

Kafka había escrito el texto un tiempo antes como un cuento autónomo. Luego decidió incorporarlo a la novela. Es tal su potencia que no solo se convirtió en una de las escenas clave del libro, sino que además recuperó su entidad como cuento corto: «Ante la ley». Un relato estremecedor.

> Ante la ley hay un guardián. Un campesino se presenta frente a este guardián, y solicita que le permita entrar en la ley. Pero el guardián contesta que por ahora no puede dejarlo entrar. El hombre reflexiona y pregunta si más tarde lo dejarán entrar.
>
> —Tal vez —dice el centinela— pero no por ahora.
>
> La puerta que da a la ley está abierta, como de costumbre; cuando el guardián se hace a un lado, el hombre se inclina para espiar. El guardián lo ve, se sonríe y le dice:
>
> —Si tu deseo es tan grande, haz la prueba de entrar a pesar de mi prohibición. Pero recuerda que soy poderoso. Y solo soy el último de los guardianes. Entre salón y salón también hay guardianes, cada uno más poderoso que el otro. Ya el tercer guardián es tan terrible que no puedo mirarlo siquiera.
>
> El campesino no había previsto estas dificultades; la ley debería ser siempre accesible para todos, piensa, pero al

fijarse en el guardián, con su abrigo de pieles, su nariz grande y aguileña, su barba negra de tártaro, rala y negra, decide que le conviene más esperar. El guardián le da un escabel y le permite sentarse a un costado de la puerta.

Allí espera días y años. Intenta infinitas veces entrar y fatiga al guardián con sus súplicas. Con frecuencia el guardián conversa brevemente con él, le hace preguntas sobre su país y sobre muchas otras cosas; pero son preguntas indiferentes, como las de los grandes señores, y, finalmente siempre le repite que no puede dejarlo entrar. El hombre, que se ha provisto de muchas cosas para el viaje, sacrifica todo, por valioso que sea, para sobornar al guardián. Este acepta todo, en efecto, pero le dice:

—Lo acepto para que no creas que has omitido ningún esfuerzo.

Durante esos largos años, el hombre observa casi continuamente al guardián: se olvida de los otros y le parece que este es el único obstáculo que lo separa de la ley. Maldice su mala suerte, durante los primeros años audazmente y en voz alta; más tarde, a medida que envejece, solo murmura para sí. Retorna a la infancia, y como en su cuidadosa y larga contemplación del guardián ha llegado a conocer hasta las pulgas de su cuello de piel, también suplica a las pulgas que lo ayuden y convenzan al guardián. Finalmente, su vista se debilita, y ya no sabe si realmente hay menos luz, o si solo lo engañan sus ojos. Pero en medio de la oscuridad distingue un resplandor, que surge inextinguible de la puerta de la ley. Ya le queda poco tiempo de vida. Antes de morir, todas las experiencias de esos largos años se confunden en su mente en una sola pregunta, que hasta ahora no ha formulado. Hace señas al guardián para que se acerque, ya que el rigor de la muerte comienza a endurecer su cuerpo. El guardián se ve obligado a agacharse mucho para hablar con él, porque la disparidad de estaturas entre ambos ha aumentado bastante con el tiempo, para desmedro del campesino.

—¿Qué quieres saber ahora? —pregunta el guardián—. Eres insaciable.

—Todos se esfuerzan por llegar a la ley —dice el hombre—; ¿cómo es posible entonces que durante tantos años nadie más que yo pretendiera entrar?

El guardián comprende que el hombre está por morir, y para que sus desfallecientes sentidos perciban sus palabras, le dice junto al oído con voz atronadora:

—Nadie podía pretenderlo porque esta entrada era solamente para ti. Ahora voy a cerrarla.

Un guardián y un campesino. Nada más.

Para mantener al hombre afuera, el guardián habla con palabras que no conducen a nada. Es un «discurso amo» (Lacan). Un lenguaje que opera como poder (Foucault), no un intento de comprensión. «No puede entrar ahora», «quizás más tarde», «es posible». Palabras vacías que no comunican, no explican, ni persuaden. Apenas si confunden, o postergan. Lejos de orientar, el discurso del guardián detiene al *$ujeto* en el umbral, cautivo de un lenguaje que simula sentido, pero solo produce angustia y exclusión.

Por su parte, el campesino espera y soporta, movido por el deseo de conocer lo inasible: la ley, que nunca se presenta en plenitud. Siempre esquiva. Siempre mediada por un lenguaje que promete acceso al tiempo que lo difiere hasta el infinito.

El hombre no entiende. Y en esa incomprensión, solo ante ese gran Otro (A), juega su vida atrapado en una encrucijada entre el deseo de saber qué hay más allá y la imposibilidad de lograrlo.

La genialidad de Kafka devela cómo se articula el deseo en los humanos. Deseo de algo que nunca sabremos muy bien qué es, y que jamás podremos alcanzar.

Una página y media y solo dos personajes le alcanzan para plasmar la tragedia del *hablante*: la búsqueda de algo que jamás podrá encontrarse. En el relato, la ley. Para nosotros, la verdad.

También hablaremos de eso.

Recorro mi biblioteca y me detengo en una carta. Igual de feroz.

> Queridísimo padre:
>
> Hace poco me preguntaste por qué digo que te tengo miedo. Como de costumbre, no supe darte una respuesta, en parte precisamente por el miedo que te tengo, en parte porque para explicar los motivos de ese miedo necesito muchos pormenores que no puedo tener medianamente presentes cuando hablo.
>
> Y si intento aquí responderte por escrito, solo será de un modo muy imperfecto, porque el miedo y sus secuelas me disminuyen frente a ti, incluso escribiendo, y porque la amplitud de la materia supera mi memoria y mi capacidad de raciocinio.

Kafka escribió esta carta a su padre en 1919, pero nunca se la envió. Al parecer, se la confió a su madre, quien decidió no entregársela a su esposo, Hermann, para evitar problemas.

Al momento de escribirla, pasaba una profunda crisis personal. Su noviazgo con Julie Wohryzek se hundía, y una de las causas era que su padre no aprobaba la relación.

Frente a él, el escritor se sentía inseguro y atemorizado. Nada de lo que hiciera era suficiente para lograr el reconocimiento que anhelaba.

En esa carta, Kafka presenta a un padre tirano que no pierde la oportunidad de humillarlo y de ponerlo en ridículo. Con su severidad, el hombre avasalla la niñez de su hijo, a quien siempre hace sentir menos. El autor afirma que esta relación fue el origen de sus dificultades emocionales y su permanente complejo de inferioridad.

Carta al padre nos permite hurgar en la psicología de Kafka y comprender la raíz de la angustia existencial que recorre su obra.

El texto estuvo perdido hasta que Max Brod, amigo y albacea de Franz, lo encontró junto con otros documentos y decidió publicarlo en 1952.

Como Charlie, el personaje de Robert de Niro en la película *Mente siniestra*, Hermann es el monstruo que atormenta a un hijo que le tiene tanto miedo, que ni siquiera se anima a confesárselo. Esta potenciación del miedo que despliega la carta pone en juego la imposibilidad de decirlo todo, ese más allá de las palabras.

> Para explicar los motivos de ese miedo necesito muchos pormenores que no puedo tener medianamente presentes cuando hablo.

¿Cuántas veces enfrentamos este dilema?: «No sé cómo decirlo... No encuentro las palabras». Así, tampoco el escritor encuentra la manera de explicar la raíz de su miedo y confiesa la existencia de un dolor imposible de ser dicho: *La amplitud de la materia supera mi memoria y mi capacidad de raciocinio.*

A esa «materia» cuya amplitud supera todo raciocinio, en este libro, la llamamos *goce*. También, *lo real.*

Tres registros. Un *$ujeto*

Lo real, lo simbólico y lo imaginario, son tres registros que dan cuenta de cómo los *hablantes* nos relacionamos con el mundo. Desde dónde nos acercamos e interpretamos la realidad.

Hemos hablado del estadio del espejo, esa etapa en la que se constituye el Yo y a partir de la cual podemos diferenciarnos de los demás. Y amar.

Una vez atravesada esa experiencia, ingresamos al registro de lo «imaginario». El mundo que podemos percibir con los sentidos. La «realidad» donde nos movemos a diario.

Veamos en un ejemplo cómo se entrelazan lo imaginario, lo simbólico y lo real.

Supongamos que dos personas están conversando acerca de la luna llena que observaron juntas la noche anterior. Una de ellas comenta que nunca la había visto así de hermosa. Casi roja y tan grande que parecía estar más cerca que de costumbre.

Si la otra fuera el poeta Fernando Rabih, le diría:

> Será que anoche, de tanto nombrarla,
> la luna gitana nos vino a buscar.

La percepción de la primera persona pertenece al registro imaginario. Lo que captamos con los sentidos. Esa luna rojiza que se veía más grande y próxima que de costumbre. Los versos de Rabih, en cambio, saltan por encima de lo aparente, utilizan el lenguaje —simbólico— y generan un acto creativo, una metáfora, un sentido nuevo que no estaba en la captación directa de la imagen: una «luna gitana» que escucha que se habla de ella y decide ir a buscar a esos *hablantes* reunidos en su nombre.

¿Qué diríamos desde el registro de lo real? Que más allá de lo percibido por la primera persona, y de lo que el poeta simbolizó, aquella noche la luna tenía el mismo tamaño de siempre, se encontraba a igual distancia de la Tierra, no le importaba que hablaran de ella, no tenía una superficie roja y tampoco fue a buscarlos.

Desde lo imaginario, parado en la ribera, en Praga, vi la ferocidad del río Moldava mientras la lluvia me mojaba. Smetana, con su genio musical, encontró un mundo simbólico de sonidos para crear una belleza que no existía hasta entonces. Lo real es que, independientemente de mi percepción y de la obra musical, la lluvia no tenía ninguna intención de mojarme y el Moldava no es más que agua en movimiento.

De igual modo, en una reunión, alguien puede ser percibido como una persona más. Quien lo ama, en cambio, lo verá especial. Porque el enamorado, como el poeta, crea un universo simbólico que traspasa lo perceptible a simple vista. Ahora, si en esa reunión estuviera el cirujano que operó a esa persona en un quirófano, sabría que es un organismo biológico con unos cinco litros de sangre, venas, arterias, músculos y huesos. Aunque tenga algo más que ni el médico ni el enamorado pueden ver. Una energía pulsional (goce) que lo recorre y lo empuja a lastimar o lastimarse.

Lo real es el registro más difícil de explicar porque no puede ser simbolizado ni imaginado. Para nosotros, humanos, hay dos grandes temas donde se pone en juego este registro: la sexualidad y la muerte. Dos enigmas que nos dejan solos, nos obsesionan y nos empujan a la búsqueda incesante de un sentido imposible. La mitología, la religión, la ciencia o el arte, no son más que intentos de arañar con lo simbólico algo de ese real inaprensible. Así, Thor con su martillo dio un sentido posible a los truenos y relámpagos que surcaban el cielo nórdico. Afrodita explicó la pasión que sentían los griegos, y Jehová, las plagas de Egipto.

Pero ¿qué hay más allá de la muerte? ¿Con qué goza un ser humano? ¿Por qué algunas personas aman a hombres, otras a mujeres, a los dos, o a sí mismos, o a nadie? ¿Por qué otros ni siquiera pueden quererse un poco? ¿Por qué alguien se percibe hombre, mujer o no binario? Estas son las incógnitas ligadas a lo real. Misterios que muchos prefieren ignorar, y otros se esfuerzan por comprender.

Estos tres registros están anudados en cada uno de nosotros y se ponen en juego en todo momento.

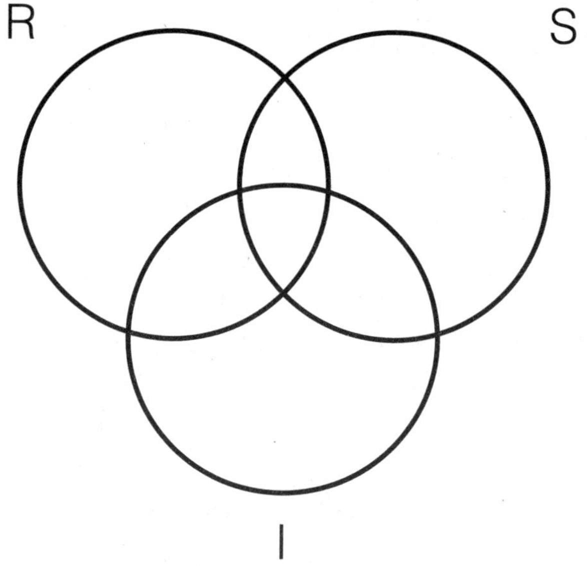

Aunque hay patologías donde este nudo se desarma.

El psicótico, por ejemplo, indiferente a lo imaginario y lo simbólico, se mueve en el mundo de lo real. Entonces, su literalidad hace que, al pedirle que hable más alto, en lugar de alzar la voz, se ponga de pie o se suba a un banco. Porque falla el registro simbólico que permite metaforizar y combinar sentidos posibles a partir del juego de las palabras. También aparecen problemas en el registro imaginario. De ahí los trastornos de la percepción y el pensamiento: alucinaciones y delirios.

Los chistes siguen las reglas de la psicosis. Apelan a esa literalidad. Causan gracia porque eluden el poder metafórico de la palabra y generan la aparición de lo absurdo.

Resumiendo: lo imaginario es el mundo engañoso de la percepción; lo simbólico, el universo creativo del arte y la palabra; lo real, un abismo desconocido que apenas podemos bordear.

Sabemos de ese abismo porque somos seres del lenguaje.

Las rocas, las plantas y los animales no mueren, aunque dejen de existir. Porque desconocen la existencia de la muerte. No la anticipan, no le temen. Nosotros, en cambio, queremos comprenderla, eludirla, e incluso, vencerla. Encontrar remedios para las enfermedades y alargar la expectativa de vida. Lograr la inmortalidad.

Las rocas, las plantas y los animales, tampoco aman ni se erotizan. Porque carecen del deseo que surge cuando se pierde la necesidad.

¿Qué nos hace tan distintos a las otras especies? La palabra.

Somos humanos porque habitamos un mundo de palabras. Un mundo lleno de imágenes y personas que no veremos jamás y que, sin embargo, nos recorren. Padres que han muerto y abuelos que ni siquiera llegamos a conocer. La palabra nos deja solos y nos abriga. Nos protege y nos expone. Nos acompaña y nos abandona. Es nuestro cielo y nuestro límite. Solo de su mano podemos avanzar hacia el misterio de la vida. Un enigma que jamás develaremos.

La palabra es abismo. Es al mismo tiempo herramienta y conflicto; comunicación y malentendido; mentira y verdad.

Somos *hablantes* que caminan entre el amor y la ausencia, entre la felicidad y la angustia, entre el deseo y la confusión. Y en esa confusión nos jugamos la vida. Siempre de la mano de la palabra.

Dar la palabra es darse uno mismo, cuando no se trata de una palabra vacía. Porque no siempre que hablamos decimos algo de nosotros.

La única palabra importante es la que lleva nuestra sangre. La que nos modifica, nos compromete y nos define. Esa es una palabra plena. Una palabra que rara vez ponemos en juego.

Nos recorre una paradoja: estamos obligados a hablar y, al mismo tiempo, a admitir que siempre habrá algo que no podremos decir. Una diferencia entre lo que sentimos y lo que expresamos, entre lo que pedimos —a veces suplicamos— y lo que recibimos de quien nos escucha. Porque todo lo decimos a medias. La obligación legal de decir «la verdad, toda la verdad, y nada más que la verdad» promueve un juramento condenado al fracaso. Aunque queramos ser sinceros, siempre algo de nosotros quedará aislado. Oculto. Indescifrable. Solo. Algo que las palabras no pueden capturar.

Lacan sostuvo que alguien puede estar seguro de lo que dijo, pero no de lo que el otro escuchó de lo que él dijo.

Como vimos en el esquema de la «separación», también la palabra deja un resto caído —un «a»— imposible de significar.

En todo discurso hay una pérdida. Por la decodificación que debe hacer quien nos oye, y también por nuestra imposibilidad de encontrar las palabras que comuniquen con exactitud lo que deseamos. Pero hay además una tercera pérdida —que en realidad es primera, fundacional— que surge del *goce* innombrable que nos recorre. Del desconocimiento acerca de qué queremos decir cuando decimos.

Con la palabra nace el malentendido. Y la demanda. Porque toda palabra pide una respuesta. Aunque la frase no lleve el tono de una pregunta, quien habla siempre espera una contestación. Y cualquier réplica tendrá ese valor. Incluso el silencio. Lo entiende la persona que ve que su madre, o su jefe, lo miran y permanecen callados. Sabe que algo están diciendo. Que esa mirada muda es otra de las formas de la palabra. Quizás la más potente. Porque en el silencio habitan todas las palabras posibles. Para el ser humano no existe el silencio total, el silencio de la naturaleza. Existe el silencio que habla.

Quien entra a su casa y ve que su pareja lo recibe sin decir nada, sin una sonrisa o un abrazo, percibe esos gestos silenciosos como atronadores. Y se pregunta qué hizo, se siente culpable, o no sabe por qué se enojaron con él. Aunque nadie le recriminó algo, ni le manifestó su enojo, intuye que las cosas no están bien. Porque, parafraseando a Alejandro Dolina, no hay señal más fuerte que la ausencia de señales.

Los analistas utilizamos el término «significante» para aludir a gestos, frases, actos o palabras que representan a una persona y nos dicen quién es, qué pretende, qué siente y qué relación establece con nosotros.

Imaginemos que alguien nos pidiera en un ascensor que nos quitemos la ropa y nos acostemos en el piso. Intimidados, o molestos, reaccionaremos en contra del agresor. Pero si esa persona nos lo pidiera vestido con una bata blanca y dentro de un consultorio, obedeceríamos sin protestar. Porque la vestimenta y el contexto le otorgan un Significante —*doctor*— que le da autoridad para exigir lo que cree necesario. Es la misma persona, pero no lo es, porque su Significante ahora es otro. Ya no «agresor», sino «médico».

Como la bata o el consultorio, a veces un gesto, un acto, una expresión, o incluso la parte de una palabra, pueden cobrar ese valor Significante que incluso escapa a la voluntad del *$ujeto*. Por eso, aunque lo ignore, quien cree no decir nada, dice más de lo que cree.

ISLA V

—¿Qué le pasa? —me pregunta—. Lo veo muy serio.

Me tomo unos minutos y le digo:

—Hoy fue un día difícil. Una paciente acaba de enterarse de que su esposo tiene una enfermedad grave. Otro se fue de la casa aprovechando un viaje de su mujer. No se animó a hablar con ella y huyó. Hace tiempo le vengo señalando que de los lugares hay que irse, no escaparse. Pero no escuchó.

—Lo hizo como pudo.

—Lo hizo mal. Y es un acto que tendrá consecuencias.

—Lo sé.

—Encima, como corolario, recibí la noticia de que falleció Beba, una expaciente a la que quería mucho—.

—Qué pena —dice con sinceridad—. ¿Joven?

—No. Era una anciana. Hace años que no la veía. Pero, aun así, la noticia me impactó. Quedé inmerso en los recuerdos de aquellas sesiones que compartimos.

—Cuénteme. A lo mejor, hablar le ayuda.

Me acomodo en el sillón.

—Era una persona maravillosa. Se quedó sola siendo muy joven. Su mamá murió cuando ella era muy chica, el padre volvió a casarse con una mujer que nunca la quiso, y la enviaron a vivir con una abuela demasiado grande para ocuparse de Beba. Después se casó y enviudó al poco tiempo. No tuvo hijos.

—Una historia complicada —comenta.

—Siempre me preguntaba: «¿Para qué sirve la vida, Gabriel? Es una broma de mal gusto». Y ahora la broma terminó.

—Para ella, sí. Pero usted sigue aquí. Dando batalla, también como puede.

—Así es —respondo mientras me levanto a buscar un café. Al volver, le pregunto—: ¿Qué estaba haciendo?

Sonríe.

—Hoy tuve un día de cine —lo miro—. Herzog, ¿lo conoce?

—Claro —vuelvo a sentarme—. Hizo obras memorables. ¿Qué película vio?

—Vi dos. *Aguirre, la ira de Dios*, y *El enigma de Kaspar Hauser*.

—Más solitarios —comento.

Me mira y dice:

—¿Usted sabe que *El enigma de Kaspar Hauser* está basada en un caso real?

—Algo escuché, pero si me lo recuerda, se lo agradezco.

—Kaspar Hauser fue un muchacho que apareció en Núremberg en 1828, después de pasar toda su vida encerrado en un calabozo, casi sin contacto con ningún humano.

—¿Al menos sabía hablar? —interrogo.

—Decía pocas frases, no entendía demasiado. Con el tiempo, algunas personas intentaron conocer su origen y ayudarlo. Pero cuanto más conocía la sociedad a la que había llegado, menos le gustaba. Y a pesar de sus limitaciones, el personaje empezó a comunicar una mirada que, aunque parecía inocente, escondía una crítica feroz.

—Y al final, ¿logra adaptarse?

—No del todo. El mundo burgués lo sorprende. En su intento por comprenderlo pregunta cosas ingenuas, a veces filosóficas, y otras, demasiado profundas. Por ejemplo, en una escena, después de escuchar a un músico, llora y pregunta: «¿Por qué no se puede tocar el piano como se respira?».

—Y… es Herzog.

—Sí. Herzog aprovecha a ese joven, a ese ser humano en estado casi natural, para hacer una sátira de este mundo supuestamente civilizado que primero lo recibe, luego lo estudia, y finalmente lo destruye. Por eso, Kaspar le dice a quien lo adopta: «A mí los hombres me parecen lobos».

—Creo recordar que jamás se termina de saber quién fue, ni por qué fue encerrado. ¿No?

—Así es. Como Josef K., el personaje de *El proceso*. Esa novela que tanto le gusta.

—Sí —respondo—. Pero esta historia me recordó a Chance, el protagonista del libro *Desde el jardín*, de Jerzy Kosinski.

—Ah, sí —contesta con entusiasmo—. También vi la película con Peter Sellers.

—Lea la novela —lo increpo—. Vale la pena.

—Recuérdeme el argumento.

—Déjeme hacer memoria. Espero no equivocarme. La leí en mi adolescencia.

—Dentro de algún tren, imagino.

—Seguramente —sonrío—. Kosinski narra la historia de un hombre que fue adoptado de niño por el jardinero que lo encontró en la calle y decidió criarlo en la mansión en que trabajaba. El hombre lo aloja en el jardín, en una habitación junto a la suya, y le transmite todos los secretos acerca de la jardinería, y jamás lo deja salir a la calle. Así, los árboles, las flores y las estaciones del año eran todo su mundo.

—Es decir, que como Kaspar Hauser, Chance también estuvo preso, pero en un jardín —comenta.

—Sí. Solo tenía una televisión. Ese aparato era el único nexo con la realidad exterior —hago una pausa—. Cuando su protector murió, él ocupó el puesto de jardinero principal de la residencia. Pero a los años después, también falleció el dueño de la propiedad, y los herederos decidieron vender todo. Entonces, despidieron a Chance y lo echaron de la casa. Y el pobre jardinero salió a un mundo que desconocía por completo.

—Debe haber sido una experiencia muy extraña para él —comenta.

—Claro. En cuanto pisó la calle lo atropelló un automóvil.

—Una tragedia.

—No. Una desgracia con suerte. Porque era el vehículo que trasladaba a la esposa del presidente de los Estados Unidos. Además, Chance no salió demasiado lastimado, y como la mujer se sentía responsable del accidente, lo llevó a la residencia presidencial y se hizo cargo de él.

—Imagino cómo lo habrán atendido —comenta.

—Como a un rey. Pero lo más importante es que de a poco fue entablando una relación cercana con el presidente.

—Qué interesante. Continúe, por favor —me incita.

—Todo comenzó cuando el mandatario le dijo que transitaban un tiempo muy complicado. Chance le restó importancia al comentario y le respondió que el invierno siempre es difícil, porque las hojas caen y las plantas parecen morir, pero que es algo pasajero, porque ya vendrán la primavera, el verano, y el jardín volverá a florecer. El presidente le agradeció esas palabras que interpretó como un gesto de confianza a su gestión.

—Es decir, que no entendió nada de lo que el jardinero le dijo.

—Sí, pero lo metaforizó. Algo que Chance no podía hacer. Él hablaba de jardinería, y en su mente, el presidente construyó una alegoría de los tiempos económicos que estaban atravesando.

—El famoso malentendido que producen las palabras —sentencia.

—Tal cual. El hecho es que la relación siguió avanzando, e incluso el mandatario lo citó en un discurso público. Y así, de confusión en confusión, el nombre de Chance empezó a hacerse popular y a ser evaluado como posible candidato a la presidencia de los Estados Unidos.

—Increíble. Cosas que solo pasan en una ficción —me dice con sorna.

—Mejor sigamos con la historia —sonrío.

—Dele, lo escucho.

—En una cena con los representantes más importantes del mundo, Chance se sentó junto al embajador de Rusia, piense que estábamos en plena Guerra Fría, y el hombre le hizo un comentario al oído, en ruso. Chance, que nunca había escuchado sonidos tan raros, estalló en una carcajada y el diplomático, feliz, le dijo: «Sabía que había leído a Chéjov en su idioma original» —hago una pausa—. ¿Entiende?

—Sí. Un malentendido tras otro.

—Exacto. Porque quienes hablaban con él recibían su enunciado, pero no decodificaban su enunciación. Entonces, se escuchaban, en apariencia se entendían, pero no lograban comprenderse —de pronto, tengo una idea. Me pongo serio.

—¿Qué le pasa? —me pregunta.

—Pienso en la soledad de ese hombre que vive en un mundo que nadie más comprende.

—¿En un mundo irreal?

—Puede ser. Desde el Psicoanálisis, diríamos que vive capturado por «lo real». Con lo imaginario y lo simbólico alterados.

—Entonces, ¿cree que se trataba de una psicosis?

Dudo.

—Es posible.

—¿Por la literalidad con que utilizaba las palabras?

—Exacto.

Piensa antes de preguntar.

—¿Y qué pasa en esos casos en los que esa literalidad toma la fuerza de un mandato?

—No entiendo.

—Vuelvo a Herzog.

—¿Qué pasa con él? —pregunto.

—Como sabe, además de cineasta era un gran escritor. En uno de sus libros, *El crepúsculo del mundo*, cuenta la historia real de Hiroo Onoda, un soldado japonés que durante la Segunda Guerra Mundial fue enviado a la isla filipina de Lubang con la misión de resistir a los estadounidenses a toda costa. Treinta años después, en 1974, Norio Suzuki, un aventurero japonés bastante excéntrico, viajó a Lubang en busca de tres cosas. Según sus propias palabras, quería encontrar un panda, al abominable hombre de las nieves, y al teniente Onoda.

—¿Y cómo le fue? —interrogo.

—Con las dos primeras, no lo sé. Pero sí halló a Onoda. Aunque se topó con un problema.

—¿Cuál?

—Que él no sabía que Japón se había rendido hacía tres décadas. ¿Entiende? Onoda pensaba que la guerra no había terminado y seguía custodiando la isla, como se lo habían ordenado.

—¿Lo dice en serio?

—Totalmente —abre el libro y busca una página—. Cuando Suzuki lo tuvo enfrente, se dio este diálogo:

—La guerra terminó hace 29 años.

El rostro de Onoda permanece impertérrito. Se niega a ver la realidad.

—Es imposible.

—Japón se rindió en agosto de 1945.

—La guerra no ha terminado. Hace unos días vi un portaviones estadounidense acompañado de un destructor y una fragata.

—En dirección este —deduce Suzuki.

—No trates de engañarme. Sé lo que vi.

Suzuki se mantiene firme.

—Verá, teniente, la mayor base naval de Estados Unidos está ubicada en el Pacífico, en la bahía de Súbic. Es donde recalan todos los buques de guerra.

—Suzuki le explica que, luego de tantos años, Filipinas y Estados Unidos son aliados —me cuenta—. Esa era la razón de la presencia norteamericana allí, no la guerra. Pero Onoda no le cree.

—Un malentendido más —agrego.

—Sí, y no es el último. Porque el teniente Onoda le daba a cada cosa una interpretación personal. Por ejemplo, consideraba que los folletos lanzados desde el aire que decían que la guerra había terminado, eran falsos. Una propaganda del enemigo. Que los mensajes por altoparlantes eran mentiras que utilizaban para hacerlo salir de su escondite. Con la presencia de soldados filipinos y americanos veía la evidencia de que la guerra continuaba. Hasta desconfió de la voz de su hermano, quien le habló desde un altavoz para que abandonara la isla. «Mentiras», decía. «Es una imitación».

—Otra historia increíble. Y, ¿cuál fue el desenlace? —le pregunto.

—Onoda no se entregó de inmediato, pero estableció con Suzuki un vínculo de confianza, y le dijo que solo se rendiría si su superior se lo ordenaba. Entonces, Suzuki volvió a Japón y localizó al antiguo comandante de Onoda, que por suerte estaba vivo y ahora trabajaba como librero. Juntos regresaron a la isla, y el hombre, vestido de uniforme, le entregó a Onoda la orden formal de cesar el combate. Así, el 9 de marzo de 1974, Hiroo Onoda entregó su espada, su fusil, algunas granadas que le quedaban, y se rindió.

—Lo hizo con honor —comento.

—Sí, después de casi treinta años de resistencia.

Pienso un minuto antes de decir:

—Aunque le parezca raro, lo entiendo. Para él, la orden de su superior era la única palabra que podía poner fin a la guerra. No confiaba en ninguna otra.

—¿Y eso, por qué? —me pregunta.

—Ya le dije que, para nosotros, *hablantes*, la verdad siempre está en duda. Esos folletos y mensajes eran un lenguaje en el que no podía creer. Necesitaba la voz de su superior. La voz del Otro.

—Según Herzog, Onoda no estaba loco.

—¿Era un héroe, entonces?

—Tampoco. Era apenas un hombre que encontró en esa orden de resistir un sentido para su existencia. Un lugar que le daba una identidad en el mundo. Por eso volvió a Japón con el honor del deber cumplido. Y vivió con orgullo hasta enero de 2014, cuando falleció a los 91 años —me mira—. ¿En qué se quedó pensando?

—En estos solitarios de los que hemos hablado. Kaspar Hauser fue encerrado en una celda, Chance en un jardín, y

Onoda en una isla. Todos pasaron años casi sin contacto con ningún otro humano, aunque por motivos diferentes. Kaspar fue víctima de una soledad impuesta por otros. Onoda, en cambio, se autoimpuso su soledad para cumplir un propósito. Un mandato. Una palabra —Significante— que no logró conmover.

—¿Y Chance? —me interroga.

—Tal vez haya sido víctima de la más cruel de las soledades, porque quedó atrapado en un mundo de lenguaje que no podía compartir.

—Ninguno de los tres podía hacerlo. A su manera, todos estaban exiliados. Aunque no es necesario ir a esos extremos para vivir la experiencia.

—¿Por qué lo dice?

Por toda respuesta se pone de pie, va a la biblioteca y toma uno de mis libros: *El precio de la pasión*.

—Escúchese —me dice, y lee:

> Hace siglos, los griegos comprendieron que el peor de los castigos no era la muerte sino el destierro, esa penitencia que obliga al condenado a estar lejos de todo lo que quiere. A diferencia de lo que ocurre en nuestros tiempos, para ellos, la identidad no estaba dada por lo que cada uno era individualmente, sino que dependía de la noción de pertenencia. De allí que acompañaran su nombre con el de su ciudad. [...] La mitología griega recuerda a Anteo, un gigante, hijo de Posidón, señor del mar, y de Gea, la tierra.
>
> Anteo habitaba en la región de Libia y, sabiéndose un guerrero invencible, obligaba a todo el que quisiera atravesar sus dominios a luchar contra él. [...] Al parecer, Anteo tenía un secreto que lo hacía invulnerable. Pero, cierta vez, Heracles, el Hércules de los romanos, tuvo que atravesar Libia cuando

se dirigía en busca de las manzanas de oro y, como todos los viajeros, debió aceptar el desafío del gigante.

Luego de una lucha tremenda, el héroe logró derribarlo tres veces. Sin embargo, cuando lo creía vencido, Anteo se ponía de pie con más fuerzas que antes y reiniciaba la batalla con más bríos. Hasta que, por fin, Heracles comprendió. Anteo era hijo de Gea, por eso, cada vez que caía al suelo, su madre, la tierra, lo abrazaba y reanimaba sus fuerzas. Entonces, Heracles lo levantó sobre sus hombros para impedir que recibiera el aliento de su madre y de esa manera lo ahogó hasta matarlo.

No deja de conmoverme la relación profunda que los griegos establecían con su tierra…

—Pero, ¿sabe qué es lo que más me conmueve de esto? —pregunta mientras cierra el libro—. La idea que desliza después: *privar a alguien de su patria significaba derrumbar todo su ser.* Me parece muy fuerte.

—Estoy convencido de que es así —ratifico—. ¿Hay algo peor que estar condenado a vivir en un lugar donde no le importamos a nadie, donde todos son diferentes a nosotros, donde nadie nos ama? Eso sí es estar solo —me reclino en el sillón—. Y ya que estamos en una noche de cine, acabo de recordar otra película: *Made in Argentina.* Alguna vez le hablé de ella. Pero hoy quiero detenerme en otra escena. Imagine la situación. Dos amigos se reencuentran en una pizzería después de años sin verse. Uno de ellos, Osvaldo, tuvo que emigrar a Norteamérica perseguido por la dictadura cívico militar de los años setenta. El otro, Cacho, se quedó a dar batalla en una Argentina sufrida e injusta. El diálogo es simple, pero lo dice todo. Osvaldo mira el ámbito de aquella pizzería como si fuera un museo. Está emocionado. El mesero se acerca y él ordena una pizza chica de mozzarella. Y duda:

—Y esa otra... ¿Cómo era?

Cacho sonríe.

—Calabresa. Mitad y mitad.

—¿Se da cuenta? —continúo—. Después de tantos años había olvidado hasta el nombre de la pizza que tanto le gustaba. Osvaldo es de aquí y, al mismo tiempo, no lo es. Y pelea contra la memoria, o contra el olvido, intentando recuperar su ser.

—¿Cerveza? —le pregunta Cacho.

—Sí —contesta.

—Dos balones, por favor —pide su amigo y se dispone a escucharlo.

—Y bueno... vivo en Nueva York. Trabajo en lo mío.

Es evidente que le ha ido bien. Cacho sonríe.

—Dale, contame que a mí no me duele. No cambiás más vos. Nunca te gustó contar guita delante de los pobres.

—¿Qué guita? —dice Osvaldo—. Estoy bien, es cierto, pero nada más —y se quiebra antes de confesarse—. Que no hay caso, viejo, uno da vueltas y vueltas, y al final... ¿Cómo te podría explicar? Si vos me vieras allá, no me conocés. Estoy siempre callado, serio. No me río. Así como me reía acá, no me río, te lo juro. Allá es como si siempre se rieran de otra cosa. Nunca nos vamos a reír de lo mismo.

Cacho, que es taxista y trabaja todo el día para sobrevivir lo mejor que puede, le dice:

—Mirá, yo acá tampoco me río mucho que digamos.

Osvaldo se da cuenta de que su amigo no lo entiende, y replica:

—Pero no es eso lo que te quiero decir. En todo Nueva York yo no puedo sentarme a tomar un café con nadie. Eso es el exilio, ¿me entendés, Cacho?

Él asiente.

—Ya sé, ya entendí.

Levanto la mirada. Ahora, el que está conmovido soy yo.

—En España vive uno de mis amigos del alma —le cuento—. Se llama Manuel, como mi paciente. Hace casi treinta años que está en Madrid. Hace poco viajé por trabajo y nos encontramos. ¿Sabe qué me dijo?

—No —responde.

—«Aquí tengo amigos españoles… pero no tengo amigos. Mi amigo eres tú».

—Quizás la amistad sea importante para pelearle a la soledad, ¿no le parece? A lo mejor, por eso el exilio duele tanto.

—Es cierto —susurro como para mí—. La soledad de mi amigo Manuel sin mí, y la mía sin él. La soledad de Bioy Casares que nunca entendió cómo podía existir Buenos Aires sin Borges.

Asiente.

—En ese mismo libro usted escribió acerca de una anécdota de don Atahualpa Yupanqui. Contó que cuando era un muchacho, el artista estaba sentado en una ronda de paisanos y en un momento, uno de ellos le preguntó a otro:

> —¿Qué es un amigo pa' usted, don Justino?
>
> Y Justino Leiva, el hombre del bigote gris teñido de marrón por el tabaco, dio una respuesta que hizo que todos rieran. Yupanqui, no sin algo de vergüenza, reconoce haber sonreído también. Pero años después comprendió que con sus propias palabras el hombre había dicho cosas con tercera dimensión.
>
> —Un amigo… —dijo Leiva interrumpiéndose para pensar y dar algunas pitadas— un amigo es uno mismo con otro cuero.

Atahualpa mira al periodista y concluye: uno mismo con otra piel, eso es un amigo.

—Un «angirú» —comento—. Un compañero del alma, como decían los indios guaraníes.

Me mira. Sus ojos están brillosos.

—¿Sabe cuál es el plural de angirú? —me interroga.

—No.

—Angirũnguéra —sonríe—. ¿Quién le dice? A lo mejor eso somos. Dos angirũnguéra condenados a encontrarse cada tanto.

Voy a responder, pero me callo. Elijo el silencio. Esa palabra exiliada que contiene todos los sentidos.

ENTRE DICHOS Y DECIRES

Cada vez que se habla, en el devenir de palabras entre el *hablante* y el otro, se establecen dos niveles de comunicación diferentes: el nivel del enunciado y el nivel de la enunciación.

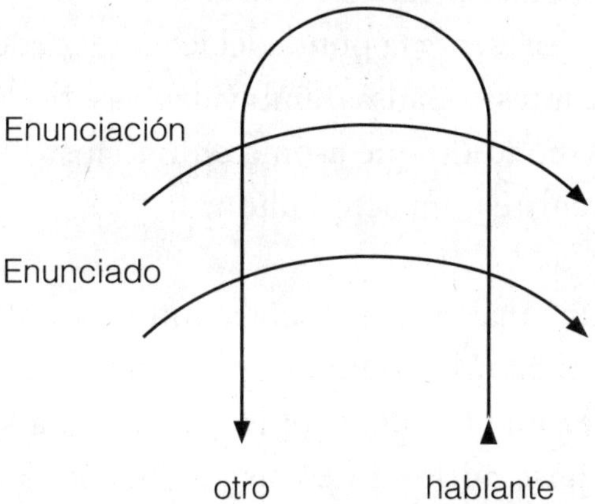

El enunciado es el contenido textual de una conversación. Lo que podemos volver a escuchar si la hubiéramos grabado. La enunciación es mucho más difícil de aprehender. Es la intención de la persona que produjo el discurso. Su estado de ánimo, desde dónde habló, para qué, cuál era su emoción.

Tomemos como ejemplo un sueño.

El enunciado es el contenido manifiesto que el soñante refiere al contarlo. La enunciación, en cambio, el contenido latente que se oculta detrás de ese relato.

Si imaginamos al discurso como un iceberg, el enunciado es lo que observamos a simple vista, lo que sobresale del agua. La enunciación es todo lo que queda sumergido, la masa que sostiene esa punta que podemos ver, una cantidad enorme de decires posibles a los que no tenemos un acceso inmediato.

El trabajo de análisis pretende llegar al nivel de la enunciación. Ir más allá del enunciado para develar las motivaciones inconscientes del *hablante*. Lacan dijo que toda persona tiene derecho a ser escuchada más allá de lo que dice. Así señala que cada discurso contiene más de lo aparente; que lo dicho representa apenas una parte del *$ujeto.*

Para acceder a ese territorio oculto, el analista se enfoca en las grietas que presenta la punta del iceberg; detalles que parecen insignificantes —pausas, ambivalencias, dudas— en busca del sentido escondido que asoma en un lapsus, un sueño, un síntoma, un chiste o un acto fallido.

Griselda es una paciente que está a punto de cumplir 43 años. Soltera, sin hijos. Me cuenta que el deseo más fuerte de su vida es «tener una familia propia», y que está segura de que jamás va a conseguirlo. Ya es tarde y nadie va a «elegirla» a esta edad.

Nunca tuvo pareja.

Ocupa un cargo gerencial en una empresa importante, lo que le permite tener una comodidad económica, viajar, e incluso hacerse cargo de su madre y sus dos hermanos. Pero se siente sola. Es la única que no vive en la casa familiar.

En una sesión le pido que hable de su vínculo con los hombres. Manifiesta que su padre murió hace algunos años. Aunque «da lo mismo», porque, de todos modos, «no existió nunca». En cuanto a sus hermanos, declara que la madre «tiene debilidad» por ellos. Los sobreprotege, y por eso «son unos inútiles que no sirven para nada. Dos zánganos». Le pregunto qué lugar ocupa ella en ese entorno. Contesta que es la proveedora y, al mismo tiempo, «la que queda afuera» de la dinámica familiar.

—¿Cómo ha sido tu historia con los hombres que no son parte de tu familia?

—Nunca me voltearon a ver. O si lo hicieron, les parecí desagradable. Jamás nadie me dio un beso de verdad —baja la mirada—. Algunos tuvieron sexo conmigo. Pocos. Siempre comprometidos con otra. Pero nunca hice el amor.

Una tarde trae un sueño.

> Mi mamá y yo nos mudábamos. Alquilábamos una casa juntas y estábamos solas. Era un momento maravilloso, yo estaba muy feliz. Pero cuando nos vamos a la cama, antes de dormirme, me sobresalto. (Guarda silencio). Entonces, le pregunto: «¿Mamá, esta casa será segura?».
>
> Ella me dice que me fije.
>
> Me levanto, voy hasta la ventana y me doy cuenta de que tiene cadenas fuertes.
>
> Más tranquila, vuelvo a mi cama y me duermo.

A la hora de trabajar un sueño, lo importante no es el enunciado, su contenido manifiesto, sino el momento en que el paciente duda, balbucea, se corrige y surge una ruptura en el relato. Momentos esperados de la cura en que aparece la verdadera *experiencia analítica*. En este caso, ese silencio que precede a la pregunta tácita: ¿será segura la casa?, ¿resistirán las cadenas?

También Griselda tiene derecho a ser escuchada más allá de lo que dice. Por eso, avanzo en busca de la enunciación que se esconde tras el enunciado.

Lo primero que «leo» en su relato es que, en este sueño, ella pone en juego un deseo: ser hija única. Vivir a solas con su madre sin la existencia de hombres —hermanos, padre— con quienes tenga que compartirla. Así reclama un lugar de amor y exclusividad que siente que merece. Después de todo, «es la que siempre da y no recibe nada a cambio». Pero la amenaza de los otros se hace presente: «¿Esta casa será segura?». Comprueba que las cadenas que mantienen el peligro afuera se ven firmes. Entonces, se va a dormir tranquila.

Le pido asociaciones. Al principio no responde. Pareciera debatirse entre contarme o no lo que está pensando. Cuando de nuevo la invito a hablar, llora. Luego, dice que no solo fue excluida de su familia; de chica sufrió también el rechazo de sus compañeros de escuela. Según sus palabras, se burlaban de ella «porque era muy bajita y muy fea». Cuando jugaban a «verdad o reto», todos elegían «verdad», por temor a que, como burla, les pidieran que la besaran. Manifiesta que toda la adolescencia amó a un amigo de la secundaria. El único que la trataba bien, aunque era novio de otra chica.

Le pregunto cómo se percibe hoy.

—Mejor. Me esforcé mucho para convertirme en una mujer atractiva. Siento que ahora sí les gusto a los hombres —responde—. Lo sé porque muchos me invitan a salir.

—¿Y por qué no aceptas?

Se toma unos segundos.

—Porque tengo miedo.

—¿A qué?

—A que no funcione. A quedarme sola otra vez.

Le señalo la falacia que esconde su razonamiento: padece su soledad, pero se niega a intentar tener una pareja por temor a quedarse sola.

Aquel sueño dio un giro al tratamiento. A partir de entonces, trabajamos para que entendiera que su miedo a «los hombres» tenía una raíz más profunda. Empezamos por el comienzo. No necesitaba que desaparecieran sus hermanos para tener un vínculo con su madre. Solo debía vencer su temor a ser rechazada y animarse a proponerlo.

Lo hizo. Poco después, realizaron un viaje juntas por Europa. Hablaron mucho, repasaron la historia, se acercaron y compartieron intimidades que desconocían. Al regreso, Griselda se mostró feliz.

—Estaba equivocada. Mi mamá me quiere. Me lo dijo. Y me di cuenta de que tengo mucho para darle.

—¿Y a un hombre?

—¿Qué pasa con eso? —pregunta asombrada.

—¿Qué tienes para darle a un hombre?

—No lo sé…

Ese fue el próximo desafío que enfrentamos.

Al poco tiempo, ya más tranquila, pudo acercarse a sus hermanos y disfrutar de la familia que sí tenía. Se arrepintió de no haberlo intentado antes, cuando su padre vivía.

—Quizás podría haber tenido un vínculo más lindo con él —dijo.

No respondí.

Es una duda con la que deberá aprender a vivir. La vida no siempre da revancha. Los síntomas tienen un costo y Griselda estaba sufriendo el precio de los actos e inhibiciones del pasado.

—Aunque tu padre y tus hermanos no son los únicos hombres del mundo, ¿no?

—Ya lo sé…

—¿Entonces?

—Tú me preguntaste si tenía algo para darles —piensa—. Entendí que a mis hermanos, sí. Y no solo lo material. Pero al resto…

Entiendo.

Más allá del enunciado, su enunciación expone el temor a lo real: el enigma de la sexualidad. ¿Será deseable para un hombre? ¿Sabrá cómo construir un vínculo de amor? Dudas que todos tenemos. Miedos inconscientes que a veces sostienen soledades a las que no les encontramos sentido.

Le señalo su temor a no tener nada valioso para darle a un hombre, y sugiero que tal vez por eso jamás pudo ponerse en la situación de ser «la oficial». Le aclaro, también, que ese sentimiento no apareció ahora, cuando siente que ya «es tarde para ser elegida porque está grande y es probable que no pueda tener hijos». Por el contrario, es algo que siente desde hace mucho tiempo. Desde aquellos juegos infantiles en que pensaba que sus compañeros se reían de ella. Desde que prefería creer que su padre «no existía» a arriesgarse a comprobar si la amaba. Desde sus repetidas elecciones de hombres comprometidos que le garantizaban un lugar secundario. Inhibiciones y síntomas que, como las cadenas de su sueño, la mantuvieron en una seguridad dolorosa y solitaria. De ahí provenía la obsesión por su madre. Era el único vínculo que imaginaba que podía sostener. Por eso se aferró a ella y dejó afuera a todos los hombres posibles de su vida. Por temor al rechazo.

En aquel momento sospeché que era posible que esos rechazos actualizaran la frustración de no haberse sentido amada por su padre. Pero interrumpimos el tratamiento antes de poder avanzar sobre ese tema.

Griselda trabajó conmigo casi cinco años.

Nos reencontramos hace poco. Vino a verme al teatro con su esposo y sus dos hijas.

Pero esa es otra parte de la historia.

Ofrendas y llantos

El diálogo entre dos personas no es solo un intercambio de información. La palabra pone en juego intenciones que van más allá de lo aparente, un mundo de pulsiones que escapan al conocimiento del *hablante*. Ni el psicoanalista más hábil puede agotar la totalidad de sentidos posibles detrás de un enunciado. Porque los dichos (enunciados) dejan restos de decires (enunciaciones) que se desvanecen en el camino. Cuando alguien dice qué desea, y el otro decodifica lo que escucha y responde, en ese proceso, lo deseado se ha perdido. Apenas podemos levantar algunas migajas de lo que quisimos decir.

Alguien podrá objetar que, si va a un bar, pide un café y se lo traen, obtuvo lo que desea. Esa persona confunde el deseo con un simple antojo. El deseo es otra cosa. Un impulso inextinguible que nace del hecho de haber perdido nuestro estado natural. De la soledad a la que nos condena nuestra condición de seres *hablantes*.

El encuentro sexual no agota la ansiedad de un hombre o una mujer. Porque el orgasmo los deja solos, dudosos. ¿Lo hicieron bien? ¿Su partenaire quedó satisfecho? Y lo preguntan buscando que las palabras transmitan una certeza imposible. Y siguen con las caricias, los abrazos. O no. Se levantan, se alejan, o encienden un cigarro. Porque para los humanos no hay un acto preciso que suprima por completo la excitación.

Cuando un cachorro de lobo tiene la necesidad de alimentarse, busca la teta de su madre, succiona hasta quedar satisfecho, y luego se duerme. En paz. Sin perturbaciones. En cambio, cuando una mamá termina de amamantar a su bebé, lo retiene en su pecho más de lo necesario, lo observa dormir, y percibe su inquietud. Porque, a diferencia del lobo, aunque haya saciado su hambre, el cachorro humano conserva un apetito de amor, de caricias, de placer erótico que no desaparece nunca. Por eso alucina el pecho materno, mueve los labios en el aire, o reclama un chupón que no va a alimentarlo, pero le permitirá seguir gozando y, de alguna manera, calmar su soledad de *hablante*. Aunque aún no hable.

Solemos utilizar la palabra «infante» para referirnos a los niños. El término proviene del latín *infans* y significa: «que no habla». Pero eso no implica que esté fuera del lenguaje. No importa la edad que tenga, incluso si ha nacido o es apenas un sueño de sus padres, un motivo de conversación. Al llegar a la vida, el *$ujeto* es recibido por deseos, esperanzas, o miedos ajenos a los que deberá responder como pueda. También por un lenguaje que lo antecede y se apropia de él.

En *Historias de cronopios y de famas*, Julio Cortázar escribió las instrucciones para darle cuerda a un reloj.

Dice Cortázar:

> Piensa esto. Cuando te regalan un reloj, te regalan un pequeño infierno florido. Una cadena de rosas, un calabozo de aire. No te dan solamente el reloj, que los cumplas muy felices y esperamos que te dure, porque es de buena marca, suizo, con áncoras de rubíes. No te regalan solamente ese menudo picapedrero que te atarás a la muñeca y paseará contigo. Te regala, no lo saben, lo terrible es que no lo saben. Te regalan un nuevo pedazo frágil y precario de ti mismo. Algo que es tuyo, pero no es tu cuerpo, que hay que atar a tu cuerpo con su correa, como un bracito desesperado colgándose de tu

correa, de tu muñeca. Te regalan la necesidad de darle cuerda todos los días, la obligación de darle cuerda para que siga siendo un reloj. Te regalan la obsesión de atender a la hora exacta en las vitrinas de las joyerías, en el anuncio por la radio, en el servicio telefónico. Te regalan el miedo de perderlo, de que te lo roben, de que se te caiga al suelo y se rompa. Te regalan su marca y la seguridad de que es una marca mejor que las otras. Te regalan la tendencia a comparar tu reloj con los demás relojes. No te regalan un reloj, tú eres el regalado. A ti te ofrecen para el cumpleaños del reloj.

En su libro *El psicoanálisis ilustrado*, Jorge Békerman utiliza el texto de Cortázar para ejemplificar la relación entre el humano y el lenguaje. Una metáfora acertada.

Creemos que nos dan la palabra para que la utilicemos, cuando en realidad somos un regalo para que el lenguaje se manifieste a través de nosotros.

Alguien pretende decir que se lleva mal con su padre. En cambio, dice: «Me llevo mal con mi madre». Al instante se corrige. En una conversación cotidiana, se trata de una equivocación sin importancia. La dejaríamos pasar y la persona completaría el sentido voluntario de su frase. En cambio, en el marco de un análisis, interrumpimos al paciente y señalamos que se trata de un lapsus que entorpeció el enunciado y generó una grieta por la que pueden filtrarse otros decires. Una experiencia que abrió la puerta a una enunciación diferente.

Así, el lapsus quiebra la voluntad del *hablante* y devela que no tiene potestad sobre su decir. Que somos un regalo para que el lenguaje exprese algo más allá de nuestras intenciones. Algo que ignoramos. Algo que habita en esa soledad de los decires inconscientes. En la soledad del *goce* que nos recorre.

La palabra nos aliena. Por eso, siempre habrá una parte de nosotros que estará sola. Que a veces aparece, y otras se oculta. Que es y no es de nosotros. Una parte marginada, solitaria, inalcanzable. Mr. Hyde. Y de este lado, también nosotros. También solos. Intentando palabras que no alcanzan a develar quiénes somos, o qué deseamos.

¿Cómo expresar el vacío, la soledad que se siente cuando muere un ser que amamos?

El *hablante* no tiene otra manera de comunicar sus emociones más que con palabras. Sin embargo, ninguna de esas palabras puede abarcar un sentimiento de dolor tan profundo. Por eso el llanto que, como el lapsus, expone algo que proviene de un vacío sin voz.

Dice Guillaume Le Blanc: «Nunca somos autores de nuestros llantos. Sin duda, sería preciso decir "yo soy llorado" en lugar de "yo lloro"».

Y tal como somos ofrecidos a un reloj, también somos un regalo para el llanto.

> Porque «yo» es el rehén de las lágrimas que se producen como una tormenta. «Yo» no logra refugiarse en ellas. En ellas se deja percibir una vida no soberana, en la que «yo» no ha comenzado a llorar, porque son los llantos los que por el contrario han precedido ese «yo» y le permiten comprenderse de manera diferente al único amo a bordo.

El llanto es el amo, un resabio de la infancia, un resto de esa época en que, ante la ausencia de palabras, fue la única herramienta para comunicar un dolor, pedir alimento o rogar amor. Como el grito o el silencio, el llanto reaparece cuando la palabra se quiebra. Cuando ya ni siquiera se puede hablar. Entonces, llegan estas otras formas del lenguaje, también Significantes. Porque representan a ese *$ujeto* desgarrado en silencios, llantos o gritos que imprimen un plus, «algo más» a la palabra. Porque transmiten un poco de lo que no puede decirse y recuperan «algo» de ese *goce* innombrable.

Pienso en *El grito*, la famosa pintura de Edvard Munch. En esa figura desesperada en medio de un infierno onírico, y en su alarido sin palabras soltado al viento con los oídos tapados. Y en el *Guernica*. El mural que descubrí una mañana en el museo Reina Sofía. Recuerdo que subí las escaleras distraído, sin saber qué esperar. Y de pronto me encontré frente a esa obra majestuosa de Pablo Picasso. Y enmudecí. Y escuché las bombas. Y el llanto desgarrador de una madre que lleva en brazos el cuerpo de su hijo muerto.

El grito es la forma más primitiva del lenguaje humano. La que nos liga de modo directo a la emoción. El límite entre la palabra y lo indecible. Una manera de nombrar lo que no puede nombrarse. Un desgarro solitario.

Cuando mi hija tenía un año, pasé un mes en la sala de terapia intensiva infantil. Y hay algo que jamás pude borrar de mi memoria: el grito desesperado de las madres cuando les informaban que sus hijos habían muerto.

El grito es el intento de encontrar un sonido que nombre el horror. Fracasa, pero se acerca tanto. El grito de la obra de Munch, del *Guernica* de Picasso, son gritos pintados, pero se escuchan. Pinturas que intentan alcanzar una palabra inexistente. Búsquedas simbólicas de arañar lo real.

Recuerdo las sirenas policiales que solía oír en la adolescencia. En ese momento, una sirena era el sonido de la tortura y de la muerte. También era el lenguaje que golpeaba y hería el cuerpo. Como hiere el llanto de un padre que no puede alimentar a sus hijos o de esas madres que se han quedado sin ellos. Y que, a veces, gritan en una protesta masiva o en soledad. A toda voz, o en silencio. Gritos que hay que escuchar y respetar.

Asistimos a un tiempo de gritos devaluados.

Deberíamos abstenernos de banalizar una expresión tan genuina. Dejar que sea ese límite que procura transmitir algo de lo imposible. El grito no es el derecho de quien se enoja con su pareja por algo que olvidará al día siguiente. Ni de un cliente irritado porque no le dieron lo que espera. Ni del discurso mentido desde una manifestación política. El grito es el derecho de ese padre que no puede alimentar a su hijo, de la madre del *Guernica*, del prisionero de Auschwitz. También, de aquellos que no soportan el dolor del abandono, de los que se quedan sin palabras frente al horror, la muerte, el desamor, o la humillación. De los que pierden la dignidad. Y así, lo pierden todo.

Por suerte, también hay soledades acompañadas.

En aquel mes que pasé en el hospital, me quedaba por las noches junto a mi hija en la sala de terapia intensiva y al otro día cruzaba a un local en busca de un café.

Una mañana bajé muy temprano. Había sido una noche difícil. Cuando estaba por salir, el recepcionista me comentó:

—Qué pena. Recién acaba de irse su amigo.

Lo miré extrañado.

—¿Qué amigo? —pregunté.

—El que viene todas las noches. Llega, pregunta cómo está su hija, pide que no lo molestemos y se sienta a dormir en el sillón. A eso de las seis se despierta, vuelve a preguntar por la niña, y se va.

A la mañana siguiente bajé mucho más temprano de lo habitual y lo vi. El Turco. Un amigo que me rescató en un momento difícil de mi juventud. El mismo al que la vida me permitió devolverle el favor años después. Estaba ahí. Durmiendo en un sillón incómodo desde hacía veinte días. Cerca. Acompañando mi soledad sin que yo lo supiera.

Lo desperté con suavidad.

—Turco, ¿qué hacés aquí?

Cuando pudo reaccionar, se puso de pie, me agarró fuerte de los hombros, y mirándome a los ojos, respondió:

—¿Y dónde quieres que esté?

En ocasiones, estamos tan aferrados al *goce* que perdemos de vista a quienes, como el Turco, están a nuestro lado tendiendo su mano para ayudarnos a salir de algún infierno solitario.

Entre cosas y palabras

Ferdinand de Saussure fue un lingüista suizo que cambió de manera radical la forma en que entendemos el lenguaje, el pensamiento, las relaciones humanas y la comunicación.

Sus colegas lo describieron como un hombre inaccesible y misterioso. No le importaban el reconocimiento ni la fama. Nació en 1853 y murió en 1913.

A pesar de su importancia académica, no escribió libros ni artículos para compartir sus ideas con la comunidad científica de su época. El *Curso de lingüística general* fue publicado después de su muerte. Y el autor no fue Saussure.

Convencidos de que semejante trabajo no podía desvanecerse, algunos de sus discípulos decidieron recopilar sus clases.

> Después de la muerte del maestro, esperábamos hallar en sus manuscritos, obsequiosamente puestos a nuestra disposición por Mme. de Saussure, la imagen fiel o por lo menos suficiente de aquellas lecciones geniales, y entreveíamos la posibilidad

> de una publicación fundada sobre un simple ajustamiento de las notas personales de Ferdinand de Saussure combinadas con las notas de los estudiantes. Grande fue nuestra decepción: no encontramos nada o casi nada que correspondiera a los cuadernos de sus discípulos. ¡Ferdinand de Saussure iba destruyendo los borradores provisionales donde trazaba día a día el esquema de su exposición! [...] Había, pues, que recurrir a las notas y apuntes de los estudiantes.

Fue un trabajo arduo, pero valió la pena. El *Curso de lingüística general* de Ferdinand de Saussure es una obra fundamental en el desarrollo de la teoría lingüística moderna.

Veamos algunas de sus ideas clave.

La diferencia entre lengua y habla

La lengua es un sistema compartido por los *hablantes*, un código que tiene sus reglas particulares. Por ejemplo, el idioma español. El habla es el uso individual que cada *$ujeto* hace de esa lengua. El modo particular en que nos apropiamos de las palabras y las ponemos en juego en nuestro discurso.

El signo

El signo lingüístico se compone de dos partes: el significado y el significante.

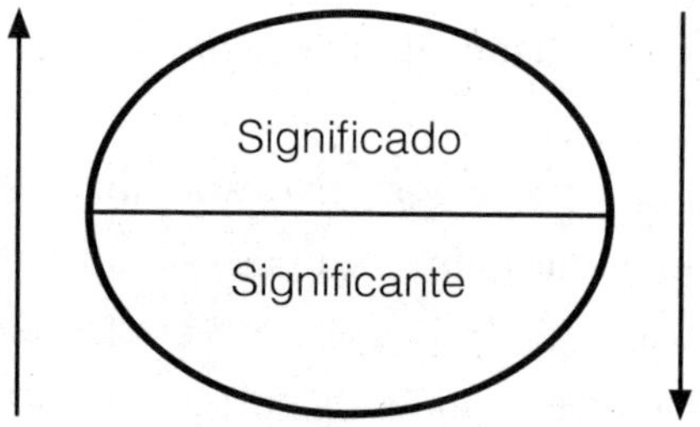

El *significado* es el concepto, la idea que una palabra genera en nuestra mente. Por ejemplo, cuando escuchamos la palabra *cama*, se nos representa un mueble que utilizamos para acostarnos.

El *significante* es la forma, las letras o los sonidos que componen esa palabra. En nuestro ejemplo, el conjunto de las letras «c», «a», «m» y «a». Aunque un signo no siempre coincide con una palabra. «Por favor», «hasta aquí», o «muchas gracias», son ejemplos de signos compuestos por más de una palabra. Incluso puede tratarse de una imagen. La luz roja de un semáforo es un signo que interpretamos en nuestra mente como: «no cruzar».

Arbitrariedad del signo lingüístico

Saussure sostiene que la relación entre el significado y el significante es absolutamente arbitraria. Es decir, que no hay una conexión «natural», ninguna causa intrínseca que determine que esa palabra, *cama*, represente a ese objeto. Es solo una convención entre los hablantes, como lo demuestra que en otros idiomas se utilicen palabras diferentes para aludir a los mismos objetos. En este caso, en inglés usaríamos *bed*, y en francés *lit*.

Hay países donde, al contrario de lo que ocurre en Occidente, mover la cabeza de un lado a otro significa «sí». Y hasta podríamos imaginar que una sociedad decidiera que la luz roja señale que se puede avanzar y la verde obligue a detenerse.

Sin embargo, esa arbitrariedad no implica que una persona pueda elegir caprichosamente un sonido cualquiera para nombrar un objeto. Si alguien señalara una cama y dijera que ese objeto se llama *perro*, dudaríamos de sus capacidades cognitivas o su salud mental. Porque no es el *hablante* sino el conjunto social quien establece el significante.

También hay códigos familiares. Palabras o dichos que solo comprenden sus miembros y que remiten a vivencias o anécdotas transmitidas de generación en generación.

Antonio, el padre del Turco, solía visitar todos los días a un amigo que trabajaba en una carnicería para compartir el mate de la mañana. La pava en que calentaba el agua estaba engrasada por la manipulación que el hombre hacía mientras tocaba la carne. Antonio protestaba y decía que algún día iba a lavarla, y su amigo respondía: «No laves la pava, Tano».

Un día, Antonio decidió lavar la pava antes de llenarla con agua. Y de inmediato esa pava se transformó en una regadera. Al parecer, la grasa acumulada durante tanto tiempo tapaba los agujeros que los años habían producido. Antonio miró a su amigo con asombro. El carnicero hizo un gesto (signo) que reafirmó con palabras: «Te dije, Tano. No laves la pava».

A partir de ese momento, y luego de que me contara la anécdota, para mi amigo y para mí esa frase se convirtió en un significante que quería decir: «Deja las cosas como están». «No busques problemas».

Y durante muchas madrugadas, ante mi insistencia en profundizar ciertos temas, el Turco me dijo: «Gabriel, no laves la pava».

Por otro lado, algo importante: el valor de un signo no está determinado más que por su diferencia con otros signos. La luz roja encuentra su valor por oposición a la verde. Alto a bajo, lejos a cerca.

El Significante… o la Palabra

Lacan lee a Saussure, pero desde Freud. Con una mirada psicoanalítica. Y, como solía hacerlo, utiliza los elementos de una ciencia —en este caso la lingüística— de manera personal. Los modifica, los altera y les da un sentido nuevo.

Define al significante como aquello que representa a un *$ujeto* para otro Significante. Una definición oscura. Y tramposa. Porque la ciencia lógica indica que aquello que se quiere definir no puede ser parte de la definición.

Ya ejemplificamos de qué hablamos cuando decimos que algo tiene valor Significante. Vimos como la bata y el consultorio, generan el Significante «médico» que representa a esa persona y le da un lugar particular.

Entonces, si un Significante representa a un *$ujeto*, eso implica que el Significante y el *$ujeto* son entes distintos. Dijimos que nadie va en representación de sí mismo. La bandera celeste y blanca que representa a Argentina no es Argentina.

Hablamos del grito como un Significante que representaba a aquellas madres cuyos hijos habían muerto en la sala de terapia intensiva, o del llanto que transmite la tristeza de una persona en duelo.

En este libro, usaremos como sinónimos *Significante* y *Palabra*. Con mayúsculas. Entonces, llamaremos Palabra a esos gritos, llantos, gestos o silencios que nos representan. Diremos también que una Palabra puede ser una frase, una lágrima, la mitad de un vocablo, un gesto de alegría o una mueca de dolor.

Marcelo está angustiado. Y repite:

—¿Qué hice?

Tiene 34 años. Es odontólogo. Hijo único de una familia muy humilde. Su padre murió cuando él era demasiado chico. Solo recuerda el olor de la colonia que usaba después de afeitarse.

—Es lo único que me guardé de él. El olor que tenía cuando me daba un beso antes de ir a trabajar.

Un cáncer de pulmón puso fin a su vida cuando apenas había cumplido 42 años. Desde entonces, su mujer, Elisa, se encargó del cuidado y la educación de Marcelo.

—Casi ni la veía —cuenta en una sesión—. Mamá me levantaba muy temprano, me bañaba en una tina, tirándome agua tibia con un jarrito, después me vestía, me daba el desayuno y me llevaba a la escuela. Yo iba doble turno, lo que en aquella época no era común. Por la tarde, doña Nelly, la mamá de un compañero, me llevaba a su casa hasta que mi mamá me buscaba a eso de las ocho. Cansada. Entonces, pasábamos por el almacén de la esquina y compraba algo para hacer la cena… —se interrumpe.

—¿En qué te quedaste pensando?

—En cómo trataba de convencerme para que eligiera comer lo que ella podía comprar ese día —sonríe e imita la voz de su madre—: «Hoy está lindo para comer unos fideítos, ¿no?».

Marcelo habla de la madre con cariño y también con recelo.

—Siempre fue muy dura conmigo. Yo era un niño. A veces cometía alguna travesura. Y ella me reprendía muy fuerte. Ni te cuento si me quedaba de flojo.

—Mejor, cuéntame.

Asiente.

—Entraba al cuarto y me gritaba: «A estudiar... Vamos, levántate».

—Y tú, ¿qué hacías? —le pregunto.

—¿Y qué iba a hacer? Me levantaba. Si no, era capaz de matarme.

—¿No estarás exagerando? —sonrío.

—Bueno… es una forma de decir.

«Una forma de decir». Lo que todo paciente argumenta cuando las palabras lo sorprenden y se escucha decir otra cosa de lo que pretendía.

Elisa había sido una madre dura. Ante la ausencia a la que la obligaban sus dos trabajos, intentó que Marcelo incorporara la responsabilidad desde muy chico. Por eso era tan exigente. Y él la imaginó insensible. Hasta aquel día en que, en medio de una discusión, Marcelo le gritó: «No te metas más en mi vida. Déjame en paz. Siempre me dejaste solo. No te vengas a ocupar de mí ahora que soy grande… porque, sabes, ¿qué? Yo fui un buen hijo. Tú no puedes decir lo mismo como madre».

—Y ella, ¿cómo reaccionó?

—No dijo nada. Me miró con un dolor que jamás le había visto antes, ni siquiera cuando murió mi padre y ella debió enfrentar la vida como pudo. Esa mirada me atravesó el alma. Y entonces la vi.

—¿Qué viste? —pregunto.

—A ella… de joven. Trabajando hasta los fines de semana para que no me faltara nada. Inventando pastelitos para mi cumpleaños con cosas que ponía sobre galletitas, que era lo único que podía comprar. Y el sacrificio que hizo para pagarme el viaje de graduación cuando terminé la preparatoria —se detiene—. ¿Sabes lo cara que es la carrera de odontología?

—Sí.

—Bueno. Tomó un trabajo más, cuidando a una anciana del barrio para que yo pudiera estudiar tranquilo. Pero como no alcanzaba, vendió unas joyas que eran de mi abuela. «Total, yo nunca las uso», dijo. ¿Entiendes? Mi madre hizo todo por mí. Y yo le dije eso… que había sido una mala madre —llora—. ¿Qué hice?... ¿Qué hice?

Marcelo no puede con el dolor que le genera haberla herido de esa forma. La madre había estado toda la vida pendiente de él. Trabajando, casi sin dormir, sin fines de semana libres, para que su hijo pudiera comer, salir, viajar con amigos y alcanzar su sueño de ser odontólogo.

Pero en este momento, el que está en mi diván no es el doctor Menéndez. Es Marcelo. Un paciente angustiado. Un hijo que siente culpa por haber lastimado a su madre. Y así como aquel perfume era el Significante que representaba al padre, hoy su madre cabe en la angustia de una mirada. Y él, en el llanto que es la única respuesta que encuentra a una pregunta que lo deja solo: «¿Qué hice?».

A veces, cuando no hay palabras y nos quedamos solos, aparece la Palabra. Como esa mirada que transmitió un dolor imposible de ser dicho y que Marcelo comprendió más que con cualquier discurso.

Guerra y paz

Borges concluye su poema «El remordimiento» con estos versos:

> No me abandona. Siempre está a mi lado
> la sombra de haber sido un desdichado.

Así. Acompañado por una sombra. Desdichado porque le legaron valor y no fue valiente. Por no haber cumplido con los sueños que depositaron en él. Mandatos. Palabras que en algún momento fueron contención, y en otro, tormento.

Todos enfrentamos el desafío de vivir con esta doble vertiente de la palabra que por un lado pacifica, y por otro genera malentendidos.

Los argentinos solemos invitarnos a tomar un café «para hablar y aclarar las cosas». Así, apelamos a ese rol pacificador de la palabra para deshacer un conflicto. Aunque sea inevitable que, en algún momento, el malentendido vuelva a surgir. Porque el discurso humano introduce un lugar imposible. Un fantasma que acecha y tortura: la verdad. Una dimensión que hace que dudemos a cada paso. Entonces, nos preguntamos.

—Me dijo que me quiere, pero… ¿será cierto?

O terminamos una conversación y, cuando nos quedamos solos, pensamos:

—¿Qué me habrá querido decir?

Y una vez más, nuestra condición de *hablante* nos deja solos de sentido. Porque esa verdad que buscamos con desesperación, también está perdida. Y es precisamente eso lo que nos vuelve humanos: la palabra. La palabra que implica. La palabra ausente. La palabra que miente.

Es cierto que el lenguaje no es patrimonio de nuestra especie. De un modo más o menos complejo, también los animales se comunican. Pero ¿alguien ha visto a una abeja que mienta en su vuelo para reírse de que sus compañeras de colmena vayan a buscar néctar a un lugar equivocado?

No solo somos humanos porque hablamos.

Somos humanos porque mentimos.

En su libro *Sapiens*, Yuval Harari se pregunta por qué, entre todas las especies, la *Homo sapiens* maneja el mundo. ¿Es la que tiene más fuerza? ¿La que vuela más alto? ¿La que corre más rápido? ¿La de dientes más filosos o garras más poderosas? No. Pero pertenecemos a una especie capaz de hacer alianzas por creer en mentiras comunes.

Hay un cuento fantástico de Leopoldo Lugones, «Yzur». El autor escribió:

> Los naturales de Java atribuían la falta de lenguaje articulado en los monos a la abstención, no a la incapacidad. […] Semejante idea, nada profunda al principio, acabó por preocuparme hasta convertirse en este postulado antropológico:

Los monos fueron hombres que por una u otra razón dejaron de hablar.

¿Por qué los monos dejaron de hablar? Para no ser utilizados, para que no los exploten en el trabajo. Para no tener que seguir creyendo en las mentiras.

Los chimpancés viven en manadas de cincuenta o cien miembros como máximo, porque no confían en alguien que no conocen. Nosotros, en cambio, podemos ir a una guerra con gente que vive en París, Estados Unidos o México, por compartir un ideal: la libertad, la justicia, o el poder.

La posibilidad de hablar y creer mentiras comunes es la que nos permite manejar el mundo. Somos millones de personas que no nos conoceremos nunca y, aun así, podemos luchar por un mismo fin solo porque nos recorre la palabra. Palabra que, por un lado, nos hace poderosos, y por otro, nos debilita. Porque nos roba la naturaleza, nos quita la necesidad. E introduce la dimensión del deseo. Y la obligación de tener que pedir lo que deseamos. Y la palabra que no alcanza. Y el deseo que no cesa. Y la mentira que de algún modo transmite una verdad.

Cuando alguien nos gusta y lo invitamos cenar: ¿cuántas ganas tenemos de comer? Y si esa persona acepta, ¿de verdad solo quiere cenar? No. Nos estamos mintiendo. Nos seducimos y utilizamos la palabra para sugerir algo que quizás jamás podamos decir. Y algo de nosotros queda escondido. Solo. Para siempre.

El filósofo y matemático Ludwig Wittgenstein escribió: «Los límites de mi lenguaje son los límites de mi mundo».

Con esa transparencia sostiene que solo podemos experimentar o comprender las cosas para las que tenemos palabras. Pero ya dijimos que las palabras no pueden decirlo todo. ¿Entonces?

Entonces la duda. La angustia. La impotencia. La incertidumbre.

Porque, al hablar, hemos perdido la verdad. Y, aun así, quien no recibe Palabras se queda solo.

Somos aquellas cosas que nos representan y nos dan un lugar frente a los demás. Gestos, nombres, palabras que ponemos a jugar en nuestros vínculos y que establecen quiénes seremos para el otro. Cuando esas Palabras no llegan, no hay nadie. Y aparece la soledad.

Pienso en George McFly, el padre de Marty en la película *Volver al futuro*. Su Significante era «tonto», «inservible», y por eso nadie daba lugar a su Palabra, como si no existiera.

Dijimos que los tres registros estaban anudados. A veces de manera sufriente. Es lo que le sucede a este personaje. George porta una ilusión degradada de sí mismo (registro imaginario), y se identifica con algunos mandatos (simbólico), por ejemplo, «soy inútil» «soy indeseable», o «no sirvo para nada»; se entrega al padecimiento (lo real) y, desde ahí, arma una vida solitaria.

En la escena final del baile se le ve moviéndose de un modo torpe e intentando llamar la atención, sin conseguirlo. Solo, en medio de una multitud. En una soledad indeseada. Porque nadie lo mira, nadie le habla. En ese momento, no hay un otro que lo esté reconociendo. Entonces, pierde lo que lo vuelve humano.

Viktor Frankl nació en 1905 en Viena, en el seno de una familia judía. Desde joven participó en las organizaciones juveniles socialistas. Estudió medicina y se especializó en neurología y psiquiatría. Desde 1933 hasta 1937, trabajó en el Hospital General de Viena y luego ejerció la psiquiatría de manera privada. Aunque en el periodo 1940-1942, dirigió el departamento de neurología en el Hospital Rothschild, único centro en Viena que admitía pacientes judíos.

En septiembre de 1942, Frankl, su esposa y sus padres fueron deportados a Theresienstadt, un campo de concentración cerca de Praga.

Lo conozco.

El viaje que me acercó a Kafka también me llevó hasta ese lugar donde fueron encerrados niños judíos. Todavía se conservan algunos de sus dibujos. Imágenes que, como *El grito* o el *Guernica,* son Palabra no dicha que comunica el espanto y representa el sufrimiento de aquellas personas que quedaron solas ante el horror.

En los años que siguieron, Frankl sobrevivió a cuatro campos de concentración, incluyendo Auschwitz. En medio de aquella barbarie perdió a sus padres, su esposa, su hermano, su cuñada y a muchos amigos. Y se quedó solo, como los niños.

Al ser liberado intentó averiguar el destino de sus familiares, pero no tuvo éxito. Más tarde regresó a Viena, donde trabajó como jefe del Departamento de Neurología durante 25 años. Fue, además, profesor de psiquiatría en la universidad.

Por su labor obtuvo muchos reconocimientos, entre ellos, 29 doctorados *honoris causa*, y dejó un legado muy importante en el campo de la psicología.

Su obra más importante es *El hombre en busca de sentido.* Un texto que ha trascendido el ámbito académico e incluso es utilizado como material de estudio en escuelas de teatro.

En ese libro, Viktor Frankl confiesa que extrañaba mucho la soledad. La intimidad que resultaba imposible en los campos de exterminio.

> Sabemos que la imposición de la vida comunitaria, en la que continuamente somos observados en las más triviales acciones del día, produce un deseo irrefrenable de estar solo, al menos unos instantes. El prisionero anhelaba estar a solas consigo

mismo y con sus pensamientos. Añoraba intimidad y soledad. Después de mi traslado a uno de los llamados «campos de reposo», tuve la increíble fortuna de encontrar, de vez en cuando, cinco minutos de soledad. Detrás del barracón en el que trabajaba y donde se hacinaban, sobre un suelo de tierra, unos cincuenta pacientes delirantes, había un lugar tranquilo junto a la doble alambrada que rodeaba el campo. Una tienda improvisada con unos postes y ramas de árbol servía de cobertizo para guarecer a unos seis cadáveres (la media diaria de muertes en el campo). Había al lado, además, un pozo, por el que se accedía a las tuberías de la conducción del agua, cubierto con una tapa de madera. Si no me reclamaban, aprovechaba para sentarme en cuclillas sobre esta tapadera y contemplar el florecer de las verdes laderas y las lejanas colinas azuladas del paisaje bávaro, enmarcadas por las alambradas de espino. La melancolía me vencía y mis pensamientos vagaban hacia el norte y el noreste, en la ansiada dirección de mi hogar, aunque solo podía ver nubes. No me perturbaban los cadáveres tendidos a mi lado, hormigueantes de piojos. Lo único que me despertaba de mis ensueños eran las inquietantes pisadas de los guardias, o el aviso de la enfermería para recoger un suministro de medicinas para mi barracón —cinco o quizá diez tabletas de aspirina para varios días y cincuenta pacientes—. Las recogía y hacía mi ronda tomando el pulso a los pacientes y administrando media tableta de aspirina en los casos graves. Los desahuciados no recibían ningún medicamento. No les habría servido de nada y se lo privarían a los enfermos que tenían alguna esperanza de curación. Para los pacientes leves solo tenía palabras de aliento. Y esa visita, paciente a paciente, la hacía casi arrastrándome, pues yo mismo estaba débil y exhausto, convaleciente de un fuerte ataque de tifus. Terminada la ronda, volvía a sentarme sobre la tapadera del pozo,

> mi lugar solitario. Por cierto, ese pozo salvó en una ocasión la vida de tres compañeros. Poco antes de la liberación, las autoridades del Lager organizaron transportes masivos al campo de Dachau. Sensatamente, tres compañeros procuraron evitar el viaje. Se metieron en el pozo y se escondieron de los guardias. Yo me senté tranquilamente sobre la tapa; con aire inocente, tiraba piedrecitas a la alambrada como en un juego infantil. Un guardia reparó en mí y desconfió un momento, pero mi actitud ingenua lo tranquilizó y siguió adelante. Más tarde avisé a los escondidos de que lo peor ya había pasado…

Si bien se había quedado solo —sin familia—, en ese encierro Frankl requería un espacio para otra soledad. La que necesitaba para alejarse del horror. Y lo encontró cerca de las cloacas, sentado junto a los cadáveres. Al menos, estaba lejos de los guardias. Los muertos eran mejor compañía que sus torturadores. Hasta que sus pasos y miradas (Significantes que los representaban) lo regresaban al infierno.

En esa soledad, Frankl se aferró al reconocimiento para no dejar de ser humano. Y pudo conservar su humanidad porque hablaba. Hablaba en su fantasía con sus afectos, y también lo hacía con los enfermos, a los que ayudaba con media tableta de aspirina o con palabras de aliento.

Freud sostuvo que «la ciencia moderna aún no ha producido un medicamento tranquilizador tan eficaz como lo son unas pocas palabras bondadosas». Jamás lo hará. Frankl lo sabía. Por eso, volvía humanos a los enfermos al hablarles. Los reconocía como *$ujetos*; de ese modo los humanizaba y tal vez los salvaba de morir. Como a aquellos hombres por los que se jugó la vida al sentarse sobre la tapa de madera que los ocultaba de la mirada (Palabra) del guardia. Una mirada que resistió para protegerlos.

Esa fue su lucha por no dejar de ser un *hablante*. Una batalla a la que no renunció nunca. La pelea por seguir siendo un hombre en busca de sentido.

Soledad sin nombre

Marcos Gómez Sancho es un académico que en su libro *Morir en paz* postula que, en los tiempos que corren, la soledad del ser humano es mayor que antes. Según él, la diferencia está en la importancia que se ha dado al concepto de «individuo». Dice:

> Cada vez vivimos más solos, sobre todo, nos pensamos solos frente a nuestro destino individual. Cada vez percibimos menos el formar parte integrante de un grupo o una colectividad —familiar, profesional, ideológica—, de una comunidad. En este sentido, hemos ganado en libertad, en mayores posibilidades de autenticidad y de originalidad, quizá, pero al precio de una soledad mucho mayor. Nos hemos transformado en individuos autónomos, menos sujetos a presiones sociales que las generaciones precedentes, pero también menos confortados por los lazos relacionales de todo tipo en los cuales ellos se reconocían. Solos y disponibles ante la vida, solos y despojados ante la muerte.

En la misma línea, para Haruki Murakami, la soledad no es solo la ausencia de personas. Es la ausencia de proyectos, de una vida que tenga un propósito. Entonces, en un mundo individualista y superficial donde todo es indiferente, ajeno y distante, comprendemos que «la verdadera soledad no es estar solo, sino sentirse solo en un mundo que ya no tiene sentido».

Vivimos en una época que hace un culto del individualismo e idealiza la libertad. Entendiendo como tal el derecho de alguien a ejercer sus caprichos sin tener en cuenta lo que puede producir en los demás. Así, el individuo piensa en sí mismo. No le interesan los otros. No los reconoce como semejantes a él. Esa es la tragedia. Porque ser, es ser reconocido.

Sin el reconocimiento de otro ser humano no somos más que un ente biológico. O una cosa. Un subversivo al que se le puede tirar con vida desde un avión, o un número a quien se le tortura en Auschwitz. Al quitarles el nombre y la palabra, eran deshumanizados. Entonces, no importaba su dolor.

«Callate, no me mires, no protestes, no digas nada porque te mato».

El torturador no repara en sus víctimas porque no las considera semejantes a él. Por eso, tampoco le interesan sus Palabras: su llanto, su frío, su hambre. Sin nombre, no son humanos.

A fines de los años setenta se estrenó una serie que impactó al mundo: *Raíces*. Un relato que demuestra el poder de la palabra. La historia de Kunta Kinte, un joven africano que, en tiempos de la trata de esclavos, es capturado en la aldea de Jufure, a orillas del río Gambia. El adolescente había salido en busca de un tronco para hacer un tambor que deseaba regalarle a su hermano menor, Lamín, cuando fue sorprendido por los cazadores de esclavos.

Luego de una larga travesía en el barco «negrero» Lord Ligonier, donde al menos la mitad de los prisioneros morían a causa del hacinamiento, el maltrato, el hambre y las enfermedades, Kunta llegó a Annapolis, Maryland, en Estados Unidos de Norteamérica.

Expuesto junto a otros esclavos en una subasta, lo adquirieron unos terratenientes de Virginia: los Waller.

Sin entender el idioma, los signos con que se comunicaban sus captores, fue encadenado y llevado hasta la plantación de algodón, donde lo nombraron Toby. Pero él se negó a responder a ese nombre. No quiso adoptar un Significante que no lo representaba. Él era Kunta. Kunta Kinte. Portador de un linaje, de una historia que lo hacía ser quien era y a la que no quería renunciar.

Hasta que el conflicto desemboca en una escena angustiante.

Vemos a Kunta colgado de las muñecas por una soga. El capataz, gozoso, toma el látigo y le pregunta cómo se llama. Él responde: Kunta Kinte. Entonces, el hombre lo azota y vuelve a preguntarle. La circunstancia se repite varias veces. Kunta está cada vez más lastimado, más adolorido, más humillado. Hasta que no aguanta tanto dolor y responde: Toby. Su voluntad fue quebrada. Renunció a ser un africano libre y aceptó su condición de esclavo. Lo desatan y el joven queda herido en el piso. Entonces, se acerca un esclavo viejo al que llaman Fiddler (violinista), porque tocaba el violín. Con ojos llorosos lo acaricia, le dice que no se preocupe, que no haga caso a «los blancos» y que él siempre será Kunta Kinte.

La sangre libre que corre por sus venas lo lleva a intentar escaparse una y otra vez. Hasta que los cazadores de esclavos lo capturan y le dan a elegir entre cortarle el pene o el pie. Aterrado, el joven toma la segunda opción.

Ahora tiene un pie menos. Ya no será un africano rápido y agresivo. Ya no podrá escapar.

En esa condición, Kunta es adquirido por John Reynolds, un amo un poco más benévolo. En la plantación conoce a Belle, con quien se casa y tiene una hija. Un momento crucial en su historia. Ya no querrá huir porque tienen una familia. Su Significante ya no es Toby, el esclavo. Ahora es Kunta, el esposo, el padre. Un hombre que no está dispuesto a renunciar a su estirpe. Por eso, elige para su hija un nombre africano que nadie puede escuchar antes que ella. Una noche la lleva hasta un llano, la levanta al cielo y le dice: «Mira lo único más grande que tú». Y le susurra al oído su nombre: Kizzi. Una palabra que en idioma mandinga significa: «te quedas quieta». Y pone en juego un deseo: vas a quedarte aquí, a mi lado. No van a venderte.

Kunta ha sido designado cochero del amo. Aprovechando esa condición, hace viajes a solas con su hija. Y en esa intimidad, lejos de la mirada de esos otros crueles, le habla de su aldea, le dice que nació a orillas del Camby Bolongo, le enseña algunas palabras en africano y le transmite su historia, lo que hace de Kizzi una guerrera orgullosa de su origen.

Años después, las circunstancias hacen que el amo Reynolds venda a Kizzi a un hombre que la viola, con quien tendrá un hijo. Ella quiere que su hijo, George, sepa quién es y de dónde viene. Entonces, le repite como un cuento las historias que su padre le contaba. Algo que George hará también con sus hijos. Y ellos con su descendencia.

De ese modo, la historia atravesó generaciones hasta llegar al periodista Alex Halley, quien fue elegido para escribir la biografía de Malcolm X, defensor de los derechos y libertades de los afroamericanos.

Una noche, mientras Alex comparte un momento con una de sus primas, la mujer le pregunta por qué ese hombre se llama X. El escritor le responde que lo eligió a modo de protesta, porque ninguna persona negra en los Estados Unidos conoce su verdadero nombre, dado que todas llevan el apellido de sus antiguos amos. Para su sorpresa, la prima le responde que eso les pasará a los demás, porque ellos sí tienen un nombre propio (un Significante que los representa). Ellos son Kinte.

Alex le pide que le recuerde las historias familiares acerca del viejo africano. Así, hablan del río Camby Bolongo, del instrumento musical Ko, y de otros detalles que recordaban de los relatos de sus padres y abuelos. Y un deseo se apropia de aquel hombre: encontrar sus raíces.

Con esos pocos datos y luego de una larga investigación, llega hasta la aldea de Jufure, donde se encontraba un *griot*, un transmisor oral de la historia de los clanes. Este, en particular, del clan Kinte.

El inconveniente es que los *griots* cuentan la historia desde el comienzo mismo de esos clanes.

Luego de horas, hastiado de escuchar un relato similar al génesis bíblico, Alex escucha cómo Omoro y Binta Kinte tuvieron un hijo, Kunta, que salió al bosque en busca de un tronco para hacer un tambor para su hermano, y nunca más volvieron a verlo.

Con el corazón acelerado, el hombre le pide al *griot* que lo repita. Hasta que, con los ojos llenos de lágrimas, se pone de pie y grita: «¡Te encontré… viejo africano, te encontré!».

Así, Alex Halley y su familia recuperaron su historia.

Una historia que resistió el látigo y la tortura a partir de una Palabra: Kinte.

Porque el nombre no es una palabra cualquiera. Es un Significante que eligieron otros —por lo general nuestros padres— y nos acompañará toda la vida. Así, Dolores, Ángel, Soledad, Zoe (vida), Martirio, Patricio (padre) o Alma, son Significantes que dirán quiénes somos y qué se esperaba de nosotros. Una Palabra de la cual debemos apropiarnos hasta volverla carne. Una Palabra que puede torcer nuestra vida en favor del sufrimiento, o invitarnos a jugar nuestro deseo más allá de los mandatos.

El nombre es una Palabra que nos precede y nos sucede.

Hoy mi padre es un nombre que trae aromas de alguien que se fue y que me ayuda a reconstruir mi historia.

Siempre he creído que lo máximo que podemos hacer en este tránsito por la vida es dejar palabras que permitan a quienes nos sucedan, armar una bella historia. Porque al final, todos seremos nada más que un cuento. Un cuento que tal vez alcance para rescatarnos de la soledad y del olvido.

Soledades irreconocibles

Dijimos que un árbol que cae solo hace ruido si hay alguien para escucharlo.

No ser escuchados nos condena a la inexistencia. Por eso los solitarios requieren presencias que les permitan conservar su humanidad. Como Viernes, el nativo que Robinson Crusoe salvó de los caníbales y que a partir de ese momento se transformó en su compañero de palabra. O como Wilson, el balón de voleibol que Chuck Noland (el náufrago interpretado por Tom Hanks) convierte en su acompañante durante sus cuatro años de aislamiento en una isla desierta. Con su sangre, Chuck pintó un rostro en el balón. Tal vez porque intuyó que, si no tenía con quién hablar, se volvería loco.

Hay delirios que, paradójicamente, nos salvan de la locura. Y no solo en la ficción.

Un día, en la soledad de su balsa, Velasco, el náufrago entrevistado por Gabriel García Márquez, a quien ya citamos, se dio por vencido. Apoyó la cabeza en el remo y se entregó. Pero estaba tan agotado que ni siquiera pudo dormir. De pronto, en medio de las tinieblas, percibió la imagen de su gran amigo, Jaime Manjarrés, que desde el extremo de la balsa comenzó a hablarle. Le preguntó por qué no había tomado más agua del buque, por qué no había comido, y le señaló dónde quedaba Cartagena.

Velasco siguió su indicación hasta que pudo ver las luces del puerto. «Llegamos», le dijo emocionado a Jaime, y le pidió que remara más fuerte. Pero su amigo ya no estaba. «Se había ido. Yo estaba solo en la balsa y las luces del puerto eran los primeros rayos del sol».

El calvario no había concluido. Velasco seguía preso en su cárcel de mar. Pero todas las noches, su amigo venía a acompañarlo. Conversaban un poco y luego desaparecía. Al amanecer, el náufrago pensaba que se trataba de una alucinación. Por las noches, en cambio, estaba convencido de que Manjarrés se hacía presente. Pero llegó un momento en el que la balsa comenzó a dar tumbos y se llenó de agua. Velasco apenas podía sostener afuera la cabeza. «Esa noche no vino Jaime Manjarrés. Estuve solo, desesperado, abandonado a mi suerte en el fondo de la balsa».

Aquella ausencia marcó el punto más hondo de su soledad. Sin la ayuda del delirio, sin la visita de su amigo, se quedó sin palabras y cedió a la muerte. Sin embargo, por primera vez desde su naufragio, apareció la luna, y su reflejo en el mar le dio el reconocimiento que necesitaba para resistir. Ahora, fue la luna quien le dijo: «No te rindas. Te estoy mirando».

Nadie puede vivir sin el otro de la palabra. Y a veces, cuando esa palabra no llega, se inventa. Aunque no hacen falta naufragios reales para convocar alucinaciones o delirios que contengan el dolor de estar solo.

Desde hace más de veinte años Mariana es pareja de Gerardo. Cuando lo conoció, él era novio de Inés, con quien se casó y tuvo tres hijos. A pesar de esto, Mariana sostiene que el matrimonio no comparte el cuarto ni tiene relaciones sexuales.

Y, aunque Gerardo nunca se lo dijo, ella afirma que él pronto va a separarse para que puedan estar juntos.

Rafael no conoció a su padre. No sabe su nombre, pero sí que vive muy cerca de su casa. El hombre jamás hizo ningún intento de contactarlo, pero Rafael está convencido de que lo observa cuando sale de compras o se va al trabajo. Siente su mirada, su presencia, y está seguro de que en cualquier momento se animará a hablarle.

Mara tiene 16 años. Desde hace unos meses está enamorada de Carla, su mejor amiga. La ve a diario, se envían mensajes hasta la madrugada, conoce sus secretos. Sabe que ella sale con Nico. Sin embargo, afirma que Mara comparte sus sentimientos, que solo está confundida y que es cuestión de tiempo para que se dé cuenta. En cada mensaje que recibe de ella, sin importar el tema, confirma su creencia.

No se necesita tener una estructura psicótica para delirar. En algunos casos, esos fenómenos también pueden aparecer en las neurosis. Los pacientes en duelo, por ejemplo, suelen atravesar esos episodios. La pérdida de un ser querido, por muerte o abandono, genera una soledad insoportable que cada persona enfrenta como puede. Mariana llena su vacío con la idea de que Gerardo no duerme ni tiene relaciones sexuales con su mujer. Rafael cree que su padre lo mira desde una esquina. Mara desacredita los dichos de su amiga y espera una confesión de amor.

Todos esperamos reconocimiento. En especial de las personas que amamos. En ocasiones, basta con que alguien deje de responder un mensaje para que se genere la sensación de vacío.

Al no contestar, esa persona sale del campo del lenguaje y deja al otro en una soledad angustiosa.

Aunque hay formas más crueles de negar el reconocimiento que, incluso, niegan la humanidad misma.

En el libro *La felicidad*, hablamos de la escena de la película *El pianista*, donde un oficial nazi descubre al protagonista, Władysław Szpilman, escondido en un edificio derruido de Varsovia.

Con su uniforme impecable y el arma (Significantes que lo representan: Nazi), el oficial se acerca y le pregunta si es judío. Szpilman asiente y acepta esa Palabra que lo representa. Una Palabra que en ese momento era una condena a muerte. Pero de pronto surge otro Significante, *pianista*. Una Palabra que genera reconocimiento. Porque ese oficial ama la música. Entonces, en lugar de matarlo, el nazi se dedica a escuchar cómo Szpilman toca a Chopin. Y se conmueve. Y ya no puede asesinarlo porque ese otro Significante, pianista, transformó al *judío* —que para el nazi debía morir— en un humano. Un semejante. Y comienza el intercambio de lenguaje entre ellos.

La música también es lenguaje. Como dijimos, hasta el silencio puede serlo. No siempre el silencio es ausencia de palabra. A veces es una palabra plena. Como el grito.

En la versión que Abel Pintos hace de la zamba «El antigal», hay un momento culminante.

El tema es un lamento indígena. Y luego de una frase que conmueve «el llanto del indio es un manantial febril mojando el antigal» Abel grita. Y ese grito trasciende el tiempo y nos coloca en el alma de la raza india, su relación con la tierra, su tortura y su dolor.

Y su grito es arte que araña lo imposible de ser dicho.

Y vuelve la imagen del Cristo. Y una curiosidad.

Solo uno de los cuatro Evangelios describe el grito de Jesús en la cruz: «Elí, Elí, ¿lama sabactani?».

Esas palabras pronunciadas en arameo cerca de las tres de la tarde, han sido traducidas como «Dios mío, Dios mío, ¿por qué me has abandonado?».

Dijimos que un Significante representa a un *$ujeto*. Ese grito es el Significante que representa a Jesús en el momento justo antes de su muerte. Representa también su incomprensión y su desamparo.

Según el Nuevo Testamento, es un grito desgarrador. Y, sin embargo, solo uno de los evangelistas, Mateo, rescata ese gesto desesperado en que el grito y la palabra vuelven humano a Dios.

Siempre me impactó la historia de aquel carpintero humilde, nacido en la pequeña ciudad de Belén, que ofrendó su cuerpo para que fuera encarnado por el espíritu divino. Porque algunas interpretaciones sostienen que cuando Juan lo bautizó, el Espíritu Santo entró en su cuerpo. Ese fue el instante en el que un hombre, Jesús, se volvió Dios. Pero nunca entendí el porqué del desenlace de aquel drama. ¿Por qué justo antes de su muerte, el espíritu divino decidió irse? ¿No podía Dios esperar a que su hijo muriera para abandonarlo? Tampoco Jesús lo entendió: «Elí, Elí, ¿lama sabactani?».

Una escena que devela una verdad trágica: la muerte es una experiencia que todos deberemos enfrentar solos. Incluso Dios.

El filósofo danés Søren Kierkegaard señala que en esa pregunta —Padre, ¿por qué me has abandonado?— encuentra el dolor, pero no la angustia de Jesús. Según él, la angustia se juega antes, cuando Cristo comprende que Judas va a traicionarlo. Y en lugar de gritar, le dice: «Lo que hayas decidido hacer, hazlo pronto».

Tiene razón Kierkegaard. Porque la angustia anuncia un sufrimiento que acecha. En cambio, el dolor aparece cuando el impacto ya sucedió y algo se quebró dentro de nosotros. Es grito e incomprensión: «Padre, ¿por qué me has abandonado?».

Conozco bien esas sensaciones.

En el consultorio trabajo con la angustia, la antesala de dolores por venir. Escenarios por los que todavía puedo hacer algo. También con el dolor que me convoca a escuchar los gritos. Y el silencio.

Recuerdo otro episodio muy conocido del Nuevo Testamento: la escena en que persiguen a una mujer adúltera para apedrearla.

En lo que se supone un intento de poner a Jesús en una encrucijada —seguir la ley o mantener su tolerancia— le preguntan qué deben hacer con aquella pecadora. Porque, según la ley, debía ser apedreada. Y Jesús responde con aquellas palabras que atravesaron siglos: «Aquel de ustedes que esté libre de pecado que arroje la primera piedra».

Ninguno lo hizo.

Pero quiero señalar un momento casi perdido de esa gran escena, donde Jesús está sentado en el piso y, mientras traen a la adúltera para que la juzgue, escribe algo sobre la tierra. Sí, está escribiendo en el suelo. La Biblia no dice qué. Hasta que de pronto, lo borra. Y no sabemos qué escribió. ¿Qué pensó antes de pronunciar su famoso «quien esté libre de pecado que arroje la primera piedra»? ¿Qué pasó por su mente?

Es imponente el silencio de esa palabra escrita. La soledad de Cristo, y de aquel texto que decidió no compartir con nadie por toda la eternidad.

En ese mismo Evangelio de Juan, se cuenta que Jesús está frente a Pilatos, quien le pregunta si en verdad es el rey de los judíos. Y él responde: «Tú lo dices».

Pilatos intenta el diálogo hasta que Cristo le expresa que vino a traer la verdad. Entonces, el prefecto romano le cuestiona: «¿Y qué es la verdad?».

Y aparece otra vez el silencio. Uno de los más tremendos de la humanidad.

¿Qué significa ese silencio?

Significa que la verdad no puede traducirse en palabras. Que el *hablante* está condenado a asumir una falta, un desconocimiento. Algo que no sabrá nunca. Un vacío que a veces cabe en una emoción —la de Olga—, en un dibujo —los de Picasso y Munch—, en un sueño —el de Griselda—, o en una angustia —la de Manuel—. Intentos de horadar la soledad de ese vacío silencioso.

Octavio Paz señaló que todo silencio humano contiene una palabra.

«Palabras, palabras, palabras», dijo Hamlet. Es lo único que tenemos. En *El rey Lear*, uno de sus personajes, Edgar, afirma que «no hemos llegado a lo peor mientras todavía podamos decir: esto es lo peor». Así, Shakespeare señala que el abismo, la desesperación, la Soledad con mayúsculas, solo aparece cuando nos quedamos sin palabras.

Por suerte, casi siempre podemos decir algo. A veces para mejorar una situación, otras para arruinarla. Los árabes sostuvieron que la palabra solo es necesaria cuando lo que se va a decir es mejor que el silencio. Otros, que hablar cuando se debe callar es tan pernicioso como callar cuando se debe hablar.

Frases que denotan la soledad del *hablante.* La dificultad que aparece frente a un enigma: cuándo y con quién hablar. O callar.

Estamos convocados a formar parte de un universo donde casi todo nos importa poco, y donde no le importamos a casi nadie. Al mundo de la charlatanería. Al ritual del bla, bla, bla, de la palabra vacía. Esa palabra que no dice nada acerca de quiénes somos, qué sentimos, o cuáles son las cosas por las que daríamos la vida. Pero cada tanto aparece una palabra plena. Una Palabra que, a pesar de nosotros, incluso en contra de nuestra voluntad, llega, nos avasalla y grita nuestro deseo, devela nuestros miedos y revela algo de nuestra soledad.

Es muy difícil tomar la palabra para poner en juego algo del orden de la verdad.

Parejas que permanecen unidas solo porque ninguno se animó a pronunciar una palabra plena que diga qué le pasa. Entonces, siguen así, juntos, solitariamente juntos. Padres que, por temor, desconocimiento, o falta de interés, dejan a sus hijos aislados en sus cuartos sin tener la menor idea de qué hacen, si disfrutan o sufren. Ancianos que «para no molestar» callan su necesidad de encuentros y abrazos.

La cercanía con la gente me ha regalado momentos que llevo tatuados. Encuentros que me convocaron a tomar el lenguaje y pronunciar una palabra plena.

Hace tiempo, cuando estaba terminando una charla, alguien del público levantó la mano para hacer una pregunta. Era una mujer de 80 años que había venido con su hija y sus dos nietas. Le acercamos el micrófono y con voz entrecortada dijo: «Amo a mi familia. Necesito verlos. Pero creo que ya debería morirme, porque no quiero ser una carga para ellos». De inmediato, la abrazaron y le dijeron algo que no pude escuchar, pero imagino: palabras de reconocimiento. Porque esa mujer eligió no preguntar. Y confesó. Su amor, su miedo, la ambivalencia de querer seguir viviendo y la angustia de ser un peso para su familia.

En otra ocasión, una mujer joven dijo ante quinientas personas: «Hoy es la última salida que haré con mi hija. Me estoy muriendo. Y vine con ella para que usted me ayude a explicarle que tiene que soltarme, ser fuerte y aprender a vivir sin mí».

Esas personas tomaban la palabra para hablar de soledades. Las propias, y las de su familia. Soledades actuales y futuras. Sufridas o temidas.

En ambos casos, después de que hablaran, se hizo un silencio prolongado en la sala. Un silencio que respeté. Luego, les hablé con el mayor grado de verdad que pude.

Apuesto a la palabra plena. De cualquier modo, sé que nadie puede vivir todo el tiempo diciendo quién es o qué desea. La charlatanería nos sostiene humanos. Hemos dicho que somos una especie que cree en las mentiras. Somos también una especie que habla de banalidades. No hay manera de sostener una palabra plena constante. Si alguien pretendiera hablar solo de cosas trascendentes, nos resultaría insoportable. A veces debemos hablar por hablar.

El mayor elogio a la charlatanería lo hace el Psicoanálisis con lo que llamamos *asociación libre*. La regla fundamental. El acuerdo por el cual el paciente se compromete a decir lo primero que se le venga a la mente, aunque le parezca una tontería. De esa manera, renuncia al control de su discurso, y es posible que así, creyendo que no está diciendo nada importante, diga mucho más de lo que piensa. Aunque siempre que hablamos decimos más de lo que creemos. Y la charlatanería abre ese espacio donde la conciencia se relaja y, tal vez, el Inconsciente encuentra un resquicio por el que puede manifestarse algo de la verdad.

Conclusiones kafkianas

Regreso a Praga en mis pensamientos…

Ojalá Kafka sepa que vive con nosotros.

En mi vida tiene la constancia de un libro abierto en la mesa de luz. O me habla desde la biblioteca. Y vuelvo a «Ante la ley» y *Carta al padre* y me pregunto si no habrá sido Hermann —su padre— el guardián enorme que lo detuvo en el camino hacia su deseo.

Es posible que, a través de su carta, Kafka haya intentado encontrarle sentido a su confusión. Pero, «Ante la ley» (del padre), no pudo hallar alivio ni límite a su miedo.

Kafka nunca envió aquella carta.

No quiso que su padre la leyera. Tal vez pensó que no la comprendería. Entonces, ¿para quién la escribió? Quizás, como sugiere Cortázar, la *Carta al padre* y «Ante la ley» hayan sido el producto del lenguaje que se apropió del escritor para dejar unas letras que lo representaran para siempre. Las letras de su miedo. Y aunque con esas páginas Kafka no haya podido eludir el miedo, al menos eludió el olvido. Una manera sutil de engañar a la muerte.

Esas obras plantean la ineficacia de la palabra: alguien que quiere hablar y hacerse comprender mientras la palabra falla y no comunica.

La palabra es nuestro límite y nuestro cielo. Es lenguaje testigo de un encierro.

Y quizás lo más kafkiano de todo sea que Kafka escribe porque no puede hablar, y al escribir comprende que tampoco así podrá decir lo que quiere.

En el cuento «Ante la ley», el guardián le dice al campesino que, si pudiera vencerlo, al cruzar la puerta solo encontraría guardianes todavía más temibles que él. Así, Kafka inventa simbolismos aún más horrorosos para aludir a un vacío que no puede explicar, que tiene que ver justamente con ese lugar donde el *hablante* desaparece y se vuelve un ente vital y solitario. No un *$ujeto* que habla, sino un cuerpo que goza.

Lacan dijo: «El hombre vive porque goza».

Viniendo de un pensador que acuñó el término *goce* como sinónimo de pulsión de muerte, del impulso a la destrucción, es una afirmación que perturba.

Freud afirmó que «el Yo es antes que nada un Yo corporal». En esa frase, Lacan rescata el *goce* como el sustrato viviente que nos sostiene a costa del dolor. Un precio que debemos pagar para existir en un cuerpo. El fuego de Prometeo que nos da vida a cambio de angustia. Y la palabra que llega para protegernos a cambio del deseo. De la insatisfacción. De la soledad.

El lenguaje es una frontera, una voz que dice «hasta aquí». Aunque a veces nos deja arañar un mínimo del goce que perdimos por hablar. Ese que el campesino intuye cuando espía a través de la puerta. El que nos mueve a construir mundos fantasiosos donde aparece un único Dios llamado Jehová, o doce, si hablamos del panteón olímpico, o del Asgard. También sus enemigos, demonios o gigantes. Y todo el material simbólico que creamos para intentar explicar ese lugar misterioso al que no podemos pasar. Al menos, hasta la muerte. Hasta la Soledad final.

En el cuento, el campesino se detiene ante el guardián y queda aterrado frente a su imagen —registro imaginario—, como Kafka ante su padre, y aunque intercambian algunas palabras —registro simbólico—, no llega a construir metáforas que den sentido al vacío que hay detrás de la puerta —registro real—. Ni dioses, ni demonios. Solo un enigma que no puede horadarse.

De alguna manera, todos somos ese campesino que se topa con un guardián invencible —la palabra— que nos pone un límite infranqueable... Y así nos deja a salvo, pero solos.

El guardián es lo que llamamos «el gran Otro» (A), el tesoro del lenguaje. La palabra hasta la que podemos llegar. El límite. Porque, como dijimos, en el mundo de los humanos, cuando no hay palabra, no hay nada. Solo el vacío, la locura o la muerte. Lo sabe quien sufre un ataque de pánico y no puede hablar. Y sin el freno del guardián (la palabra), siente que se volverá loco o que se va morir. También el adicto que se esconde detrás de una sustancia, y se aísla.

En el cuento, el guardián confiesa que él mismo tiene miedo de mirar lo que hay detrás de la puerta. Y juntos, guardián (palabra) y campesino (nosotros, los *hablantes*), se nos va la vida sin conocer «la verdad». Pero no importa. La palabra alcanza a mantenernos de este lado, porque más allá no hay nada. De algún modo, ese guardián temible es lo único que nos detiene antes del vacío. Por terrible que parezca, nos sostiene del lado de la vida. Y viene otra vez Shakespeare a recordarnos que lo peor nunca es lo peor mientras podamos decir: «Esto es lo peor». Mientras exista la palabra.

Pero ¿cómo podemos confiar en una palabra que no puede decirlo todo? ¿En una verdad incomprobable? Es parte del desafío de vivir.

Para el *hablante*, la confianza es un esfuerzo. Un gesto amoroso.

El amor es un momento de locura que, por un rato, nos da una sensación engañosa de completud. La creencia de que hay un objeto (el amado) capaz de tapar nuestra falta existencial.

Un sentimiento que nos convoca a creer en alguien que ni siquiera está seguro de lo que dice. Y en un «te amo» que el amado no puede garantizar.

Santiago llega a su casa. Está ansioso. Marcela, su esposa, le avisó que el socio le dejó un libro autografiado por una autora a la que él admira mucho. Al entrar percibe un clima raro. La mujer está tensa. Sin saludarlo, le extiende el libro y pregunta: «¿Qué significa esto?». Santiago lo abre y lee la dedicatoria: «Ojalá te guste. Y vamos por otra noche compartida». Levanta los ojos y balbucea: «No sé». Es toda su respuesta. Ella ruega: «Intenta explicármelo». Sin desviar la vista, él responde: «No puedo. No lo entiendo. No conozco a esa escritora. Créeme». Marcela baja la cabeza. Está llorando. Luego de un rato, lo mira y dice: «Está bien. Te creo».

Se abrazan. Ninguno de los dos comprende lo que pasó. Hasta que llega un mensaje de Augusto, el socio de Santiago, con una foto de la dedicatoria del libro donde dice: «Ojalá te guste». Y un comentario: «A ver si resuelves el juego de las siete diferencias». Para hacerle una broma, Augusto había agregado el texto sobre la supuesta noche compartida. Santiago mira a su mujer: «Ahora sí puedo explicarte qué pasó».

Esa noche, mientras la abrazaba, le agradeció que hubiese confiado en él a pesar de una situación tan confusa.

Dos días después, cuando vino a sesión, me comentó que no habría seguido junto a Marcela si ella no hubiera creído en él. Porque esas circunstancias —sostuvo— son las que ponen a prueba la fuerza de un vínculo. Esos momentos en los que el amor debe pegar un salto y pasar por encima de lo aparente.

Santiago tenía razón.

Según Lacan, «solo el amor permite al goce condescender al deseo». Así, insinúa que es necesario un amor —sano, honesto, confiado— para que ese *goce* ilimitado y destructivo se acomode al deseo.

De igual forma, podemos decir que solo ese amor —honesto y confiado— permite a la duda condescender a la confianza.

Ante una palabra que no alcanza a decir todo y una verdad que nunca se revelará, estamos convocados a vivir sin certezas. A enfrentar la incertidumbre. Los límites que nos impone el lenguaje. Y confiar. Al menos en aquellos que amamos. Esos otros que, con sus gestos, nos ayudan a vivir.

Y una vez más Kafka.

Siempre me intrigó el final de ese cuento.

¿Qué dice en verdad el guardián cuando le confiesa al campesino que aquella puerta fue creada solo para él? ¿Será una manera descarnada de decir que nadie puede compartir el *goce* del otro? ¿Qué no podemos gozar juntos? ¿Esa tortura del enamorado que se desespera por saber qué hay detrás de la puerta —sexual— del amado, cuando ni siquiera puede saber qué hay detrás de su propia puerta?

Tal vez. Porque, ante «lo real», cada persona debe vérselas con sus enigmas y con sus propios goces. Y por más que esté con alguien, se amen, se hablen y se digan algunas cosas, siempre habrá algo que será del otro; algo intransmisible. Hay una puerta creada para cada uno de nosotros, y ni siquiera el amor permite que podamos compartirla. Cada *hablante* tiene su guardián. «Ante la ley» del *goce*, estamos solos.

ISLA VI

Tomo un sorbo de café y disfruto del sabor amargo que me queda en la boca. Es el tercero del día. El último, espero. Nunca se sabe. Levanto la vista. Ahí está. En su mundo. Sé que voy a interrumpir. No me importa.

—¿Qué hace? —le digo.

—Leo.

—¿Algo interesante?

—Su libro, *La felicidad*.

—¿Con todos los que hay en la biblioteca, elige justo ese? No pierda el tiempo.

—El tiempo no se pierde. Se transita. Es inevitable. La vida es nada más que tiempo. Por eso, quien juega con nuestro tiempo, juega con nuestra vida —me mira—. Y como este es mi tiempo y mi vida, deje que los gaste como más me gusta.

—Pero ya ha leído ese libro varias veces.

—Así es.

—¿Entonces? —le cuestiono.

—ποταμοῖς τοῖς αὐτοῖς ἐμβαίνομεν τε καὶ οὐκ ἐμβαίνομεν, εἶμεν τε καὶ οὐκ εἶμεν τε.

—¿Qué?

—*En los mismos ríos entramos y no entramos, [pues] somos y no somos [los mismos]*. ¿Le suena? Heráclito. Frase más conocida como…

—«Nadie se baña dos veces en el mismo río» —completo.

—Exacto. Por ese motivo, cada tanto releo algunas cosas.

—Ahora entiendo. Quiere ver si cambió alguna página; si mágicamente surge un párrafo nuevo o desaparece algún error —bromeo.

—No se ría. Le aseguro que es así. Todo libro se completa en el lector. Si el lector se modifica, el libro también. Es posible que una obra contenga cosas que pasamos por alto y ahora, por necesidades del alma, se vuelvan fosforescentes. O que haya otras que resaltamos en una primera lectura y hoy nos resulten poco importantes. Así que, ¿por qué no se sienta y me acompaña? —Acepto la invitación con desgano—. Repasemos lo que ha escrito y quizás nos sumergiremos en otras aguas.

Se aclara la voz, y lee:

> Recuerdo a los ascetas. Hombres y mujeres que se alejaban de los placeres del mundo en busca de la perfección espiritual. Creían que sin las distracciones que propone la vida cotidiana Dios estaría más cerca. Para fortalecer su ánimo se retiraban a los desiertos, soportaban el calor y resistían el hambre y las lluvias. Y aun allí, lejos de todos, en esa soledad plena, experimentaban una invasión descomunal de tentaciones, imágenes y demonios.

—Interesante, ¿no?

—Solo porque nos permite seguir hablando —le contesto.

—No es poco. Hay algo sublime en el acto de conversar. Como si a fuerza de asociaciones fuéramos ascendiendo hacia una torre misteriosa.

—Hoy anda muy poeta.

—Puede ser. Pero, dígame: ¿qué asocia ahora con lo que le he leído?

—Pienso en Elsa, una anciana que conocí cuando trabajaba en el asilo. Una mujer fascinante. Tenía 95 años —suspiro.

—¿Qué pasa?

—Yo iba dos veces por semana y cada vez dedicaba algunos minutos para hablar con todas las internas. Menos con ella.

—¿Y eso, por qué?

—Porque no quería presionarla. La veía muy grande y me pareció que tenía que dejarla en paz —lo freno con un ademán—. Ya lo sé. Pero yo era demasiado joven e inexperto.

—¿Y entonces?

—Un día Elsa me mandó llamar. Entré en su habitación y la vi por primera vez. Era hermosa. Con una mirada potente y un aspecto delicado. Señaló el sillón que estaba al costado de su cama. Entendí la invitación y me senté. Me miró un rato antes de hablar.

> —Usted trabaja aquí —asentí—. Y cada vez que viene, habla con todas… menos conmigo —hizo una pausa antes de increparme—. ¿Acaso piensa que porque soy vieja ya no tengo nada que decir?
>
> Me sorprendió. Intenté una respuesta.
>
> —¿Sabe qué pasa, abuela?
>
> Me fulminó con la mirada.
>
> —No me llame así. No soy abuela, apenas si soy vieja.
>
> Se acomoda y me comenta.

—¡Qué carácter, la señora! Y qué enseñanza.

Asiento.

—Yo creí que al no visitarla le hacía un favor. Y en realidad la estaba dañando. Le quitaba el derecho a hablar. Y a la soledad.

—No comprendo.

Voy hacia el escritorio y regreso con algunas hojas.

—Escuche lo que dijo el psicoanalista Vicente Palomera Laforga:

> Blas Pascal señala que todas las desgracias del hombre se derivan del hecho de no ser capaz de estar tranquilamente sentado y solo en una habitación.

—¿Se da cuenta? —sigo—. Según Pascal, no hay forma de que nuestra mente se aquiete por completo, porque no podemos evitar las voces de nuestros pensamientos.

—Entonces, por mucho esfuerzo que hicieran, los ascetas estaban condenados al fracaso.

Asiento.

—Y Elsa también. Pero deje que termine con la cita:

> En otras palabras, lo que dice Pascal es que lo que permite estar solo es la capacidad de separarnos de aquello que hace gozar, o de lo que excita, ya sea las actividades, los padres para los niños, los semejantes para los mayores, pero también las fantasías y todas las fuentes de estimulación, incluso tóxicas.

—¿Entiende?

—Más o menos —me dice.

—Palomera Laforga sugiere que no debemos confundir la soledad con el aislamiento. Porque, al contrario de lo que pudiéramos pensar, es posible que el aislamiento no sea más que una forma de evitar la soledad.

—Es decir, que quienes buscan aislarse únicamente consiguen estar menos solos que nunca.

—Así es. Porque el aislamiento llena nuestra soledad de imágenes, deseos, sentimientos de culpa, de impotencia… También con eso tiene que ver un análisis.

—Explíquese.

—Como escribí en *La felicidad*, Lacan sugirió que el paciente de alta deja el análisis preparado para soportar su soledad sin que lo atormente la tristeza. Aunque esa soledad siga poblada de fantasmas, de orgasmos que emocionan y de noches angustiadas a causa de algún amor perdido —levanta el libro y me lo muestra—. No se ría. Le aseguro que es así. Si no me cree, pregúnteles a quienes perdieron un amor. No quieren ver a nadie. Se encierran en su casa solo para que los invadan los recuerdos del amor perdido. Lo sabe todo el que atraviesa un duelo. El que teme. El que no puede tomar una decisión. Créame: no se puede estar solo más que junto a otros. Y eso era lo que Elsa me reclamaba. Que le diera mi compañía, mi escucha, para estar un poco más sola. Para que los recuerdos de su vida, sus éxitos y fracasos, los amores disfrutados y perdidos, la dejaran en paz —me conmuevo.

—¿Qué le pasa?

—Me pasa Elsa, que no me deja solo —sonrío.

—Cuénteme algo más.

Me tomo unos segundos.

—Ella no era abuela. Y tampoco había sido madre. Era la menor de cuatro hermanos. Todos habían muerto y sus sobrinos la visitaban únicamente para las fiestas. Es decir, que estaba condenada al ruido permanente de sus pensamientos. Excepto cuando estaba conmigo. En esos encuentros encontraba un poco de la soledad que necesitaba.

—¿Y cómo termina esta historia? —pregunta luego de una pausa.

—Como suelen terminar todas. Una mañana recibí una llamada del asilo. Elsa agonizaba. Salí corriendo.

No había nadie con ella, pero no estaba sola. Estaba sitiada por los recuerdos. Le tomé la mano. Me agradeció con un gesto. Después, cerró los ojos. Se le cayeron algunas lágrimas y luego dejó de respirar.

—¿Fue la primera vez que acompañó a alguien a atravesar la puerta?

—No. Cuando tenía 11 años abracé a mi abuelo antes de morir.

—Usted tiene que agradecerles a Elsa y a su abuelo —lo interrogo con la mirada—. Esos dos viejos lo ayudaron a prepararse para las despedidas que lo estaban esperando.

La conversación me ha movilizado. Voy hasta la cocina. Esta vez, sin dudar, lleno una copa de vino. Regreso triste. Antes de hablar, me mira y, como si quisiera sacarme de la emoción, pregunta.

—¿Se acuerda de san Antonio?

—¿El de Padua? ¿El santo al que se le reza para conseguir pareja?

—No. El otro, san Antonio Abad.

—Poco.

—Le cuento, entonces. Antonio, también conocido como san Antonio el Grande, o san Antonio Abad, fue un monje cristiano que nació en Egipto. Cuando tenía 20 años se retiró al desierto. Como los ascetas, quiso alejarse de las tentaciones del mundo y entregar su vida a Dios. Pero la soledad que deseaba era interrumpida a cada rato por presencias espirituales y humanas. Aun lejos del mundo, tuvo que enfrentarse a las tentaciones y fue acosado por demonios que adoptaban distintas formas. Leones, serpientes o bestias salvajes que lo atacaban durante la noche.

—Imagino que, como al amigo Estrázulas, también lo habrán visitado algunas mujeres hermosas.

—Sí. Más de una vez el demonio tomó imagen femenina para tentar su castidad. Pero otras, las visiones eran monstruosas. Incluso, en algunas ocasiones, la violencia física que sufría era real. Se cuenta que los demonios lo golpearon hasta dejarlo medio muerto. Por suerte, algunos de sus discípulos lo encontraron a tiempo y lo llevaron hasta una iglesia.

Aunque sigo conmovido, la historia me cautiva.

—¿Y qué pasó después? —pregunto.

—Antonio era un hombre testarudo y volvió al mismo lugar para enfrentarse de nuevo a los demonios. ¿Sabe qué hizo? Los desafió a los gritos: «Aquí estoy yo, Antonio; no huyo de sus golpes ni temo sus ataques».

—Era valiente.

—Puede ser.

—O estaba loco.

—También. Porque para él, estas presencias no fueron solo visiones espirituales, sino entes absolutamente reales.

—¿Cómo las enfrentaba? —pregunto con interés.

—Con las armas que tenía: ayuno, oración y voluntad.

—Al final, ese desierto al que se había retirado en busca de Dios, se transformó en un campo de batalla.

—Y sí… Es rara la vida. Nacemos solos, morimos solos, padecemos una Soledad con mayúsculas, y al mismo tiempo, parece ser que nunca podemos estar solos —ríe con sorna—. Y eso no es todo. Con el tiempo, su fama atrajo a enfermos, curiosos, e incluso a muchos que querían ser sus discípulos. Multitudes acudían al desierto para verlo, pedirle consejos, o simplemente observar al hombre que combatía a los demonios y hablaba con Dios.

—Al diablo con su anhelo de soledad. Con perdón de la palabra —me disculpo.

—Por eso se fue —continúa—. Primero se retiró a las afueras de su aldea. Después se escondió en una tumba abandonada. Por fin, cruzó el Nilo y se internó en el Desierto Oriental, donde pasó casi veinte años sin ver a nadie. Pero ¿sabe qué? Tampoco ahí logró estar solo, porque los monjes lo seguían, se asentaban cerca de él y querían imitarlo.

—Es decir que, sin proponérselo, Antonio generó toda una comunidad junto a su soledad.

Bebo un trago más, tomo mis papeles y me levanto.

—No se vaya todavía —me interrumpe—. Sigamos conversando un poco más. Hay algo extraño en la palabra. Nunca alcanza, pero calma.

Se apura a buscar algo entre sus apuntes.

—Aquí está.

—¿De qué se trata?

—De un filósofo que a usted le gusta mucho: André Comte-Sponville. Escuche lo que dijo:

> Estar aislado es estar sin contactos, sin relaciones, sin amigos, sin amores, y eso, por supuesto, es una desgracia. Estar solo es ser uno mismo, sin recurso a los demás, y esa es la verdad de la existencia humana. ¿Cómo podría alguien ser otro distinto de sí mismo? ¿Cómo podría alguien descargarnos del peso de ser nosotros mismos?

Me quedo pensando y digo:

—Es cierto. Aunque tampoco es fácil saber quiénes somos. Después de todo, como dijo Whitman, todos contenemos multitudes. Como los demonios y discípulos que no dejaban en paz a Antonio, todos tenemos emociones, recuerdos y deseos que nos perturban a cada momento.

—Por eso mismo, a veces, los otros nos ayudan —da vuelta a una página y continúa leyendo—:

> «El hombre nace solo, vive solo y muere solo», decía Buda. ¡Eso no quiere decir que se nazca, se viva y se muera en el aislamiento! El nacimiento, por definición, supone una relación con el otro: la sociedad está siempre ahí, y la intersubjetividad también, y nunca nos abandonarán. Pero ¿qué cambia eso en la soledad? Del mismo modo, cuando Pascal escribe en los pensamientos «Se muere solo», no quiere decir que se muere aislado.

—Es lo que usted hizo por Elsa —continúa—. La ayudó a irse sola, pero no aislada.

—Puede ser —reflexiono—. Es que nos tocó vivir en una época que le tiene demasiado miedo a la muerte. Antes no era así. En su libro *Morir en Occidente*, Philippe Ariès cuenta que en la antigüedad nadie moría aislado. Por el contrario, el muriente se tomaba su tiempo para despedirse y decía sus últimas palabras rodeado de su familia, incluso con los niños.

—Una gran idea. Si, como usted dice, los humanos debemos aprenderlo todo, también deberíamos aprender a morir. Digo, para no andar haciendo papeleos a último momento —se ríe.

—Usted bromea —continúo—, pero es así. Ariès la llama la época de la muerte amaestrada. Porque la persona en agonía podía decidir a quién ver, con quién hablar, o cuándo callar.

Y la muerte esperaba. En cambio, hoy vivimos en los tiempos de «la muerte excluida». Nos vamos de la vida excluidos, en una sala de terapia intensiva, llenos de cables, pero sin abrazos. Aunque también en la antigüedad, a pesar de las palabras y las caricias, se moría solo.

—Es lo que dice Comte-Sponville:

> En el siglo XVII, [...] en la estancia donde se moría había de ordinario un cierto número de personas: la familia, el sacerdote, varios amigos... Pero se moría solo, lo mismo que hoy en día, porque nadie puede morir en lugar nuestro. La soledad es la regla. Nadie puede vivir por nosotros, ni morir por nosotros, ni sufrir o amar por nosotros. Eso es lo que llamo la soledad: no es más que un nombre distinto para el esfuerzo de existir. Nadie vendrá a llevar tu carga, nadie. Si se puede dar a veces la ayuda mutua (¡y es cierto que se puede!).

—«La ayuda mutua» —repito—. Me gusta esa idea. ¿Qué otra cosa es el amor sino encontrar con quién ayudarnos a transitar una vida llena de ausencias?

—No se anticipe. Escuche:

> Así pues, la soledad no es el rechazo del otro, por el contrario, aceptar al otro es aceptarlo como otro (¡y no como un apéndice, un instrumento o un objeto de sí mismo!), y en este sentido el amor, en su esencia, es soledad. Rilke halló las palabras precisas para expresar ese amor que tanto necesitamos y del que tan raramente somos capaces: «Dos soledades que se protegen, se completan, se limitan y se inclinan la una hacia la otra. [...] El amor no es lo contrario de la soledad: es la soledad compartida, habitada, iluminada —y a veces ensombrecida— por la soledad del otro. El amor es soledad, siempre, y no porque toda

soledad sea amorosa, faltaría más, sino porque todo amor es solitario. Nadie puede amar en nuestro lugar, ni en nosotros, ni como si fuera nosotros. Ese desierto, en torno de sí mismo o del objeto amado, es el amor mismo».

—¿Qué le parece? —me pregunta.

—Pensar el amor como un desierto, como una experiencia compartida y solitaria al mismo tiempo, es una idea hermosa.

—Sí, pero al final: ¿estamos solos o no?

—Sí. Y no. Porque la vida discurre en medio de los demás, y aun así la soledad es una dimensión inevitable de la existencia. De cualquier modo, es un alivio saber que, cuando hay amor, la soledad no es un vacío. Es un espacio iluminado por presencias que, aunque tan solitarias como nosotros, siguen respirando a nuestro lado.

TERCERA PARTE

SOLEDADES MUNDANAS

... Esta soledad que llevamos todos,
islas perdidas.

VÍCTOR HEREDIA

Soledad del caminante

Dijo Facundo Cabral:

> Me gusta andar, pero no sigo el camino
> pues lo seguro ya no tiene misterio.

Como a él, me gustan las plazas y las calles. Porque me invitan a andar. O a perderme... Todos somos caminantes que andamos por el tiempo, aun cuando creemos estar quietos. En «Balada para un loco», Horacio Ferrer mira sin asombro cómo la luna rueda por la avenida Callao. No está detenida. Camina, recorre la ciudad, igual que yo.

En el libro *La felicidad*, conté cómo mis viajes en tren, la compañía de algún libro y el deambular dominguero por la ciudad, cobijaron mi adolescencia solitaria. Dije:

> Y fue en una de esas lecturas que me topé con una idea de Cortázar: un hombre que caminaba por las madrugadas preguntándose qué harían a esa hora quienes permanecían todavía

con las luces de sus casas encendidas. Cada una de esas ventanas iluminadas escondía un misterio. Posiblemente la historia de un amante, un traidor o un suicida.

La idea me conmovió y, al levantar la vista, me pregunté en qué pensaba esa mujer que viajaba dos asientos delante de mí. ¿Por qué llevaba esa mirada triste… o quizás pensativa? ¿A quién iba a ver? ¿De dónde venía? ¿Cuáles eran sus sueños? ¿Cuáles sus angustias?

[…]

Cuando cruzo una plaza y veo a alguien sentado solo en un banco, cuando un hombre insulta desde la ventanilla de un auto o una mujer lleva un bebé en sus brazos, me pregunto: ¿Qué piensan? ¿Qué sienten? ¿Están donde querrían estar? ¿Están con quien desean estar? ¿Es esta la vida que soñaban? Y a pesar de este ejercicio cotidiano, el misterio permanece intacto.

Mi adolescencia ya no está. Se fue hace tiempo. El misterio, en cambio, sigue conmigo. Y cuando camino —cito otra vez a Ferrer—, «Buenos Aires es toda mía».

El poeta estaba orgulloso de su andar permanente, de su condición de *flâneur*, como se le denominó en la Francia del siglo XIX al paseante atento, observador y reflexivo que recorre la ciudad sin rumbo fijo, solo por el placer de mirar. Un caminante solitario que contempla la vida como un espectáculo.

Borges escribió un poema llamado «Caminata». Extraigo alguno de sus versos.

Olorosa como un mate curado
la noche acerca agrestes lejanías
y despeja las calles
que acompañan mi soledad,
hechas de vago miedo y de largas líneas.

[…]

Yo soy el único espectador de esta calle;
si dejara de verla se moriría.

Alguna vez, como Borges, he sentido que era el único que miraba una calle. Que sin mí, la calle moriría.

Volvamos al obispo Berkeley. Si ser, es ser percibido, no solo es silencioso el árbol que cae sin testigos. También lo son las ciudades ruidosas con miles de personas que jamás las miran. Ni miran a los demás. Ni a sí mismos.

Martín Kohan escribió *¡Hola! Un réquiem para el teléfono.* Un libro que subraya que, con el viejo teléfono de línea, para poder hablar con alguien debíamos pasar antes por una o varias personas de la familia. Entonces, hablábamos con la madre, el tío o el hermano que atendía. Cada llamada era un modo multitudinario de vincularse.

Ahora, en cambio, es posible una comunicación sin intermediarios. Incluso, sin voz y sin palabras. Con mensajes escritos o con símbolos que suelen representar más de una cosa. Algo que, en realidad, nos aleja cada vez más de la comunicación y de los otros. Y nos deja solos en un mundo interconectado. Tan solos como ese hombre de traje que pasa a mi lado y va de prisa quién sabe adónde. Quizás, a ningún sitio. O al encuentro de una soledad más honda todavía.

Y aparece la negación del prójimo. La desaparición del semejante.

Según Silvia Bleichmar, la percepción del otro como semejante es indispensable para la construcción de un sujeto ético. Quien no ve en el otro a un semejante puede obviar su dolor sin culpa, porque lo deshumaniza. No lo reconoce.

En uno de los apartados centrales de su libro *La crueldad*, Cynthia Wila sostiene que «la indiferencia es uno de los disfraces más comunes de la crueldad». Además, afirma que la indiferencia produce una «cosificación» (categoría desarrollada por la filósofa Martha Nussbaum) que implica la negativa a reconocer lo humano en aquellos a los que se cosifica. Así, al deshumanizar al otro, se le puede torturar, manipular, encerrar, tratarlo como una entidad que puede ser poseída, comprada o vendida, e incluso, matarlo.

Debemos resistir la tentación de caer en esos comportamientos crueles. O encerrarnos en una soledad a la que somos empujados por el entorno sin poner ninguna resistencia. Porque mientras seguimos ensimismados en el teléfono, el tiempo —la vida— sigue su curso y nos lleva en un viaje que muchas veces nos perdemos. Y así como antes yo me preguntaba qué sentía esa mujer sentada en un bar o ese hombre que viajaba a mi lado en el tren, ahora me pregunto con qué llenan su soledad. Y reparo en el lenguaje corporal para discernir quién la llena con preocupación, miedo o angustia; o quiénes lo hacen con deseos o esperanzas.

Son las once de la mañana. El Parque Rivadavia está concurrido.

Me roza un hombre. Huelo su perfume. Viste con elegancia. Es posible que vaya a una cita. Sonríe. Está pensando. Sus palabras le hablan.

Me detengo debajo de un ombú. Ese árbol y yo tenemos historia. Ahí, trepaba mi hijo cuando era chico. También ahí, escondí mi llanto más de una vez.

Veo a dos ancianos que conversan y a otro hombre que mira el reloj cada treinta segundos. Está ansioso. Debe esperar a alguien que se ha demorado. Quizás, tiene miedo de que no venga. Muy cerca, una abuela… —aparece Elsa y me corrige— «una vieja» le da de comer a las palomas. Más allá, un niño juega a la pelota con su padre. A unos metros, una pareja se mira en silencio. Él espera una respuesta. Ella esconde sus lágrimas. El tiempo es relativo y para ellos no pasa nunca. Están decidiendo algo que puede cambiar sus destinos. Ajenos a todo, un grupo de jóvenes conversa de manera relajada. Algunos han traído a sus perros y comparten un mate. Y mientras las hamacas vuelan y los caminantes cruzan la plaza de un lado al otro, reflexiono. Si cerraran el parque ahora mismo, el lugar contendría todas las pasiones humanas. Están aquí. Puestas en juego en cada uno de esos solitarios que comparten el espacio. Incluso en mí, que los observo y me pregunto por qué los miro. ¿Por qué ocupo mi tiempo con estos intereses? Tal vez, porque el intento de comprender sea una buena compañía para mi soledad. Y ¿qué veo? Dos mundos. Un mundo de solitarios que dan batalla y otro de solitarios que se han rendido.

Una mujer se levanta de un banco, viene hacia mí y me pregunta la hora. Le respondo. Agradece y vuelve a sentarse. Está inquieta. Estira el tiempo todo lo que puede. No quiere volver quién sabe adónde. Es posible que deba comunicar algo que intuye que nadie va a entender. La observo con discreción. Parece avergonzada. No es extraño. Todos sentimos vergüenza cuando no supimos resolver el desafío que nos planteó la vida. Anticipamos el juicio de los demás. Sus miradas condenatorias. Y esa vergüenza nos deja solos de comprensión y de abrazos.

La Soledad del traicionado que se avergüenza por haber ejercido la confianza. Y ahora debe enfrentar las críticas de quienes ven en su mérito un acto de ingenuidad. De esos otros que juzgan, que no son abrigo, sino dolor.

Lo muestra el tango «Infamia»:

> La gente que es brutal cuando se ensaña.
> La gente que es feroz cuando hace mal.

Recuerdo a un paciente, Lautaro. Está a punto de casarse y acaba de descubrir la infidelidad de su pareja, Daniel. Va a suspender la boda. Debe hablar con su familia y sus amigos. Pero no puede. Siente vergüenza. Le pregunto por qué si no hizo nada malo. Si fue leal. No hay respuesta. De todos modos, hace dos días que no atiende el teléfono ni va al trabajo. No quiere hablar con nadie. Y sufre aislado, sin darse la oportunidad de recibir consuelo.

Retomo mi camino pensando en las soledades avergonzadas de los solitarios traicionados.

La vergüenza y la soledad son compañeras peligrosas.

Un adolescente está acostado sobre el pasto con los audífonos puestos.

¿Cuánta vergüenza habrá en la soledad del adolescente? ¿En la soledad de querer y no poder, de desear y no saber, de tener ilusiones que van más allá de sus capacidades y de estar condenado a obediencias que considera injustas? Soledad ante el mundo que no entiende. Soledad frente a padres que ya no transmiten seguridad. Al menos en la niñez obedecer tenía sentido. A cambio de esa obediencia, papá o mamá garantizaban que la vida era un lugar seguro y que podían arreglarlo todo.

La adolescencia derriba la omnipotencia de los padres. Por eso, el adolescente se siente solo y, como lo hizo al comienzo de la vida, debe explorar otra vez un universo desconocido.

Se trata de una experiencia tan parecida al nacimiento —la caída— que el psicoanalista Ricardo Rodulfo la define como «una segunda deambulación». Según él, no se trata de una analogía, sino de la *repetición de una encrucijada existencial*. Pero esa encrucijada que antes se ligaba al desafío de ponerse de pie, caminar, dejar «la teta»; y al aprendizaje de un lenguaje del que el niño debía apropiarse, ahora pone en juego al adolescente y se liga a

> Una autonomía de movimientos que gana la calle y la noche, un también nuevo distanciamiento-extrañamiento de lo familiar y una nueva posesión del lenguaje que se pone más al servicio de la intimidad, en particular con los pares.

Aparecen la calle y la noche. Espacios nuevos, potencialmente peligrosos, que preocupan a los adultos. ¿Dónde está? ¿A qué hora se fue? Ya debería haber vuelto. Preguntas que los hijos adolescentes no quieren responder, porque esa nueva distancia con sus padres los aleja, incluso, del deseo de hablar con ellos. Se sienten extraños en su hogar, como Gregorio Samsa —el personaje de *La metamorfosis*, de Kafka— que un día se despierta y no reconoce su cuerpo ni está integrado a la que hasta entonces era su familia. Esas familias que siguen preguntándose: ¿con quiénes se relacionan nuestros hijos? Porque ahora, en la vida de esos hijos ha entrado en juego un elemento que será fundamental en esta etapa: el grupo de pares. Un grupo que reemplazará a sus padres. Un lugar donde los jóvenes utilizarán el mismo lenguaje, ya sea para las risas o los enojos. Un conjunto de solitarios asustados que se unirán para enfrentar un mundo raro donde se sienten incomprendidos. Entonces, exploran juntos ese mundo.

Sin embargo:

> La exploración ahora no entiende a enchufes, desechos tirados por el suelo y cuanto se pone al alcance de la mano y de la vista; recae sobre lo que hasta hace poco estaba prohibido, o tan lejano que no hacía falta prohibirlo, sobre lo que todavía lo está, pero sin el anterior miedo a la infracción y a ser descubierto o desaprobado.

No se trata, como en la infancia, del riesgo de meter los dedos en el enchufe o de jugar con un vidrio roto. Ahora la investigación se vuelca a la sexualidad, a vencer los límites que imponen el cuerpo y la cultura, a descubrir el alcohol, las drogas u otros actos que implican la desobediencia a los mandatos familiares que se cuestionan.

Nahuel, un paciente de 16 años, me cuenta su experiencia en una «previa», como llaman a esas reuniones que los jóvenes realizan antes de salir a bailar, donde el reto se juega más que en la salida misma. Dice que tomó de más, no recuerda cuánto, ni qué. Después se fue a uno de los cuartos con Diego, su mejor amigo, y con una compañera, Anabella. Se besaron, se acariciaron, y ella se quitó la camisa para que pudieran besar sus pechos. Le pregunto si él también se desvistió. Responde que no. Pero fumó un porro.

Celeste está angustiada. Cuenta que en su viaje de fin de curso fue descubierta por sus amigas besándose con una chica de otra escuela. No siente vergüenza por lo que sus padres podrán decir, sino por el rechazo de su grupo de pares. Además, agrega que la experiencia le resultó muy excitante y ahora teme ser homosexual. Le pregunto por qué eso le da miedo y responde que no sabe. Celeste comenzó a espiar en el abismo de la sexualidad y encontró la incertidumbre y la ambivalencia. Pero además, se quedó sola. Celosas por lo que consideraron una traición —haberse vinculado con alguien externo al grupo— sus amigas la castigaron alejándose. Sin ellas, y sin la posibilidad de contar con su familia, Celeste se siente más sola que nunca. Sola ante el encuentro con una sexualidad que desconoce y a la que teme. Y sola por no poder compartir sus temores con otros.

Suele decirse que la palabra *adolescencia* proviene de «adolecer» (tener algún defecto o padecer una dolencia). Esta creencia ubica al adolescente como alguien enfermo o defectuoso.

Es el estereotipo que toma *Adolescencia*, una miniserie británica que conmovió al mundo.

La historia transcurre en un pueblo inglés que se ve convulsionado cuando Jamie, un chico de 13 años, es detenido como sospechoso del asesinato de una compañera de la escuela. De inmediato, los adultos —policías, psicólogos y padres— se movilizan. Nadie entiende lo que ha ocurrido. Así, descubren que los alumnos utilizan sus teléfonos más tiempo de lo debido y viven en una virtualidad que les resulta extraña, como si ellos no estuvieran también todo el tiempo con sus celulares en la mano. Los muchachos no dicen demasiado y entonces surge una inquietud que pone a jugar las emociones del espectador. La serie propone que, mientras los padres viven tranquilos porque sus hijos permanecen en la casa, los adolescentes se encierran en su dormitorio, se desconectan de ellos y del mundo, y se conectan con «otros» a través de celulares, pantallas o videojuegos. Nadie sabe con quiénes están o con qué límites juegan sus fantasías. Y se muestra un clima de aislamiento e incomprensión que termina con manifestaciones violentas, burlas, exclusión y homicidio.

A pesar del interés que despertó, no comparto la fascinación por esta serie. No veo en ella un retrato veraz de los adolescentes que conozco. Encuentro sí, la creencia de que el joven «adolece» de algo, que tiene alguna falta. Como si los adultos no las tuviéramos. La falta no es patrimonio de una etapa evolutiva sino de nuestra condición de *hablantes*. Y si bien ese cuarto cerrado a veces puede resultar riesgoso, no siempre es un sitio infernal. Es, también, el espacio íntimo donde el adolescente explora sus nuevas pasiones, su cuerpo y sus fantasías.

En su adolescencia, Charly García compuso una canción, «Cuando ya me empiece a quedar solo», donde se animó a imaginar cómo sería crecer, envejecer y acercarse a la muerte. Y escribió:

> Tendré los ojos muy lejos y un cigarrillo en la boca,
> el pecho dentro de un hueco y una gata medio loca.
> Un escenario vacío, un libro muerto de pena,
> un dibujo destruido y la caridad ajena.
>
> Un televisor inútil, eléctrica compañía,
> la radio a todo volumen, y una prisión que no es mía,
>
> Una vejez sin temores y una vida reposada.
> Ventanas muy agitadas, y una cama tan inmóvil.
> Y un montón de diarios apilados,
> y una flor cuidando mi pasado.
>
> Y un rumor de voces que me gritan,
> y un millón de manos que me aplauden.

Y el fantasma tuyo, sobre todo,
cuando ya me empiece a quedar solo.

Charly hizo honor a su condición adolescente. Porque en verdad, *adolescencia* deriva del verbo *adolescere*, palabra compuesta por «ad» (hacia) y «alescere» (crecer). Por lo tanto, etimológicamente, *adolescencia* no alude a ninguna enfermedad, ni falta, sino a la cualidad de estar en crecimiento, de «ir hacia». Por ejemplo, de la niñez hacia la adultez. Pero también de los miedos hacia el misterio de la vida, de los mandatos hacia el deseo propio, o de la protección del hogar hacia el desafío de la sexualidad, el amor, o la soledad del mundo. Un mundo que, a pesar de sus temores, el adolescente explora con valentía. Aunque a veces, negando los riesgos. Dice Rodulfo: «El deambulador encarna [...] el deseo de abolir todo límite, incluyendo el de la muerte...».

Sin las justificaciones de la infancia ni las herramientas de la adultez, el adolescente debe enfrentar las demandas de ideales ajenos (sociales o familiares) y las exigencias de un cuerpo que todavía no conoce. Algunos se asustan y permanecen aniñados, aferrados a la seguridad del hogar. Otros se encierran en sí mismos y se aíslan. Los más, se refugian en el grupo de pares y dan batalla.

Otro lugar común es estigmatizarlos como la «generación de cristal». De nuevo la falta, esta vez bajo la forma de la debilidad.

Tampoco es eso lo que encuentro en la mayoría de los adolescentes que conozco. Por el contrario, veo en ellos personas que dan una pelea difícil contra las imposiciones de un sistema que a veces los excluye y pretende robarles su subjetividad para transformarlos en consumidores. Adolescentes que conviven con la inseguridad de los adultos.

Hasta hace poco —durante la niñez de sus hijos—, amparados en un «discurso amo», los padres creían saber «cómo es la vida». Desde ese lugar daban órdenes e indicaban caminos a seguir. Esto no excluía los conflictos, pero les otorgaba una excusa para sentir que todo el problema quedaba del lado de los hijos. Hoy, en cambio, los adultos se sienten interpelados por el desconocimiento. Y quedan tan solos como sus hijos. Conscientes o no, comparten con ellos el miedo y la ignorancia ante un mundo que tampoco alcanzan a entender.

ISLA VII

Esta vez el que está leyendo soy yo.

Hace unas horas que me mira sin hablar. Percibo su respiración inquieta. Por fin dice:

—Me gustaría hacerle una pregunta.

Levanto la mirada.

—Pregunte.

—¿Qué opina? ¿Cuando alguien lee, está solo?

Me sorprende. Pienso antes de responder.

—No, al contrario, pienso que la lectura es la búsqueda de estar acompañado por quien uno quiere. El lector desea compañía, pero no de cualquiera. Ejerce el derecho a elegir. Entonces, va al encuentro del Quijote, de Borges, de Valjean o de Cortázar. Por lo general, preferimos momentos solitarios para leer, ¿sabe por qué? Para ocupar esa soledad con compañías elegidas. Por eso hay personas, yo entre ellas, que leen más de un libro a la vez. Porque no siempre tenemos ganas de estar con los mismos. A veces buscamos a alguien que nos haga pensar y elegimos un libro de filosofía; otras, andamos con deseos de aprender y tomamos uno de estudio, o queremos entretenernos y optamos por una historia de amor o de intriga —hago una pausa y enfatizo—: para eso están los libros. Para que podamos escoger con quién compartir el tiempo. También los escritores lo hacen. Quizás el mejor ejemplo sea *El Banquete*, de Platón, donde él se sienta con sus amigos a conversar. Elige a Sócrates, a Aristófanes, y los hace hablar.

—A lo mejor, por eso Borges aconsejaba que no hay que leer libros que a uno no le gustan —acota—, para no estar con personas que no nos agradan.

—Puede ser.

Mi comentario lo alienta y continúa.

—Borges también se oponía a que hubiera libros de lectura obligatoria. Decía que eso era degradar el acto de leer, algo que debe ser placentero. ¿Está de acuerdo?

—Sí. Aunque se trate de un placer variado. Porque cuando leemos no solo conversamos con los autores. También nos peleamos, o nos reímos con ellos.

—A lo mejor, por eso hay cierta literatura que resulta difícil —lo interrogo con la mirada—. Los clásicos rusos o el español antiguo, por ejemplo. Resultan complicados porque se nos hace difícil conversar con ellos.

—Puede ser —dudo—. Aunque a veces son libros muy estimulantes que nos permiten viajar en el tiempo. Y eso es hermoso. Estoy pensando en Oscar Wilde y *El retrato de Dorian Gray*.

—Hermosa novela —comenta—. A usted le gusta mucho.

—Sí. Al leerla se ingresa a un lenguaje antiguo, muy señorial que, sin embargo, luego se vuelve disfrutable. Sentimos que podemos hablar con los personajes y tenemos la certeza de que si tomáramos un café con Wilde, nos haría reír con sus ocurrencias —renuncio a mi lectura y dejo el libro en la mesa—. Pero, volviendo a su pregunta, estoy seguro de que leemos en momentos solitarios para evitar que aparezca alguien e interrumpa el diálogo que estamos teniendo con los personajes que elegimos.

Me quedo en silencio.

—¿Qué pasa? —me pregunta.

—No sé si contarle.

—¿Qué cosa?

—Que durante muchos años amé un libro y elegí su compañía —me detengo.

Suspira antes de hablar.

—¿Me cuenta o prefiere que me vaya? No quiero perturbar sus lecturas.

Amaga a levantarse.

—Quédese —le pido—. Después de todo, hablar sobre libros y soledades no está tan mal.

—¿Y cuál es ese libro que tanto lo acompañó?

—*Demian*, de Hermann Hesse. Si, como dijo Le Blanc, «nunca somos autores de nuestros llantos», Hesse y su universo fueron los responsables de algunos de los llantos más fuertes de mi vida.

—Cuénteme, por favor.

Me reclino en mi asiento y continúo.

—Como pasa con Kafka, la soledad es protagonista en muchas de las obras de Hesse: *Siddhartha*, *El juego de los abalorios*, *Narciso y Goldmundo*… —me interrumpe.

—Y sobre todo, *El lobo estepario*, la historia del viejo y querido Harry.

Asiento.

—¿Sabe? No es casual que la soledad y el dolor recorran tanto la obra de Hesse. Él mismo padeció soledades muy dolorosas. La muerte de su padre lo golpeó duro, su hijo Martin tuvo serios problemas emocionales, y su primer matrimonio con María…

—¿Qué pasa con eso?

—Hesse tuvo que convivir con los ataques esquizofrénicos de su esposa. Una enfermedad que aísla y que los dejó muy solos. A ambos. Ella inició un tratamiento con Lang, un discípulo de Jung, pero no sirvió de mucho.

Miro la mesa baja. Hoy no hay café ni vino. Pero no tengo ganas de interrumpir la charla.

—Qué vida difícil la de Hesse —continúo—. Se espantó con el nacionalsocialismo, radicó en Suiza, se casó otra vez, fracasó de nuevo, y volvió a casarse.

—Insistente, el hombre —bromea—. Y esta vez, ¿cómo le fue?

—Al menos, la relación le duró hasta que murió, antes que ella, en agosto de 1962.

—Al menos se fue a la tumba con el Nobel. Se lo dieron en 1946, si no recuerdo mal —acota—. Pero deje de dar vueltas y cuénteme sobre *Demian*. ¿Por qué lo marcó tanto?

—Porque yo era adolescente. Tenía 14 años. Y de repente, leo:

> Quería tan solo intentar vivir lo que tendía a brotar espontáneamente de mí.
> ¿Por qué había de serme tan difícil?

—¿Entiende? —sigo—. Abrí un libro y en una cita encontré la pregunta que no podía dejar de hacerme y a la que no le hallaba respuesta —me tomo un instante—. Esa historia instaló en mí por primera vez la idea de que todo no es lo que parece, que nos suceden cosas que no controlamos, que hay un mundo interior oscuro y complicado que comanda nuestras vidas.

—Pareciera estar hablando del Inconsciente.

—Exacto —afirmo—. Empecé a leerlo con voracidad, cada frase era un golpe directo:

> No soy un hombre que sabe. He sido un hombre que busca, y lo soy aún, pero no busco ya en las estrellas ni en los libros: comienzo a escuchar las enseñanzas que mi propia sangre murmura en mí. Mi historia no es agradable, no es suave y armoniosa como las historias inventadas; sabe a insensatez y a confusión, a locura y a ensueño, como la vida de todos los hombres que no quieren mentirse más a sí mismos.

—Reconozco que es un comienzo demoledor para cualquiera —acota.

—Mucho más para mí.

—¿Por qué?

—Ya le dije, porque era adolescente. En realidad, no sabía quién era, qué quería, ni dónde buscar. Y como al personaje de la novela, tampoco me alcanzaba con los libros. Necesitaba escuchar esas enseñanzas que mi sangre murmuraba en mí. Mi cuerpo me hablaba, me decía cosas que yo no comprendía, o me daban miedo. Y sentí que, de alguna manera, algo extraño, mi mundo oscuro, me convocaba.

—Espere, no se apure —me interrumpe—. Cuénteme algo de Demian.

—Es un personaje misterioso, un actor secundario de la novela, porque el protagonista es Emil Sinclair. Es él quien habla de esa ambivalencia entre su mundo luminoso y el otro, oscuro. La historia de Sinclair es la historia de un despertar. El misterio de la adolescencia. El paso de la niñez protegida, de la seguridad del hogar, a la incertidumbre. A medida que el relato avanza, emerge la figura de un joven que descubre que el mundo está hecho de luces, pero también de sombras, y que la vida más auténtica solo comienza cuando se reconoce esa doble naturaleza. Y se extraña al comprender lo cerca que están un mundo del otro.

—Y usted que es analista, dígame: ¿cuál es el mundo oscuro de la adolescencia? —me pregunta.

—La entrada a la sexualidad, el miedo, el retorno del autoerotismo, el «no deseo estar aquí, pero me da terror salir al mundo», el «no quiero que se metan en mi vida, pero tampoco que dejen de cuidarme».

—¿Ese es el conflicto que plantea la novela?

—Sí. Y yo la estaba leyendo a la edad de Sinclair que, a medida que crecía, se acercaba a ese lugar penumbroso donde no hay tragedia, pero sí un destino inexorable.

—Y otra vez Octavio Paz: «Nacemos solos, morimos solos». Pero podemos decir que también vivimos solos. Quizás ese sea el destino inevitable que intuyó en la novela.

—Es posible. Aunque durante la lectura comencé a pensar también en lo complejo de la vida. Cómo basta una tontería para que surja la tragedia.

—A ver, cuénteme —se interesa.

—En un momento aparece un personaje, Franz Kromer, que abre la grieta entre el mundo seguro de los padres y ese otro tenebroso. Todo empieza con una mentira. Sinclair quiere impresionar a Kromer, le cuenta que robó manzanas de un huerto. Es una invención ingenua, pero Kromer, un chico algo mayor que él y con un carácter perverso, percibe la oportunidad de sacar provecho y lo amenaza con denunciarlo si no le da dinero. A partir de ese instante, Sinclair queda atrapado en una relación de miedo y sumisión. Vive bajo la sombra de Kromer, cumpliendo encargos humillantes, soportando burlas y amenazas. Es un descenso a un territorio de temor y vergüenzas, que contrasta con el «mundo luminoso» de su casa. Entonces, la vida se convierte en un ejercicio de ocultamiento y comienza a sentir que cayó en un pozo sin fondo.

—Aunque usted dice que la verdad es imposible, es muy difícil sostener una mentira —me provoca.

—Sí, porque la mentira nos deja solos. Cuando mentimos generamos una realidad alternativa que tiene códigos distintos. Aparece un mundo oscuro donde uno es el único que conoce la verdad. El único responsable de ese universo plagado de vergüenza. Entonces, el hombre valiente y sincero que queríamos ser se pelea con el cobarde mentiroso que en realidad somos. Y surge el miedo a ser descubierto y, al mismo tiempo, el deseo de que algo ponga fin a la tortura.

—Veo que conoce el tema —ironiza—. ¿Cómo se resolvió la cuestión?

—Con la aparición de Demian. Un nuevo compañero de escuela que interviene de manera misteriosa. Hesse nunca revela del todo cómo logra que Kromer se aleje para siempre. Aunque ya es tarde. La marca ya quedó. Sinclair ya conoció la culpa y sabe que es débil. No cree en el mundo luminoso que le ofrece la familia ni tiene el coraje de adentrarse en las sombras de lo desconocido. Pecó. Fue impostor y cobarde. Además, cedió a la mentira y al chantaje.

Me mira y comenta.

—Yo podría haber sido ese chico que, para ganarse un lugar, dijo haber robado una manzana que no robó y se metió en un lío. Eso es algo que todavía nos pasa, ¿o no?

—Sí. Todo el tiempo tenemos miedo de hablar de algo que no es más que la mentira de haber robado una manzana, y a cada instante nos hundimos más. Es inevitable —le clavo la mirada y afirmo—: porque todos mentimos. Para seducir, para sacar una ventaja, para esconder una debilidad, por miedo o vergüenza —hago una pausa—. Es más, ¿quién no guarda algún secreto que no desea compartir con nadie?

—¿Y qué hacemos con eso? —me pregunta.

—Callamos. O mentimos. Y así vamos construyendo nuestros vínculos. Con silencios y con mentiras.

—Y a veces con algunas otras cosas —interrumpe—. Conozco personas que se vinculan solo a partir del sufrimiento. ¿Nunca le preguntó a alguien que está en un vínculo que lo lastima por qué no se separa? Y no lo hacen. ¿Sabe por qué? Porque también el sufrimiento puede atarlos de una manera fatal. Le aseguro que no es fácil salir de esas situaciones.

—Lo sé. En mi adolescencia, cuando leí *Demian*, me pregunté por qué Sinclair no les contaba a sus padres que había un chico que lo amenazaba porque había inventado el robo de una manzana. Después de todo, no era para tanto. Pero hoy lo entiendo.

—¿A qué se refiere?

—En algún momento, todos hemos sido solitarios armados de mentiras para enfrentar el miedo.

—Hoy anda muy poeta —sonríe.

Continúo, sin hacer caso a su broma.

—El episodio con Kromer no es más que el comienzo, la primera fisura en la inocencia de Sinclair, la grieta por la que entra a ese «otro mundo» del que habla Hesse. Un mundo ambiguo. El del beso de Celeste con aquella chica en su viaje de egresados. El del juego de Nahuel y sus compañeros en «la previa». Y aunque Demian lo salva, también le señala que no se trata de huir de la sombra, sino de reconocerla y aprender a convivir con ella.

—No sé si quiero un amigo así —comenta.

—Es que Demian es más que un amigo. Es un umbral que lo incita a alejarse del ideal familiar, de los mandatos del mundo, para ser él mismo. Por ejemplo, en una de sus conversaciones, le plantea una interpretación muy distinta del relato bíblico de Caín y Abel. Le dice que, en realidad, la Biblia no deja en claro que Caín fuera un asesino, y que el crimen que cometió pudo haber sido su capacidad de mirarse a sí mismo sin miedo y actuar según sus deseos.

—¿Y qué hay de la marca en su frente? —me pregunta.

—Según Demian, la «marca de Caín» no era un castigo, sino un signo que lo distinguía de los demás. Eso era lo que lo volvía tan temido.

—Una lectura extraña, pero atractiva.

—Tanto, que rompe la idea de moral que Sinclair había heredado de su familia. Por primera vez se plantea que a lo mejor el bien y el mal no son categorías tan claras y que quizá, hay personas destinadas a vivir de manera distinta, incluso si eso las aísla del resto. Eso me hacía pensar en la marca de Guillermo, un compañero del cual se burlaban por ser gay, o en la de los hippies, esos «melenudos sucios» que se reunían a tocar la guitarra en la esquina de mi casa, o en la del grupo de amigos «aburridos» que preferían leer el sábado en la noche en lugar de ir a bailar. ¿Cuántas personas son condenadas solo por ser diferentes a lo que se espera de ellas? —le cuestiono.

—Si hablamos de adolescentes, todos, me parece.

—Exacto. En la novela, Sinclair advierte que Demian también lleva esa marca invisible. Es alguien que no se deja arrastrar por la opinión de los demás y piensa por sí mismo.

—Entonces, no se trata de una marca física.

—No. Es un rasgo, una mirada, una forma de estar en el mundo.

—Alguna vez le escuché decir que no nos enamoramos de una persona sino de algunos rasgos que ya amábamos desde antes de conocerla.

—Así es. Rasgos que incorporamos en la infancia y que ahora nos empujan al amor, para bien o para mal.

—Me hizo acordar de una zamba —dice y canturrea—:

> No quisiera quererte, pero te quiero.
> Ese castigo tiene la vida mía.

—Felicitaciones —le digo—. Canta muy bien.

—No se burle y siga contándome.

—Bueno. A lo largo de la novela, Sinclair empieza a reconocer en sí mismo rasgos similares. El contacto con Demian lo lleva a aceptar que también él pertenece a esa minoría que vive según una ley interna, aunque eso implique soledad y separación del «rebaño». Y «la marca de Caín» se convierte en un símbolo de identidad: el signo de quienes no pueden —ni quieren— encajar del todo en el orden establecido. ¿Le suena?

Asiente.

—Otra vez la adolescencia. Qué difícil ese momento donde tantas miradas están puestas sobre uno. Porque genera un efecto muy paranoico y a veces se hace necesario esconderse de esos ojos que cuestionan todo lo que hacemos. Voces de adultos confundidos que pretenden que un chico de 15 años sepa qué quiere para su futuro. ¿No entienden que el adolescente todavía no tiene una respuesta para eso?

—Es que no buscan una respuesta —le respondo—. En realidad, piden que los calmen. Que les aseguren que tendrá una profesión o una familia. Y que será como ellos sueñan, o que hará lo que ellos no pudieron hacer. Aunque, para desgracia de esos padres, no siempre es así —le digo—. Sinclair, por ejemplo, se siente atraído por Eva, la madre de Demian. Escuche cómo la describe:

> Silueta de mujer, un poco masculina, parecida a su hijo, con rasgos maternales, rasgos de sinceridad, rasgos de profunda pasión, bella y atractiva, bella e inasequible, demonio y madre, destino y amada.

Hago una pausa y continúo.

—¿Usted cree que era lo que los padres querían para Sinclair? ¿Que se apasione con una mujer mayor, de rasgos masculinos, salvaje y demoniaca?

—No.

—Sin embargo, ese vínculo con Eva es central. Combina lo espiritual y lo erótico. Ella encarna el deseo inconsciente de encontrar la completud. Una figura capaz de reunir la ternura y lo sexual. Lo masculino y lo femenino. La madre y la amante.

—Pero ¿pasa algo entre ellos?

—Depende. Cuando estalla la Primera Guerra Mundial, Sinclair debe marcharse. Antes de partir, la ve por última vez. Ella lo abraza y lo besa en los labios. Pero ese único beso sella un vínculo eterno. Más tarde, herido en el frente y en estado de semiinconsciencia, Sinclair cree ver a Demian, también herido, quien le dice que, si alguna vez necesita ayuda, lo llame. Aunque tal vez sea su madre quien acuda.

—Daba lo mismo. La madre o él. En definitiva, le está diciendo que solo el amor puede salvarnos de la muerte.

—Claro. Porque Eva no es solo una mujer; es la encarnación del ideal que unifica amor y deseo en una compañía que contiene y perturba al mismo tiempo.

—Muy fuerte —comenta—. Ya que llegó hasta aquí, cuénteme el final de la novela.

—En el contexto de la Primera Guerra Mundial, el mundo antiguo colapsa. Demian desaparece y Sinclair se queda solo, pero no abandonado.

Me mira.

—O tan abandonado como todos.

Me quedo en silencio. Pienso en la soledad del adolescente, en esa segunda caída que también requiere de los brazos de otros. El recuerdo se hace carne y me siento como entonces, cuando leí la novela de Hesse. Hoy más cerca de la muerte. Pero también del amor.

Y OTRA VEZ EL AMOR...

Abro el libro *El desafío de amar*:

> La historia de la humanidad se ha construido a su alrededor. Pero quien quiera jugar el juego grande del amor debe saber que en cada grieta acecha un riesgo. Y esa es la única aventura que vale una vida. Intentarlo aun sabiendo que no existen garantías y al final del recorrido tal vez nos encontremos fatalmente solos. No otra cosa busca el Psicoanálisis: enfrentar la soledad sin tanto dolor.

De algún modo, no soy más que un *flâneur*. Un caminante que no solo recorre geografías, sino tiempos. Y así como voy de Praga a Buenos Aires, también voy del pasado al futuro. Siempre obstinado en comprender al *hablante*, en un intento secreto por comprenderme a mí mismo. Y en esa búsqueda que nunca termina, me topo con sus pasiones, duelos, ansias de amar o ser feliz. Y me pregunto qué me habrá llevado esta vez a cuestionar la soledad. Esta trama que nos atraviesa como protagonistas de la vida.

Lejos de la mirada patológica que nos propone la serie *Adolescencia*, en la antigüedad, algunos pueblos veían al adolescente como aquel que «portaba la llama sagrada», la potencia vital. Una imagen también sesgada. Porque no es necesario tener 15 años para llevar la antorcha del deseo de vivir.

Juan Carlos tiene 83. Me cuenta que dudó mucho en venir a consulta porque todos le dicen que no tiene sentido analizarse a su edad. Le pregunto por qué desea hacerlo. Su respuesta es directa: «Porque me niego a dejar de vivir». No se trataba del miedo a la muerte, sino al lugar que su familia quería asignarle: «No salgas, no viajes, no comas, no tomes nada frío». Pero él quería salir, viajar, comer y, en ocasiones, tomar algo frío de la mano de Susana, su pareja desde hacía tres años. Juan Carlos porta la llama. Y sus hijos temen porque consideran que está demasiado grande para vivir solo. «Como si en un geriátrico fuera a estar menos solo», me comenta. Y tiene razón.

Y en esto de andar por tiempos, lugares y obsesiones, la relectura de *El desafío de amar*, justo en el Parque Rivadavia, me devuelve el recuerdo de Dalmiro. Aquel anciano que se me acercó cuando estaba sentado en el banco que tanto me gusta, el que está cerca del ombú. Me pidió permiso para sentarse a mi lado y comenzó a hablarme de perros. A los pocos minutos, me preguntó si yo era Rolón, el psicólogo, y me dijo que mi padre le había hecho algunos trabajos de albañilería.

—Tú lo acompañaste alguna vez —recordó—. Pero claro, eras un niño, y los niños no reparan en los grandes; supongo que a esta altura ya lo habrás aprendido. Así que no espero que te acuerdes de mí.

Me dijo que recordaba a mi padre con mucho afecto.

—¡Qué orgulloso estaba de ti! —comentó—. El día que te graduaste no pasaba por la puerta del bar. Qué pena que haya muerto tan joven.

Asentí.

Luego, Dalmiro me dijo que le habían aconsejado ver a un psicólogo.

—¿De verdad? —le pregunté.

—¿Qué? ¿Te parezco demasiado viejo para sufrir?

Le dejé mi teléfono y me ofrecí a ayudarlo. Tres semanas después vino a verme. Me contó que tenía 76 años, aunque sabía que aparentaba más. No era cierto. Pero entendí que él se sentía más viejo. Quizás muy solo, pensé.

Le pregunté qué le estaba pasando y relató una historia.

Al parecer, «La mesa de los martes» era toda una institución en el barrio. Una reunión de amigos que durante 45 años se juntaban cada martes a las ocho de la noche en el mismo bar. Enumeró a esos amigos y se angustió. El último de ellos había muerto hacía unos días.

—Me quedé solo —me dijo—. Ya no tengo con quién hablar.

Le dije que, si quería, podía venir a mi consultorio a hablar conmigo. Le pregunté si le tenía miedo a la muerte. Me respondió que no, pero que le gustaría resolver un tema antes de morir. Hacía diez años que no veía a su hijo, Tito.

Lo describió como un gran muchacho, estudioso, responsable, profesional. Un hijo ideal. Le pregunté por qué se habían distanciado y respondió que él era culpable de eso.

Dalmiro se había negado a ir a su boda porque no estaba de acuerdo con esa unión. Dijo que Ivana, la novia de su hijo, era una buena chica, que había contenido mucho a Tito cuando murió su mamá, Ema, pero que no era la mujer adecuada. Prejuicios familiares.

Tocamos el tema en varias sesiones y admitió haber cometido un error. Le señalé que en aquel momento él no lo había comprendido, pero ahora sí, y le sugerí que llamara a su hijo para disculparse. Me miró con miedo y preguntó si no sería tarde. Tal vez lo era para una reconciliación, pero no para que pusiera en palabras el amor que sentía por él y por su nieta. Porque Dalmiro tenía una nieta de 9 años a la que espiaba todos los días desde una esquina para verla salir de la escuela. «Es igual a Ema», me dijo y se conmovió.

Yo también. Ese hombre que me había conocido cuando yo era un niño, ahora estaba frente a mí, solo. Recuerdo mi intervención.

—A veces el amor exige trabajar para aceptar algunas diferencias. ¿Es capaz de hacerlo para darse el gusto de abrazar a su nieta? No se avergüence. Cometió un error, es cierto. Pero basta. Perdónese y no se castigue más.

A la semana, me dijo que se sentía mal, que lo había perdido todo. A su mujer se la había llevado el cáncer; a sus amigos de los martes, el tiempo. Lo interrumpí y señalé que, en el caso de su hijo, no podía echarles la culpa al cáncer ni al tiempo. Porque Tito estaba ahí, a una llamada de distancia. Que tal vez fuera cierto que no sintiera miedo ante la muerte, pero seguro que no quería morir solo. Y no tenía por qué ser así. Tenía un hijo, una nuera y una nieta. Había que ver si también tenía valor.

A los tres días me contactó.

Me contó que a la salida de nuestra última sesión decidió llamarlo. Tito lo reconoció al instante: «Hola, papá...», le dijo, conmovido.

Habían pasado diez años. Es cierto. Pero hay voces que nos habitan más allá del tiempo. Voces que siempre le ganan al olvido.

«Me gustaría verte», pronunció Dalmiro con algo de miedo. Para su asombro, su hijo aceptó de inmediato. Tal vez llevaba mucho esperando esa llamada. Acordaron encontrarse en un café. Pero al rato, Tito lo llamó. Dalmiro temió que se hubiera arrepentido. En cambio, le dijo que su mujer le pidió que no se encontraran en un bar, que lo invitara a cenar a su casa.

—¿Te das cuenta, Gabrielito? Después de tantos años, hoy voy a comer en familia.

Al terminar la entrevista lo acompañé hasta la puerta. Antes de despedirlo, le hice una pregunta.

—¿De verdad mi papá le dijo que estaba orgulloso de mí?

Es posible que, en ese momento, Dalmiro haya visto en mí al niño que había conocido hace años en el barrio de Liniers. Me abrazó y me susurró al oído:

—Sí, niño. Muy orgulloso.

Contuve la emoción. Aquel hombre estaba feliz. Y yo también. De algún modo sus palabras me habían devuelto una voz que hace rato no escuchaba. Ese día, los dos estuvimos un poco menos solos.

Desde los extremos de la vida, Nahuel, Celeste, Juan Carlos y Dalmiro, reclaman lo mismo. El derecho a explorar el mundo y a una soledad que no es aislamiento. Es libertad para llorar, reír, tener miedo, equivocarse o pedir perdón. En definitiva, para transitar el enigma solitario de la existencia.

El aislamiento es otra cosa.

El amor hace la diferencia.

Los griegos diferenciaban tres tipos de amor: eros (ἔρως), philia (φιλία), y ágape (ἀγάπη).

Eros remite al amor sexual. A la pasión que desborda, el diente contra diente, los cuerpos transpirados, los gemidos y los orgasmos. Amor que hiere y acaricia el cuerpo. Que estimula y desvela. Que vuelve al otro deseable casi hasta lo imprescindible. Que perturba y genera la sensación de estar vivo, a pesar del dolor. Porque el amante erotizado sabe que el dolor es preferible a la nada. Porque el dolor es vida.

Por su parte, *philia* refiere al afecto, la ternura. El amor fraterno de la amistad. Aunque a veces se le confunde con *storge*, que alude al amor por la familia.

Ágape, en cambio, es un amor altruista que no busca más que el bien para el otro sin esperar nada a cambio. El ágape no ama para poseer, disfrutar, abrazar o compartir momentos. Es amor por lo humano del otro. Eso que los romanos llamaron *caritas*.

En cualquiera de estas formas, el amor nos deja menos solos. Aunque, por lo general, desde el mito de los andróginos y la búsqueda de la mitad que nos complete, se apunta al eros como forma de acallar la soledad. Pero creer que una persona está sola porque no tiene pareja es un error que lleva a muchos a establecer vínculos que apenas brindan una soledad acompañada. Dice Silvia Bleichmar:

> La condena a la soledad acompañada, que es mucho más patética que la soledad en sí misma. Porque esta, en última instancia, está siempre llena de fantasías y de posibilidades, mientras que la soledad acompañada es resignada y desgastante.

Según la prestigiosa psicoanalista, el sentimiento de soledad se incrementa por lo que llamó *deshidratación psíquica*. Un fenómeno que se da en esos encuentros falaces, en las búsquedas paliativas de estar con alguien a cualquier costo. Intentos que no producen más que frustración y desencuentro.

> Esto se da frecuentemente en la gente que va a encuentros de «solas y solos», que producen una sensación muy frustrante. Mucho más que el chateo, porque el chateo permite conservar la fantasía, mientras que el encuentro real es, la mayoría de las veces, muy deprimente. Yo escucho en mucha gente esto: que van y vuelven huyendo, angustiadísimos. Se ven como en un reflejo deformado de su propia soledad. [...] De este modo, la sensación de soledad no está definida por la presencia o ausencia de un objeto determinado, sino por la incomunicación que pone de relieve.

Dijimos que el amor es la emoción que vino a auxiliarnos al comienzo de la vida, cuando la existencia era aún más enigmática que ahora. Cuando abrimos los pulmones, los ojos y los sentidos a un mundo desconocido. Es muy difícil imaginar lo que siente un bebé en ese momento, pero sabemos lo que pasa cuando es colocado sobre el cuerpo de su madre. Se calma. Ese contacto que no esperaba, ese amor que desconocía, lo tranquiliza y deja una impronta y una promesa: tal vez sea posible encontrar miradas, caricias, palabras, que mitiguen la Soledad que nos recorre por existir.

A medida que crecemos, todos intentamos recuperar aquella sensación. Sigamos con Bleichmar:

> Aquí aparece algo que tiene que ver con el pensamiento mágico, pero que está también relacionado con el amor, en la medida en que este es siempre una recreación de ese estadio donde uno recibe aquello que espera sin tener que pedirlo.

Recibir lo que se espera sin tener que pedirlo.

«Amar es dar lo que no se tiene», dijo Lacan. Una frase que suena a paradoja, pero es así. ¿Qué tiene esa mamá asustada que toma al bebé en sus brazos y lo calma? Nada. Al menos, nada que conozca. ¿Y el beso de una pareja o el abrazo de un amigo? Más incógnitas. Como todo lo que hace al amor. Aunque sí sabemos una cosa: cuando amamos con un amor que ama, cuando construimos un «de sí» que no aniquila el «de ti» ni renuncia al «de mí», es decir, un amor eros que tiene mucho de filia y no excluye el ágape, surge algo que no estaba. Como en la mecánica cuántica, donde vemos aparecer partículas de la nada, así también aparece algo para dar en el milagro amoroso. Y eso que damos, o recibimos, nos auxilia y mitiga la soledad. O, al menos, el desauxilio del aislamiento.

Silvia Bleichmar critica la famosa frase de la película *Love Story*: «Amar es nunca tener que pedir perdón». Mentira, dice:

> Para amar hay que pedir perdón y hay que decir gracias. Justamente, ese es el circuito: el otro da porque se anticipa, pero uno reconoce que el otro da. Porque si no se reconoce que es el otro el que da, el circuito que se establece es de apropiación en términos de yo-placer-narcisista o yo-placer-purificado, donde lo que el otro da se considera parte de lo que uno tiene derecho a recibir, y no de lo que el otro ofrece. Ahí se produce la alteración del circuito de la gratitud.

El yo-placer-purificado alude a una etapa evolutiva de la personalidad en que el sujeto incorpora lo bueno y expulsa lo malo. Es decir, todo lo bueno le pertenece y todo lo malo es responsabilidad del otro. Lo vemos con claridad en la pelea de los niños. Por desgracia, también en algunos comportamientos de los adultos.

Desde esa postura, sin nada que dar ni recibir, no se puede amar y, por ende, uno se queda solo. Es el mundo del «idiota», palabra que en la antigua Grecia se utilizaba para designar a quien no participaba en la vida pública o política de la ciudad-Estado. El idiota es lo contrario a un *$ujeto* comprometido. Alguien que no registra al otro como un semejante. Sin otro, no hay deseo. Sin deseo, falta esa fuerza que nos empuja a ir hacia un proyecto o un amor, a quedamos aislados en la más absoluta soledad.

El amor no da garantías, es cierto. Entonces, podría decirse que es absurdo apostar al amor. Es posible. En definitiva, como escribió Fernando Pessoa:

> Todas las cartas de amor son
> ridículas.
> No serían cartas de amor si no fuesen
> ridículas.
> También escribí en mi tiempo cartas de amor,
> como las demás,
> ridículas.
> Las cartas de amor, si hay amor,
> tienen que ser
> ridículas.
> Pero, al fin y al cabo,
> solo las criaturas que nunca escribieron cartas de amor
> sí que son
> ridículas.
> Quién me diera el tiempo en que escribía
> sin darme cuenta
> cartas de amor
> ridículas.
> La verdad es que hoy mis recuerdos
> de esas cartas de amor
> sí que son
> ridículos.

(Todas las palabras esdrújulas,
como los sentimientos esdrújulos,
son naturalmente
ridículas).

Pessoa tiene razón.

Las cartas de amor son ridículas, porque es absurdo el intento de abarcar los sentimientos con palabras. También porque el amor no es más que una ilusión. Un engaño. Pero lejos de desmerecerlo, este carácter ficcional lo vuelve milagroso, imprescindible para encontrarle un sentido a la vida. Un instante en el que derrotamos a la Soledad.

DESPEDIDAS

> *El tiempo inevitable se desbordaba*
> *sobre el abrazo inútil.*
> *Prodigábamos pasión juntamente,*
> *no para nosotros*
> *sino para la soledad ya cercana.*
>
> JORGE LUIS BORGES

La soledad ya cercana.

Qué imponente cuando las palabras acarician la verdad. Porque eso es una despedida, el anticipo de una ausencia inevitable. El último arañazo que le damos a lo amado antes de quedarnos solos. Como si quisiéramos arrancar algo de lo que estamos por perder y conservarlo para siempre.

La soledad cercana, angustia. Llega plena de amenazas de dolor y de impotencia.

Cuando leí por primera vez aquel libro de Borges, *Luna de enfrente*, me impactó ese fragmento. Entendí que siempre hay algo doloroso en las despedidas, que tiene más que ver con la soledad que se avecina. La intuición de que el otro va a faltarnos.

Ya dijimos que el miedo a la muerte es miedo a la Soledad. La premonición de una partida sin retorno. Aunque también nos conmueve la inminencia de muertes más pequeñas. Pérdidas que implican una distancia de aquello que amamos. Por eso, los aeropuertos y las terminales son lugares plagados de temores y promesas incumplidas. El poeta Homero Manzi resaltó «el misterio de adiós que siembra el tren». Aunque también puedan ser lugares de reencuentro.

Cada vez que estoy ahí tengo la sensación de que la despedida siempre gana. Porque las lágrimas de un reencuentro duran apenas minutos y dan paso a la alegría. En cambio, el llanto de la despedida nos empuja a la pérdida y al duelo. Un camino que nadie puede recorrer por nosotros. Una soledad imposible de compartir: también duelamos solos. Y el abrazo que no está es siempre mucho más fuerte. Quizás, el único verdadero. Los abrazos posibles son pequeñas interrupciones del gran abrazo que no sucederá nunca. Tarde o temprano, deberemos despedirnos de lo que amamos. Incluso de la vida.

En *Historia de la eternidad*, Borges cita a Lucrecio y habla del fracaso del encuentro amoroso. Del intento vano de los amantes de hacer de dos un mismo ser.

Me gusta la poesía de esa idea. La ineficacia de esos abrazos desesperados que anticipan la llegada del final.

El sexo es la forma más potente del encuentro. Es voraz porque intuimos la saciedad que vendrá, la «pequeña muerte» que sucede al orgasmo. Entonces, nos besamos, deslizamos una caricia, una palabra, o nos damos el último abrazo. Sin que podamos conservar en la piel nada más que una vaga memoria de lo que ya fue.

De algún modo, las despedidas no son más que una gentileza del dolor. Un premio de consolación. Una migaja que, al menos, es mejor que la nada. Por eso, son necesarias. Gracias a ellas, entramos a la soledad más protegidos. Con un recuerdo, un poco de sentido, o algún auxilio simbólico que nos ayude en el momento del desgarro.

Cada uno de los treinta mil «desaparecidos» muestra que la ausencia del ritual del adiós detiene a sus familias en una espera que resiste cualquier prueba de realidad. Sin tumbas ni cenizas, sin flores, misas o abrazos, no es posible despedirse. El adiós es el acto final, la última Palabra antes del vacío. Cuando no pudo pronunciarse, la Soledad es siniestra, y el sinsentido de la muerte, insoportable. Y en ese abismo de silencio nos preguntamos dónde están, qué ha sido de ellos. Si sus familias tuvieran una tumba para llorar, no estarían menos solas, pero sería distinto. Porque la soledad simbolizada no es igual a la soledad vacía de palabras.

Retomemos a Gómez Sancho, en su libro sostiene:

> El miedo a la muerte en la actualidad aumenta en razón de que el individualismo, el narcisismo, la ausencia de solidaridad y de reciprocidad no equívoca generan aislamiento y abandono. [...] morir es la crisis más angustiosa, ya que no podemos resolverla sino solo sufrirla. Y la tenemos que sufrir solos.

La despedida es, también para el muriente, el último trance de su ser *hablante*, el gesto final de resistencia ante la Soledad que viene. Por eso, a los condenados a morir se les permite pronunciar sus últimas palabras. Aunque Karl Marx sostuvo que las últimas palabras son para los tontos que no han dicho lo suficiente. Sin embargo, esas frases son casi un género literario. Algunas, como las de Mariano Moreno, exponen un espíritu patriótico: «Viva la Patria, aunque yo perezca». Otras, como la de María Antonieta al pisar a su verdugo, muestran un poco de humor: «Perdón, señor, no lo hice a propósito». Se dice que Pancho Villa, viendo que se le iba la vida y no se le ocurría nada ingenioso, rogó: «No me dejen morir así. Digan que dije algo».

Lo cierto es que las últimas palabras de un *hablante* siempre nos interpelan. Todo el que pierde un ser querido necesita saber qué fue lo último que dijo. Tal vez, porque pensamos que la cercanía de la muerte debe convocar a una palabra más viva para llenar la Soledad final.

Esas palabras traen consuelo, son un intento de explicar lo inexplicable. O tal vez, un engaño para suavizar el dolor.

Cuando en la misa de exequias el sacerdote reza: «Señor, te pido que acojas en tu seno el alma de tu hijo...», en realidad, no se dirige a Dios. Habla para calmar la angustia de los vivos, para bordear con palabras el vacío de la muerte. Porque la angustia y las palabras se excluyen. Por eso, quien se angustia demanda palabras que limiten el horror. Aunque a veces se trate de un reclamo injusto. Por ejemplo, la persona que pide explicaciones a quien ya no la ama. «¿Por qué dejaste de quererme? ¿Qué hice mal?», pregunta. A lo mejor, nada. Ocurre que no todo amor es para siempre. De cualquier modo, como habitamos un mundo de palabras, a veces no nos queda otra opción que rogar.

Toda despedida es un intento de tener algún control sobre un adiós inevitable. La búsqueda de instalar una Palabra que nos detenga antes del vacío. Una muralla que nos permita decir: «Hasta aquí». Porque más allá, no hay nada. Solo «lo real».

Al comienzo del libro hablamos de los agujeros negros, y dijimos que son nombrados así porque su densidad es tal que ni siquiera puede escapar la luz. Y vienen las últimas palabras de Goethe: «Luz... más luz». Me conmueve el ruego de ese genio que se resistía a caer en la Soledad oscura de la muerte.

Se sabe que hay un punto límite para acercarse a los agujeros negros. Hasta ahí, con la fuerza de sus motores, un cohete puede escapar. Pero una vez que lo ha atravesado, la fuerza gravitatoria es tan potente que lo succiona y lo destruye. A ese límite se le llama *punto de fuga*.

De igual modo, las despedidas son un punto de fuga para no caer en el vacío que deja la ausencia. Si no logramos despedirnos —de modo formal o de manera íntima—, nos hundimos en el agujero negro de la melancolía, y nos destruimos. En una soledad donde ni siquiera somos nosotros, porque nos hemos identificado por completo con lo perdido y, para no dejarlo ir, lo incorporamos. Desde adentro, lo ausente, como *Alien, el octavo pasajero*, se hace cargo de nuestra vida y nos aniquila.

Por eso es tan importante el último beso, el café, la charla final. Son gestos simbólicos que ponen algún sentido a la pérdida para que la soledad no nos destroce.

Al igual que el lenguaje, también las despedidas son ambivalentes. Por un lado, son amenaza de soledad, y por otro, una barrera para que lo perdido pueda ser procesado y encuentre un lugar simbólico que evite el efecto traumático.

Mi suegro se despidió de sus hijos, su esposa, y de alguno de nosotros, sus amigos. Sonrió y cerró los ojos. Se fue a la Soledad, acompañado. Nos soltó en el último instante. Lo vi juntar coraje para hacerlo. Eligió la forma de decir adiós. Unas charlas, una sonrisa, una copa de champagne que llevamos de manera clandestina al hospital, y una lágrima final.

Cuando llegó el momento final, Freud llamó al doctor Schur, le dio las gracias y le recordó su acuerdo: «Usted me prometió que esto iba a terminar cuando yo lo decidiera. Es ahora. Es hasta aquí». Mi suegro hizo lo mismo. Se apropió de su muerte, y la vivió. Y todos nos quedamos más solos. Pero aliviados por habernos despedido de esa forma.

Mi padre no tuvo esa suerte. Su muerte nos sorprendió y quedaron algunas cosas por decir. No muchas. Pero dolió más. De esa experiencia aprendí que siempre es mejor intuir cuando se avecina el final. Para tener la posibilidad de elegir el adiós.

La despedida le quita un poco de fuerza a la tragedia.

Cortázar sostuvo que todo suele durar un poco más de lo que debería.

En la misma línea, Fito Páez escribió:

Algo se detuvo en punto muerto, y fue tan grande ese silencio,
fue tan grande el desamor.
Restos de un navío que encallaba.
Yo te quise, yo te amaba, no sé bien lo que pasó.

Hay historias que demandan un final. Alcanzaron ese punto muerto que señala que llegó el desamor. No entendemos. Si amábamos, ¿qué pasó?

Lo dijimos: las palabras no pueden explicarlo todo. Y en esos casos, el dolor es inmenso.

Sabe amargo el licor, de las cosas queridas.
Se acabó lo mejor, quién nos quita esta herida.
Tú me pierdes a mí yo te doy por perdida
Es la hora de huir, la despedida.

Es cierto, nadie puede quitarnos las heridas. Pero es preferible no huir. Aún en esos momentos, hay algo que podemos hacer: despedirnos.

Despedidas que al principio parecen salir mal, porque la vida se llena de mensajes, de relectura de cartas, de fotos que sacamos del cajón en un intento fallido de que el adiós fracase. Esas cartas, mensajes y fotos, son una manera imperfecta de la presencia. Semblantes de lo ausente que pretenden negar la verdad: nos quedamos solos.

Para Lacan, la soledad no era solo la ausencia de otros, sino una experiencia interna que el sujeto tiene con su propio inconsciente.

Como yo ahora.

Porque también este libro demanda un final.

Veo ante mí el abismo de quedarme sin palabras, sin la compañía imaginaria del lector a quien le escribo, y de los personajes, reales o no, que me han acompañado. Seres de otra época, de otros barrios, familiares, pacientes, humanos hechos de literatura, de cine, de pinturas. Amigos, poetas, cantores, moribundos, escritores, músicos o enamorados. *Hablantes* que, con faltas y con miedos, compartieron sus soledades conmigo. Ahí están. Me miran desde estas páginas y yo me despido de ellos.

Julián, que inmerso en su enojo no pudo percibir mi dolor. Mi padre, que con su muerte produjo mi primer desierto. Y ese sol de noche que aún me alumbra. Eladia Blázquez, que me enseñó que cuando la huella es solitaria, los caminos son más largos. La indignación de Albert Camus, que denuncia a la gente en sus cafés y sus teléfonos mientras otros se están muriendo. Y Octavio Paz, que comprendió que «nada es tan grave como esa primera inmersión en la soledad que es el nacer, si no es esa otra caída en lo desconocido que es el morir».

El condenado a la inexistencia de *Dimensión desconocida*, que se sumó a esta reunión de pensamientos. Y la sugerencia de Epicuro: conviene vivir. ¡Que la muerte indigna no ocupe nuestras meditaciones! Y don Juan, el brujo tolteca que nos advierte que esa muerte anda siempre acechante, a unos cinco centímetros a nuestra izquierda. Y la Soledad que se cuela para reclamar un lugar a la derecha. Y una pregunta inevitable. ¿Será que andamos por la vida con una doble sombra que nos persigue?: la muerte y la Soledad.

Y Jacques Lacan, que camina siempre a mi lado y me recuerda que cada quien anda en la soledad de su *goce*. Que hablamos, y entonces todo encuentro es desencuentro. Y otra vez Borges, que alguna vez pensó que estamos tan solos, que hubo un solo humano.

> Un solo hombre ha nacido [...].
> Un solo hombre ha muerto en los hospitales, en barcos, en la ardua soledad, en la alcoba del hábito y del amor.
> Un solo hombre ha mirado la vasta aurora.
> Un solo hombre ha sentido en el paladar la frescura del agua, el sabor de las frutas y de la carne.
>
> Hablo del único, del uno, del que siempre está solo.

Somos ese hombre que describe Borges. El que nace solo, ama solo, goza solo y muere solo. Entonces, ¿de qué sirve la vida? Es la pregunta sin respuesta. Aunque Einstein, Newton y Galileo con sus cálculos intenten asir lo que siempre se escapa.

Y aparece, como siempre, mi amado Freud para decir que nunca encontraremos el sentido de la vida, que convivimos con lo indómito y que somos una eterna paradoja. No podemos prescindir de los demás y, sin embargo, estamos siempre solos ante nuestro Inconsciente.

Y André Comte-Sponville, que con sus letras se vuelve compañía.

Y el obispo Berkeley que llega para afirmar que debe haber «otros» para que algo exista. El oído que escucha el árbol que cae. Y el privilegio de encontrar a alguien que nos mire.

Y Velasco, el náufrago que vivió dos milagros: delirios amables que lo ayudaron a salvarse de la soledad del mar, y la posibilidad de narrar su historia a Gabriel García Márquez para que la volviera eterna.

Y Otto Rank, que plantea otro naufragio: el nacimiento como desgarro inaugural. Un pensamiento que lo dejó solo, sin el amor de Freud.

Y Winnicott, que nos regala una idea maravillosa: la soledad es un aprendizaje que requiere de los otros, de su amor y de su compañía.

Y Schopenhauer, filósofo y erizo. Y Dolina, compañero de mi pensamiento, que me habla, incluso, desde mi soledad. Y los espejos. Los de Lacan y los del Emperador Amarillo.

Y puedo ver a Miguel Ángel, obstinado por un techo que tras su mano fue un milagro. Y a los invisibles. Solitarios desterrados de la mirada ajena. Y a Melanie Klein, a quien no le importaba la compañía, pero sí «la sensación interna de soledad». Esa que pesa en el pecho. La misma que empuja estas páginas.

Y aparecen mi soledad y yo. Mis caminatas y los recuerdos. Mis hijos, los cuentos, y una convicción: «Hay más luz cuando alguien habla». Porque las palabras encienden luces que tranquilizan y alejan a los fantasmas.

Y ahí está mi guitarra, amor huidizo y un poco ingrato. Y el maestro Virtú Maragno. Y ese encuentro milagroso de dos solitarios que por un rato se hicieron felices.

Sonrío a las sombras huérfanas de Yupanqui, y al misterio de adiós que siembra el tren, que tanto emocionaba a Homero Manzi. A Gustav Mahler y sus muros, y a Bach y su creación en el encierro.

Y en esta despedida literaria revivo cada párrafo.

Y a los pacientes.

Aldo, que sin mi presencia, en la soledad del diván, iluminó misterios que parecían inasibles. Isabel, que quiso ser importante para alguien y encontró mi abrazo. El pedido de una hija, «no me dejes sola», que convoca a Valeria a una decisión dolorosa. Beba, que se fue sin decirme adiós. Y duele. Griselda, su soledad constante y el relato de un sueño que desbloqueó sus miedos. La angustia de Marcelo y su ingratitud por una madre que, en silencio, puso en juego la Palabra Plena que cambió su vida. Mariana, Rafael y Mara, náufragos soñadores de encuentros inexistentes. Santiago, Marcela y esa confianza que por un instante aleja a la soledad. Elsa, que no quería ser abuela sino vieja, y sus ganas de hablar para estar más sola. Juan Carlos, que resistió el aislamiento. Dalmiro, que renunció al orgullo, y su hijo, que puso el amor por delante. Celeste y Nahuel, que sufrieron los miedos de la adolescencia. Y Manuel y el desafío de enfrentar una demanda implacable. Sus ganas de poder y los intentos infructuosos. Su soledad y la de su padre. La muerte, otra vez. La pena y el alivio. El odio y el amor. O lo que es peor: el odio por quien se ama.

Ismael Serrano, que le cantó a ese otro que se vuelve tan indispensable que no es posible dejar de amarlo y odiarlo al mismo tiempo.

Y el loco de Serrat, que para eludir su soledad se enamora de un maniquí. Y el viejo Salo, que circula y busca, porque intuye que quizás los otros no son solo el infierno, como pensaba Sartre. Quizás también son el paraíso.

Y me despido de mi querida Olga, que es como decirle adiós a mi adolescencia. Su música y sus libros. Nuestros paseos. Y de pronto, en una Capilla Sixtina suburbana, la obra de Soldi que conocí por ella. Y el silencio ante su madre, a quien nunca pudo decirle quién era. Y una soledad reclamante que roba vidas ajenas.

Nasio y su valor para decir: «Sí, el psicoanálisis cura». Su compañía para hablar de la tristeza y la depresión. Siempre opacas, siempre complejas.

Y pienso en los monstruos. Su desvalimiento, su fealdad expulsiva, su abandono. El hombre invisible y Frankenstein, la creación oscura de Mary Shelley. El Minotauro reivindicado por Cortázar y el flaco incomprendido de la bicicleta blanca. Y la vida desolada del diferente, de quien no es semejante, de quien no tiene hermanos. El horror que generan la melancolía o la locura, y la furia exigente del que no puede solo.

Y Praga. Kafka y sus cuentos plenos. Plenos porque dicen todo lo que puede decirse sobre la Soledad del *hablante*. Plenos porque nos llevó de la mano a pensar que estamos solos ante un guardián que, a pesar de sus modos, nos protege del vacío.

Me despido de Herzog y sus solitarios. De Kaspar, un humano entre lobos, y Onoda, aquel soldado japonés que prefirió la soledad a la derrota. Y de Chance, que desde su jardín trepó por el árbol del malentendido hasta la cima del poder. Y por un ventanal de la calle Corrientes espío a Cacho y Osvaldo. Dos amigos, un reencuentro, y el precio del exilio: una pizza que pierde el nombre y el dolor de un café con nadie.

Cortázar y un extraño reloj que no da la hora, sino que toma la vida de quien lo posee. Guillaume Le Blanc y un libro dedicado al llanto que nos deja una convicción: lloramos solos y no somos dueños de nuestras lágrimas. Tampoco de nuestros gritos. Y aquí, saludan Picasso y Munch, creadores de alaridos silenciosos que partieron el alma de la humanidad.

Don Antonio, y una pava que, como todos nosotros, valía a pesar de sus agujeros.

Saussure y el lenguaje. Lacan que vuelve al Significante, Palabra. La curiosidad de Harari por la mentira. La búsqueda de sentido de Viktor Frankl, que eligió la compañía de los muertos para huir del odio de los vivos. Y Kunta Kinte, que a pesar de la esclavitud y la tortura defendió su honor, su historia, y transmitió un nombre que borró la X del destino de su estirpe.

Cristo y el desamparo. Su silencio y su grito. Kierkegaard y el dolor, la traición y la angustia en el camino a la orfandad.

Saludo también a Vicente Palomera Laforga, que vino a este libro con paradojas acerca de la soledad y el aislamiento. Soledades pobladas. Aislamientos deshabitados.

Philippe Ariès que ruega no dejar solo al muriente. Facundo Cabral nos habla de caminos y misterio. Horacio Ferrer, de lunas, bicicletas y palabras andantes. Silvia Bleichmar que nos ilumina: todo sujeto ético se construye a partir del respeto por el semejante. Además, deja una invitación: aceptar que el diferente, también es semejante. Y Cynthia Wila, que señala que la indiferencia es uno de los disfraces más comunes de la crueldad.

Al paso me saluda Pessoa, con su locura y su tristeza. Y Demian me grita que todo el que quiere nacer, debe antes destruir un mundo.

Y sin molestar, como siempre, aparece el Turco, el amigo que estuvo de incógnito en mis peores noches. Y desde el silencio de un sillón incómodo, casi me convence de que, cuando hay amor, la Soledad no existe.

ISLA FINAL

Hace más de una hora que nos miramos y ninguno de los dos dice nada. Por fin, rompe el silencio.

—¿Qué le preocupa tanto?

—No estoy preocupado. Estoy triste.

—¿Por qué?

—Porque siempre me costaron las despedidas. A los seis años, desde la parte trasera de un camión de mudanzas, vi cómo mi casa y mis amigos quedaban atrás. Sentí un dolor inmenso, y un deseo: no despedirme más de las cosas que amo.

—Un deseo incumplido —comenta, mientras sirve una copa de vino.

—Así es. ¿Sabe? Mi vida ha sido una paradoja. Adoro las mañanas, pero el estudio y el trabajo me obligaron a vivir de noche. No me gustan las mudanzas, y casi no hice otra cosa que mudarme. Amo la música y no tengo tiempo para disfrutarla. Y así, itinerante y noctámbulo, me fui transformando en el hombre solitario que soy.

—Bueno, no se queje —acota—. Por lo menos, están los libros. Y el amor.

—Es cierto.

—Tiene suerte. Nada como compartir nuestros desiertos con la persona amada. Enfrentar el vacío de la mano del amor es como engañar a la muerte por un rato.

Sonrío.

—Me gusta esa idea. Aunque el amor está demasiado idealizado. No todos los amores son sanos.

—Ni merecen ser vividos —agrega—. Ya lo sé. Usted ha escrito un libro acerca del tema y comparto bastante su mirada. Tampoco creo que sea siempre algo maravilloso. Pero hablemos por un segundo de esos amores construidos con inteligencia, con pasión y con respeto.

—En ese caso, me animaría a decirle que no hay muchas otras cosas que tengan sentido.

—¿Por qué?

—Porque esos amores saben convivir con nuestra soledad. No se alteran cuando uno necesita tiempo para pensar o simplemente para llorar por lo perdido.

—Usted habló de esa distancia justa que hay que tener para disfrutar de un cuadro o de un amor. Eso que Ortega y Gasset llamó *respeto.*

Bebo un sorbo de vino.

—Exacto. Pienso que la posibilidad de construir un vínculo sano se juega en ese respeto. En la comprensión con la que aceptamos los momentos de soledad que requiere nuestra pareja.

—Imagino que es necesario un tiempo para aprender a hacerlo, ¿no?

—Sí. Sobre todo, hay que estar dispuesto a entender que no siempre vamos a ser lo más importante para el otro. Que en ocasiones su soledad es más trascendente que nosotros. ¿Por qué la persona que amamos no puede a veces elegir estar sola?

—A lo mejor, porque hiere nuestra autoestima —señala.

—Es posible. Entonces, debemos trabajar sobre el amor propio y entender que somos una parte en la vida de quien nos elige, pero de ningún modo somos todo.

—¡Qué difícil dar ese paso! En especial, si tenemos en cuenta que en la primera instancia del vínculo, el enamoramiento, queremos estar siempre con el otro. Y necesitamos sentir que somos únicos.

—Es cierto —reconozco—. Aunque, por lo general, en ese tiempo, el otro desea lo mismo. Tampoco pide espacio para su soledad, porque el entusiasmo crea una ilusión de completud.

—Y qué linda es esa sensación. ¿Por qué no vivirla?

—Es que hay que vivirla. Tal vez, el error sea pensar que durará para siempre. O sufrir porque el otro ya no es el mismo que conocimos. Tampoco nosotros lo somos. Con suerte, nos parecemos un poco a ese que nuestra pareja inventó para poder amarnos.

—No hay modo de no caer en la desilusión.

—Así es —le respondo—. Pero no se ponga mal. Porque esa desilusión es el comienzo del camino grande. Ahí empieza el reto: aceptar que luego del enamoramiento solo quedamos uno y otro. Y el desafío de un amor que no pretenda ser todo en la vida de alguien ni que el otro lo sea para uno. Un amor que nos haga sentir que la vida tiene sentido. Nada más que eso.

—Y nada menos —hace una pausa y sigue—. Entonces, se trata de saber que siempre seremos tres: el otro, yo, y la soledad.

Levanta la copa y propone un brindis.

—Y ya que la soledad es inevitable —agrega—, que nacemos solos y morimos solos, intentemos construir un amor que haga que nuestra soledad se aleje unos pasos para dejarnos junto a la persona amada. Al menos por un tiempo.

—Estoy de acuerdo —acepto—. Brindemos por esos amores que disfrazan nuestras soledades y nos llenan de deseos.

Bebemos y me comenta:

—Al final, con esto del amor, no me dijo de qué le cuesta tanto despedirse.

Tiene razón, me cuesta. De todos modos, suelto la frase:

—De usted. Me ha acompañado durante este proceso. Me contuvo, me dio ideas, me empujó a seguir, soportó mis recuerdos, compartió mis lecturas. Creo que no hubiera podido hacerlo solo.

—Se equivoca —me sorprende—. Usted lo hizo solo. Porque yo soy Manuel y Cortázar, Borges, Bleichmar y Dolina. Su padre y su infancia. Cada uno de sus recuerdos. El lugar que aloja sus deseos y también sus temores. Soy la guitarra, los libros y a veces, el dolor —se levanta y me acaricia—. Aunque ya es hora de que lo deje un rato en paz. Vaya. Acuéstese y disfrute de ese amor que lo está esperando. Y no tema. Yo también lo espero. En el insomnio. En los momentos en que quiera huir de los demás, o incluso de usted mismo.

Nunca podrá despedirse de mí. Al menos, hasta que la muerte nos separe. Porque soy su tiempo y su memoria. Su orgullo y su vergüenza. La juventud que añora y la vejez que teme. Su cielo. Su infierno.

Su soledad.

FIN

AGRADECIMIENTOS

A Cynthia Wila, por sugerirme el tema, y por las mil y una noches que dedicó a embellecer este libro.

A Mariano Valerio, editor y amigo.

A Nicolás Tolcachier, por acompañarme en este viaje literario.

A Martín Izquierdo, por su permanente y desinteresado apoyo.

A Gastón Etchegaray y Adriana Fernández, que alivianaron el camino.

A Nacho Iraola, por haber pensado en mí como autor.
A mis amigos de Planeta.

A los lectores, que en cada esquina me invitan a seguir pensando.

A mi madre. Por enseñarme a confiar en mí.